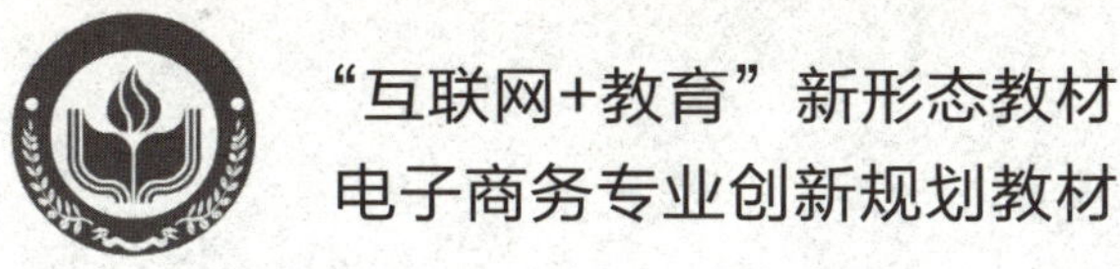

"互联网+教育"新形态教材

电子商务专业创新规划教材

U0918519

电子商务法律法规

主编　苏　滨　乔　沐　苏再荣

DIANZI
SHANGWU
FALÜ
FAGUI

北京工業大學出版社

图书在版编目（CIP）数据

电子商务法律法规 / 苏滨，乔沐，苏再荣主编 .— 北京：北京工业大学出版社，2023.8

ISBN 978-7-5639-8593-7

Ⅰ. ①电… Ⅱ. ①苏… ②乔… ③苏… Ⅲ. ①电子商务—法规—中国—高等学校—教材 Ⅳ. ① D922.294

中国国家版本馆 CIP 数据核字（2023）第 106169 号

电子商务法律法规
DIANZI SHANGWU FALÜ FAGUI

主　　编：苏　滨　乔　沐　苏再荣
策划编辑：杜一诗
责任编辑：孙　勃
封面设计：唐韵设计
出版发行：北京工业大学出版社
（北京市朝阳区平乐园 100 号　邮编：100124）
010–67391722（传真）bgdcbs@sina.com
经销单位：全国各地新华书店
承印单位：廊坊市文峰档案印务有限公司
开　　本：787 毫米 ×1092 毫米　1/16
印　　张：13.25
字　　数：318 千字
版　　次：2023 年 8 月第 1 版
印　　次：2023 年 8 月第 1 次印刷
标准书号：ISBN 978–7–5639–8593–7
定　　价：42.80 元

版权所有　翻印必究

（如发现印装质量问题，请寄本社发行部调换 010–67391106）

编写委员会

主　　编　苏　滨　乔　沐　苏再荣

副 主 编　欧志才　温胤乐　王剑敏　黄建华

前　言

PREFACE

商务部发布的《中国电子商务报告（2020）》显示，2020 年，全国电子商务交易额达 37.21 万亿元，同比增长 4.5%；全国网上零售额达 11.76 万亿元，同比增长 10.9%。其中，农村网络零售额达 1.79 万亿元，同比增长 8.9%；农产品网络零售额达 4158.9 亿元，同比增长 26.2%。跨境电商进出口总额达 1.69 万亿元，同比增长 31.1%。电子商务服务业营收规模达 5.45 万亿元，同比增长 21.9%。

2020 年，中国电子商务发展成效体现在电商助力夺取疫情防控和经济社会发展双胜利、在线服务业电商呈现爆发式增长、社交电商形成普遍高效应用、电商加快驱动产业数字化转型、跨境电商创新取得新突破、丝路电商合作取得新进展等方面。

迎合电子商务的时代发展趋势，许多全国人大代表也提出议案和建议，希望加快电子商务立法。随着《中华人民共和国电子商务法》（以下简称《电子商务法》）的颁行，学习《电子商务法》成为全社会盛行的风气。电子商务法课程现在已经成为全国高等学校法学专业、电子商务专业教学中不可或缺的专业课程。

为了适应电子商务法课程教学发展的需要，依据 2018 年颁布的《电子商务法》和《中华人民共和国民法典》等相关法律法规，本书归纳了电子商务常见问题，介绍了电子商务法律法规方面的知识，主要内容包括电子商务与电子商务法、电子商务主体法律法规、电子合同的法律法规、消费者权益保护的法律法规、电子支付的法律法规、知识产权保护的法律法规、安全交易的法律法规、税收的法律法规、争议解决的法律法规、快递物流的法律法规、电子商务的法律责任等十一个项目。

本书注重学生的智能结构特点与认知规律，充分考虑非法学专业学生学习的实际需要，注重法学知识的衔接和相关实体法、程序法等的铺垫，注重相关技术性知识的简要说明和拓展性知识的导读，做到了理论简约、条理清晰、通俗易懂。本书在每一个项目开始部分，设置了“知识导航”“知识结构”“学习目标”等板块，以帮助读者厘清思路、抓住重点、有的放矢地进行学习。在正文主体部分着重引导学生掌握电子商务和电子商务法律法规的基本概念和基本原理，其中穿插“小提示”“思政课堂”“知识拓展”等趣味板块，增加学习的趣味性。

本书可以作为电子商务专业、法学专业、经济管理专业及其他相关专业的本科学生学习电子商务法律课程的教材，也可供成人院校、独立院校及其他相关读者阅读参考。

由于编者水平有限，加之时间仓促，本书的结构和内容不一定完全反映出组织者的初衷，书中难免有疏漏之处，恳请广大读者批评指正，并提出宝贵意见。

编　者

2023 年 4 月

目　录
CONTENTS

项目一　电子商务与电子商务法

项目二　电子商务主体法律法规

项目三　电子合同的法律法规

项目四　消费者权益保护的法律法规

项目五　电子支付的法律法规

项目六　知识产权保护的法律法规

项目七　安全交易的法律法规

项目八　税收的法律法规

项目九　争议解决的法律法规

项目十　快递物流的法律法规

项目十一　电子商务的法律责任

项目一

电子商务与电子商务法

【知识导航】

电子商务是信息技术、通信技术的发展使传统商务活动发生巨大变革而产生的一种全新的商务方式。电子商务的发展已经使人类的社会文明和经济生活发生了重大变化。如何为电子商务创造一个良好的法治环境，并以此来规范电子商务交易各方在虚拟网络下进行交易的规则，保证整个交易活动有序进行，是电子商务法的根本任务。电子商务立法对全球电子商务健康、快速发展起到了极其重要的作用。

【知识结构】

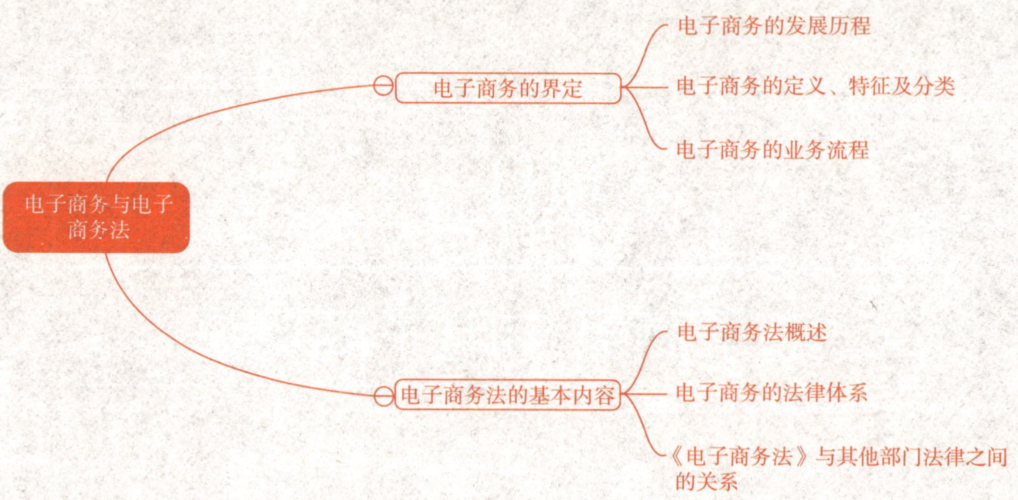

【学习目标】

◆ 知识目标

1. 了解电子商务的发展历程，掌握电子商务的定义、特征、分类和业务流程。
2. 掌握电子商务法的概念、特征、调整对象和基本原则。
3. 了解《电子商务法》与其他部门法律之间的关系。

◆ 能力目标

1. 能够区分不同的电子商务类型。
2. 能够正确处理《电子商务法》与其他部门法律之间的关系。

◆ 素养目标

通过本项目的学习，了解电子商务的基本知识以及电子商务法的基本内容，增强法治观念，提高运用电子商务法分析和解决电子商务实践问题的能力。

单元一　电子商务的界定

电子商务是指通过互联网等信息网络销售商品或提供服务的经营活动。随着电子商务的发展，依托网民数量高速增长、智能手机快速普及以及互联网持续渗透，中国已经成为全球最大的网购市场。

一、电子商务的发展历程

1. 国外电子商务的发展

（1）起步阶段（20 世纪 70 年代末至 90 年代初）

20 世纪 70 年代末到 20 世纪 80 年代初，美国和西欧的一些主要发达国家逐渐开始采用电子数据交换（Electronic Data Interchange，EDI）技术进行商业交易。20 世纪 90 年代，互联网技术和电子通信技术得到普及，电子商务开始出现。

（2）快速发展阶段（20 世纪 90 年代中期至 20 世纪末）

1996 年 12 月 6 日，联合国第 85 次全体会议颁布了《联合国国际贸易法委员会电子商务示范法》（The United Nations Commission on International Trade Law Model Law on Electronic Commerce）（以下简称《电子商务示范法》），向世界各国的立法主体提供了一个国际标准。《电子商务示范法》的制定和颁布标志着电子商务进入了快速发展阶段。

（3）平稳发展阶段（21 世纪的前 10 年）

21 世纪初，互联网经济泡沫破裂，电子商务遭受了巨大打击。2005 年 11 月 23 日，联合国国际贸易法委员会第三十八届会议通过了《联合国国际合同使用电子通信公约》，电子商务开始进入正常有序的平稳发展阶段。

（4）电子商务发展新阶段（2011 年至今）

2011 年，互联网信息碎片化以及云计算技术越发成熟，电子商务摆脱了传统的销售模式，主动互联网营销模式出现。例如，阿里巴巴、腾讯、eBay（易贝）、京东等企业依靠电子商务技术的高速发展，从最初获得几百万元或几千万元投资迅速成长为市值高达数百亿元甚至数千亿元的巨型企业。

2. 我国电子商务发展阶段

（1）起步阶段（1993—2002 年）

1993 年 6 月，中华人民共和国国务院（以下简称“国务院”）启动了以发展我国电子货币为目的、以电子货币应用为重点的各类卡基应用系统工程——金卡工程。

金卡工程的实施，推动了我国商业银行的电子化进程，为电子商务的发展打下了基础。从某种意义上来说，金卡工程本身就是电子商务在我国的应用试点，并取得了显著成效，其中，包括电子数据交换、电子汇款（Electronic Funds Transfer, EFT）的实际应用。金卡工程的建设为实现网上支付与资金清算提供了良好的条件。

2001 年 8 月，为了进一步加强对推进我国信息化建设和维护国家信息安全工作的领导，我国成立了国家信息化领导小组，具体工作由中华人民共和国工业和信息化部承担。在国家信息化领导小组的直接领导下，我国 IC 卡的开发、生产和应用如雨后春笋般发展起来。

（2）崛起阶段（2003—2007 年）

2002 年 1 月，“银联卡”开始在北京、上海等城市发行，并逐步扩展到全国数十座城市。2002 年 3 月，中国银联股份有限公司在上海市工商局登记成立。2003 年，国内的电子商务行业出现了淘宝网、拍网、eBay 三足鼎立的局面。2007 年 6 月 1 日，国家发展和改革委员会、国务院信息化工作办公室联合发布了《电子商务发展“十一五”规划》。在此阶段，电子支付、物流服务、电子认证等与电子商务密切联系的服务行业也得到了快速发展。

（3）转型融合阶段（2008 年至今）

2008 年，我国电子商务市场规模达到了 74 亿元。中华人民共和国商务部（以下简称“商务部”）统计数据显示，2012—2016 年我国网购用户从 2.42 亿人增长至 4.67 亿人，增长近一倍；电子交易额从 8.1 万亿元增长至 26.1 万亿元，年均增长 34%。其中，网络零售交易额从 1.31 万亿元增长至 5.16 万亿元，年均增长 40%。电子商务的发展带动就业人数从 150 万人增长至 370 万人。2015 年，我国电子商务出现了融合转型、整合、合并等特点，如 58 同城和赶集网合并等。

中华人民共和国国家统计局于 2021 年 1 月 18 日发布了《中华人民共和国 2020 年国民经济和社会发展统计公报》。公报显示，2020 年社会消费品零售总额为 391981 亿元，比上年下降 3.9%。2020 年，全国网上零售额为 17601 亿元，比上年增长 10.9%。其中，实物商品网上零售额为 97590 亿元，增长 14.8%，占社会消费品零售总额的 24.9%，比上年提高 4.2 个百分点。

思政课堂

发展是党执政兴国的第一要务。没有坚实的物质技术基础，就不可能全面建成社会主义现代化强国。党的二十大报告对新时代新征程推动高质量发展作出一系列战略部署——构建高水平社会主义市场经济体制，建设现代化产业体系，全面推进乡村振兴，促进区域协调发展，推进高水平对外开放。

二、电子商务的定义、特征及分类

1. 电子商务的定义

（1）国际组织对电子商务的定义

①世界贸易组织对电子商务的定义。世界贸易组织电子商务专题报告中定义，电子商务就是通过电信网络进行的生产、营销、销售和流通活动，它不仅指基于互联网上的交易，而且指所有利用电子信息技术来解决问题、降低成本、增加价值和创造商机的商务活动，包括通过网络实现从原材料查询、采购、产品展示、订购到出品、储运以及电子支付等一系列的贸易活动。

②联合国国际贸易法委员会对电子商务的定义。1991 年，联合国国际贸易法委员会下属的国际支付工作组开始负责制定一部世界性的电子数据交换统一法。1993 年，该工作组全面审议了《电子数据交换及贸易数据通信手段有关法律方面的统一规则草案》。为切实解决全球电子商务所遇到的法律冲突，消除各国电子商务立法出现的新的冲突和规则上的不统一，适应各国对电子数据交换统一法的迫切要求，1996 年联合国国际贸易法委员会大会决定，将法案名称改为《电子商务示范法》。

《电子商务示范法》对电子商务的一些基本法律问题作出规定。《电子商务示范法》虽然在标题中提到“电子商务”，在第二条中提供了“电子数据交换”的定义，但《电子商务示范法》并未具体说明“电子商务”是指何物。在拟定《电子商务示范法》时，联合国国际贸易法委员会决定，虽然也可使用另一些说明性术语，但在处理当前这一主题时须铭记电子数据交换的广泛含义，即“电子商务”标题之下可能广泛涉及的电子数据交换在贸易方面的各种用途。“电子商务”概念所包含的通信手段包括以下使用电子技术为基础的传递方式：①以电子数据交换进行的通信，狭义界定为电子计算机之间以标准格式进行的数据传递；②利用公开标准或专有标准进行的电文传递；③通过电子手段，如通过互联网络进行的自由格式的文本的传递。

《电子商务示范法》对“电子商务”中的“商务”一词做了广义解释：其包括不论是契约型还是非契约型的一切商务性质的关系所引起的种种事项。商务性质的关系包括但不限于下列交易：供应或交换货物或服务的任何贸易交易、分销协议、商务代表代理、客户代理、租赁、工厂建造、咨询、工程设计、许可贸易、投资、融资、银行业务、保险、开发协议特许、合营或其他形式的工业或商务合作等。

（2）信息技术行业对电子商务的定义

IBM（国际商业机器公司）对电子商务的定义：电子商务 =Web（网络）+IT（Information Technology，信息技术）。它所强调的是在网络计算环境下的商业化应用，是把买方、卖方、厂商及其合作伙伴在互联网（internet）、企业内部网（intranet）和企业外部网（extranet）结合起来的应用。

美国惠普（HP）公司认为，电子商务是指从售前服务到售后支持的各个环节实现电子化、自动化，它能够使我们以电子交易手段完成物品和服务等价值交换。

Sun Microsystems（太阳微系统）公司认为，电子商务就是利用互联网进行的商务交易，在技术上可以给出如下定义：在现有的 Web 信息发布的基础上加上 Java 网上应用软件以完成网上公开交易；在现有的企业内部网的基础上，开发 Java 网上企业应用软件，达到企业应用 internet 化，进而扩展到企业外部网，使外部客户可以使用该企业的应用软件进行交易；电子商务客户将通过包括 PC、STB（Set Top Box，即网络电视机顶盒）、电话、手机、掌上电脑和 Java 设备进行交易。

（3）电子商务会议对电子商务的定义

①欧洲电子商务发展倡议。欧洲电子商务发展倡议指出，电子商务是通过电子方式进行的商务活动，它通过电子方式处理和传递数据，包括文本、声音和图像。它涉及许多方面的活动，包括货物电子贸易和服务、在线数据传递、电子资金划拨、电子证券交易、电子货运单证、商业拍卖、合作设计和工程、在线资料、公共产品获得等。此外，它还包括产品（如消费品、专门设备）和服务（如信息服务、金融和法律服务）、传统活动（如健身、教育）和新型活动（如虚拟购物、虚拟训练）等。

②世界电子商务会议对电子商务的定义。1997 年 11 月 6-7 日，国际商会在法国首都巴黎举行了世界电子商务会议（The World Business Agenda for Electronic Commerce）。全世界商业、信息技术、法律等领域的专家和政府部门的代表，共同讨论了电子商务的概念问题。

与会代表指出，电子商务是指对整个贸易活动实现电子化。从涵盖范围方面可以定义为：电子商务是交易各方以电子交易方式而不是通过当面交换或直接面谈方式进行的任何形式的商业交易；从技术方面可以定义为：电子商务是一种多技术的集合体，包括交换数据（如电子数据交换、电子邮件）、获得数据（共享数据库、电子公告牌）以及自动捕获数据（条形码）等。这是目前电子商务较为权威的概念阐述。

电子商务涵盖的业务包括信息交换、售前售后服务（提供产品和服务的细节、产品使用技术指南、回复顾客意见）、销售、电子支付（使用电子资金转账、信用卡、电子支票、电子现金等方式支付）、组建虚拟企业（组建一个物理上不存在的企业，集中一批独立的中小公司的权限，提供比任何单独公司多得多的产品和服务），公司和贸易伙伴可以共同拥有和运营共享的商业方式）等。

③全球信息基础设施委员会对电子商务的定义。全球信息基础设施委员会指出，电子商务是运用电子通信作为手段的经济活动，通过这种方式人们可以对带有经济价值的产品和服务进行宣传、购置和结算。这种交易的方式不受地理位置、资金多少或零售渠道的所有权影响。企业、政府组织、各种社会团体、一般公民、企业家都能自由地参加广泛的经济活动，其中包括农业、林业、渔业、工业、私营和政府的服务业。电子商务使产品在世界范围内交易并向消费者提供多种多样的选择。

（4）学术界对电子商务的定义

美国学者瑞维·卡拉科塔、安德鲁·惠斯顿在其专著《电子商务的前沿》中指出：广义地讲，电子商务是一种现代商业方法。这种方法通过改善产品和服务质量、提高服务传递速度，满足政府组织、厂商和消费者降低成本和提高效率的需求。这一概念也用于通过计算机网络寻找信息以支持决策。一般地讲，今天的电子商务是通过计算机网络将买方和卖方的信息、产品和服务联系起来，而未来的电子商务则是通过构成信息高速公路的无数计算机网络中的一个网络将买方和卖方联系起来的通路。

中国电子商务研究专家李琪教授在其专著《中国电子商务》一书中指出，客观上存在着两类或三类依据内在要素不同而对电子商务的定义。第一，广义的电子商务定义，是指电子工具在商务活动中的应用。电子工具包括从初级的电报、电话到 NII（National Information Infrastructure，国际信息基础设施）、GII（Global Information Infrastructure，全球信息基础设施）和 Internet 等工具。现代商务活动是从商品（包括实物与非实物、商品与商品化的生产要素等）的需求活动到商品的合理、合法的消费除去典型的生产过程后的所有活动。第二，狭义的电子商务定义，是指在技术、经济高度发达的现代社会里，掌握信息技术和商务规则的人，系统化运用电子工具，高效率、低成本地从事以商品交换为中心的各种活动的全过程。

总地来说，电子商务是指以信息网络技术为手段、以商品交换为中心的商务活动；也可理解为在互联网、企业内部网和增值网上以电子交易方式进行的交易活动和相关服务活动，是传统商业活动各环节的电子化、网络化、信息化；以互联网为媒介的商业行为均属于电子商务的范畴。

小提示

1999 年 3 月 15 日，第九届全国人民代表大会第二次会议通过并颁布《中华人民共和国合同法》（以下简称《合同法》）（现已废止）。《合同法》在合同形式方面大胆地吸收了数据电文形式，并将之视为书面合同。可以说这是世界上第一部采纳电子合同形式的《合同法》。它为电子合同的推广应用以及今后的电子商务立法奠定了基础。

2. 电子商务的特征

（1）普遍性

电子商务作为一种新型的交易方式，将生产企业、流通企业以及消费者和政府带入了一个网络经济、数字化生存的新天地。

（2）方便性

在电子商务环境中，人们不再受地域的限制，客户能以非常简捷的方式完成过去较为繁杂的商业活动。如通过网络银行能够全天候地存取账户资金、查询信息等，同时使企业对客户提供的服务质量得以大大提高。

（3）整体性

电子商务能够规范事务处理的工作流程，将人工操作和电子信息处理集成为一个不可分割的整体，这样不仅能提高人力和物力的利用率，还可以提高系统运行的严密性。

（4）安全性

在电子商务中，安全性是一个至关重要的核心问题，它要求网络能提供一种端到端的安全解决方案，如加密机制、签名机制、安全管理、存取控制、防火墙、防病毒保护等，这与传统的商务活动有着很大的不同。

（5）协调性

商业活动本身是一种协调过程，它需要客户与企业内部、生产商、批发商、零售商之间协调。在电子商务环境中，它更要求银行、配送中心、通信部门、技术服务等多个部门的通力协作。

（6）交易虚拟化

电子商务通过互联网开展贸易，参与贸易的各方从贸易磋商、签订合同到资金支付等都无须当面进行，整个交易完全虚拟化。对卖方来说，可以通过建设自己的网站或者大型网络交易平台，将产品信息发布到互联网上。对买方来说，通过网络找到自己需要的产品后，买卖双方通过网上洽谈，签订电子合同，完成交易并进行电子支付。

（7）交易透明化

买卖双方从交易洽谈、签约以及货款的支付，到交货过程都在网络上进行。通畅、快捷的信息传输可以保证各种信息之间互相核对，可以防止伪造信息的流通。同样，在典型的许可证电子数据交换系统中，因为加强了发证单位和验证单位的通信、核对，所以假的许可证就不易漏网。海关电子数据交换也有助于杜绝边境的假出口、骗退税等违法行为。

3. 电子商务的分类

电子商务的分类

（1）按电子商务的参加主体划分

一般来说，按参加主体划分，电子商务可以分为企业与消费者间的电子商务、企业与企业间的电子商务、企业与政府间的电子商务以及企业内部电子商务这四类。

①企业与消费者之间的电子商务（B2C）。企业与消费者之间的电子商务就是人们常说的B2C，是通过网上商店实现网上在线商品零售和为消费者提供所需服务的商务活动。这是大众最为熟悉的一类电子商务，如亚马逊书店等就属于这一类。随着互联网的普及，这类电子商务发展势头越发强劲。

就商家而言，建立网上商店更新了原有的市场概念，传统意义上的商圈被打破，客户扩展到了全国乃至全世界，形成真正意义上的国际化市场。另外，由于在线销售可以避免有形商场及流通设施的投资，交易成本将大大降低，可以节省大量商流费用，提高了商家的竞争力。

②企业与企业间的电子商务（B2B）。企业之间的电子商务可称为B2B，是指采购商与供应商通过互联网谈判、订货、签约、付款以及索赔处理、商品发送和运输跟踪等活动。这类电子商务具有供应商管理、库存管理、销售管理、交易文档管理以及支付管理等功能。

企业与企业间的电子商务又可以分为两种：第一种是非特定企业间的电子商务，

是指在开放的网络中对每笔交易寻找最佳伙伴，并与伙伴进行从定购到结算的全面交易行为。第二种是特定企业间的电子商务，是指过去一直有交易关系而且今后要继续进行交易的企业间围绕交易进行的各种商务活动。特定企业间的买卖双方既可以利用公用网络进行交易，也可以利用企业间专门建立的网络完成交易。

虽然企业与消费者之间的电子商务发展强劲，但企业与企业间的商务活动的贸易额是消费者直接购买的10倍左右。毋庸置疑，企业与企业间电子商务将成为电子商务的重头。

③企业与政府间的电子商务（B2G）。企业与政府间的电子商务涵盖了政府与企业间的各项事务，包括政府采购、税收、商检、管理条例的发布和法规政策的颁布等。一方面，政府作为消费者，可以通过互联网发布自己的采购清单，公开、透明、高效地完成所需物品的采购。另一方面，政府的宏观调控、指导规范、监督管理的职能通过网络可以充分、及时地发挥作用。借助网络及其他信息技术，政府职能部门能更及时、全面地获取所需信息，作出正确决策，做到快速反应，将政策法规及调控信息传达给企业，起到管理与服务的作用。具有代表性的B2G电子商务网站是中国政府采购网。

在发达国家，发展电子商务主要依靠私营企业的参与和投资，政府只起引导作用。对于发展中国家，电子商务的发展则更需要政府的直接参与和帮助。这是由于发展中国家企业规模偏小、信息技术落后、债务偿还能力低，政府的参与有助于改善这些状况，并且由于电子商务的开展涉及很多方面，没有相应的法规予以规范是难以进行的。而政府对于法规的制定、实施监督以及对违法行为的制裁发挥着不可替代的作用。

总之，在电子商务过程中，政府扮演着双重角色：既是电子商务的使用者，又是电子商务的宏观管理者。对企业而言，政府既是电子商务中的消费者，又是电子商务中企业的管理者。

④企业内部电子商务。企业内部电子商务是指在企业内部通过网络实现内部物流、信息流和资金流的数字化。它的基本原理同企业与企业间的电子商务类似，只是企业内部进行交换时，交换对象是相对确定的，交换的安全性和可靠性要求较低，主要是实现企业内部不同部门之间的交换。而企业与企业间电子商务实现的是两个不同企业主体之间的交易，交易双方存在信用管理、是否安全可靠等问题，因此比企业内部电子商务要求要高一些。企业内部电子商务是其他电子商务的基础，而且相比其他电子商务更容易实现。

（2）按开展电子交易的信息网络范围分类

①本地电子商务。本地电子商务通常是指利用本城市内或本地区内的信息网络实现的电子商务活动，电子交易的地域范围较小。本地电子商务系统是利用互联网、企业内部网或专用网将下列系统联结在一起的网络系统：a. 参加交易各方的电子商务信息系统，包括买方、卖方及其他各方的电子商务信息系统；b. 银行金融机构电子信息系统；c. 保险公司信息系统；d. 商品检验信息系统；e. 税务管理信息系统；f. 货物运输信息系统；g. 本地区 EDI 中心系统。本地电子商务系统是开展远程国内电子商务和全球电子商务的基础系统。

②远程国内电子商务。远程国内电子商务是指在本国范围内进行的网上电子交易活动，其交易的地域范围较大，对软硬件和技术要求较高，要求在全国范围内实现商业电子化、自动化，实现金融电子化，交易各方具备一定的电子商务知识、经济能力和技术能力，并具有一定的管理水平和能力等。

③全球电子商务。全球电子商务是指在全世界范围内进行的电子交易活动，参加电子交易的各方通过网络进行贸易。涉及有关交易各方的相关系统包括买方国家进出口公司系统、海关系统、银行金融系统、税务系统、运输系统、保险系统等。全球电子商务业务内容繁杂，数据来往频繁，要求电子商务系统严格、准确、安全、可靠，应制定出世界统一的电子商务标准和电子商务（贸易）协议，使全球电子商务得到顺利发展。

（3）按商业活动运作方式分类

①完全电子商务。完全电子商务是可以完全通过电子商务方式实现和完成整个交易过程的交易。

②不完全电子商务。不完全电子商务是指无法完全依靠电子商务方式实现和完成完整交易过程的交易，它需要依靠一些外部要素（如运输系统等）来完成交易。

（4）按照使用网络的类型分类

按照使用网络的类型分类，电子商务可以分为基于专门增值网络的 EDI 商务、基于互联网的电子商务、基于 Intranet 的电子商务和移动（mobile）电子商务。

① EDI 商务。按照国际标准组织的定义，EDI 商务是“将商务或行政事务按照一个公认的标准，形成结构化的事务处理或文档数据格式，从计算机到计算机的电子传输方法”。简单地说，EDI 就是按照商定的协议，将商业文件标准化和格式化，并通过计算机网络，在贸易伙伴的计算机网络系统之间进行数据交换和自动处理。

EDI 主要应用于企业与企业、企业与批发商、批发商与零售商之间的批发业务。相对于传统的订货和付款方式，EDI 大大节约了时间和费用。相对于互联网，EDI 能较好地解决安全保障问题，这是因为使用者均有较可靠的信用保证，并有严格的登记手续和准入制度，加之多级权限的安全防范措施，从而实现了包括付款在内的全部交易工作数字化。

②互联网商务。互联网商务是现代商务的新形式。它以计算机、通信、多媒体、数据库技术为基础，通过互联网实现营销、购物服务。它突破了传统商业生产、批发、零售及进、销、存、调的流转程序与营销模式，真正实现了少投入、低成本、零库存、高效率，避免了商品的无效搬运，从而实现了社会资源的高效运转和最大节余。消费者可以不受时间、空间、厂商的限制，广泛浏览，充分比较，模拟使用，力求以最低的价格获得最为满意的商品和服务。

③ Intranet 商务。Intranet 商务是利用企业内部网络开展的商务活动。Intranet 是 Intra-business internet 的缩写，是指运用互联网技术，在企业内部所建立的网络系统。Intranet 只有企业内部的人员可以使用，信息存取只限于企业内部，并在安全控制下连上互联网。一般 Intranet 多设有防火墙程序，以避免未经授权的人进入。由于建立成本较低，所以 Intranet 目前发展迅速。企业开展 Intranet 商务，不仅可以节省许多文件往来时间，方便沟通管理并降低管理成本，而且可以通过网络与客户提

供双向沟通，适时提供产品与服务，提升服务品质。

④移动电子商务。移动电子商务就是利用智能手机、平板电脑等无线终端进行的 B2B、B2C、C2C 或 O2O 等电子商务。它将互联网、移动通信技术、短距离通信技术及其他信息处理技术完美结合，使人们可以在任何时间、任何地点进行各种商贸活动，实现随时随地、线上线下的购物与交易、在线电子支付，以及各种交易活动、商务活动、金融活动和相关的综合服务活动等。

三、电子商务的业务流程

不同的经营模式，其业务流程也不相同。从现行的电子商务经营模式看，电子商务分为以下两类经营模式：一是利用平台进行交易的业务流程；二是电子商务经营者与消费者通过网络服务直接进行交易的业务流程。

1. 利用平台进行交易的业务流程

在这种电子商务模式中，电子商务平台相当于传统交易中的中介机构。利用平台进行交易的业务流程如下。

（1）电子商务经营者将自己所销售的商品或者提供的服务信息通过平台进行发布。

（2）消费者根据电子商务平台网站发出的销售商品或者提供服务的信息选择商品或服务。消费者选择商品或服务的信息会通过平台反馈给平台经营者。

（3）平台经营者通过传递电子商务经营者与消费者的信息，促使双方签订电子合同。

（4）消费者通过与其关联的第三方支付者向平台网站指定的机构完成付款。

（5）平台指定的机构将收到款项的信息通知电子商务经营者，电子商务经营者再通过快递物流为消费者发货。

（6）消费者收货后，将收货信息反馈给平台，再由平台通知指定收款机构向电子商务经营者支付货款，从而完成付款收货的整个电子商务业务流程。

2. 电子商务经营者与消费者通过网络服务直接进行交易的业务流程

（1）消费者通过浏览相关网站、网页获取商品信息。

（2）消费者选中商品或者服务，通过购物对话框设置的内容填写购物信息。

（3）消费者选择电子商务经营者给出的支付方式付款，如微信转账等。

（4）电子商务经营者检查支付方的汇款额，在确认消费者成功付款后，向消费者发出商品。

单元二　电子商务法的基本内容

由于电子商务的特点，传统的民商事法律对电子商务的发展产生了阻碍。为了促进电子商务持续健康发展，2018 年 8 月 31 日，中华人民共和国第十三届全国人民代表大会常务委员会第五次会议通过了《中华人民共和国电子商务法》(以下简称《电子商务法》)，自 2019 年 1 月 1 日起试行。

一、电子商务法概述

1. 概念

电子商务的发展势必促进电子商务法的完善。电子商务法是指调整电子商务活动中所产生的各种社会关系的法律规范的总称。

电子商务法有广义和狭义之分。广义的电子商务法与广义电子商务相对应，包括所有调整以数据电文方式进行商务活动的法律规范，其内容涉及广泛，将调整以电子商务为交易形式和以电子信息为交易内容的规范都包括在内。狭义的电子商务法则对应于狭义的电子商务，是指调整以数据电文为交易手段引起的商事关系的法律规范体系，即作为部门法意义上的电子商务法，包括以电子商务法命名的法律、法规，以及其他所有现行制定法中有关电子商务的法律法规，如《中华人民共和国刑法》(以下简称《刑法》)中关于计算机犯罪的规定等。

2. 调整对象

电子商务法的基础是电子商务活动，电子商务作为一种商务活动，属于商事行为范畴，应当遵循传统商法的一般规则。而之所以要制定和修改相关法律法规来规范电子商务活动，是因为这些商务活动移至网上进行后，其传导介质、交易手段和交易环境发生了重大变化，导致传统的商法难以解决因采用电子商务方式而引起的相关问题。

电子商务法不仅调整交易形式，而且调整交易本身和交易引起的特殊法律问题，如在线货物买卖交易、在线信息产品交易、在线服务以及由此而引起的法律问题。因此，电子商务法不是试图涉及所有的商业领域，重新建立一套新的商业运行规则，而是将重点放在探讨因交易手段和交易方式的改变而产生的特殊商事法律问题。

根据电子商务的本质和特点，电子商务法的调整对象是电子商务交易活动中发生的各种社会关系，而这类社会关系是在广泛采用新型信息技术并将这些技术应用到商业领域后形成的特殊的社会关系，它交叉存在于虚拟社会和实体社会之间，有别于实体社会中的各种社会关系。

3. 特征

(1) 程式性

电子商务法一般不直接涉及交易的具体内容，它所调整的是当事人之间因交易形式的使用而引起的权利及义务关系，包括：有关数据电文是否有效、是否归属于某人；电子签名是否有效、是否与交易的性质相适应；认证机构的资格如何，它在证书的颁发与管理中应承担哪些责任；等等。

（2）技术性

在电子商务法中，许多法律规范都是直接或间接地由技术规范演变而成的。例如，一些国家将运用公开密钥密码体系生成的数字签名规定为安全的电子签名。这样就将有关公开密钥的技术规范转化成了法律要求，对当事人之间的交易形式和权利及义务的行使都有极其重要的影响。另外，关于网络协议的技术标准，当事人若不遵守，就不可能在开放环境下进行电子商务交易。

（3）开放性

从民商法原理上讲，电子商务法是关于以数据电信进行意思表示的法律制度，而数据电信在形式上是多样化的，并且还在不断发展。因此，必须以开放的态度对待任何技术手段与信息媒介，设立开放型的规范，让所有有利于电子商务发展的设想和技术都能容纳进来。目前，国际组织及各国在电子商务立法中，大量使用开放型条款、功能等价性条款，其目的就是开发社会各方面的资源，以促进科学技术及其社会应用的广泛发展。

（4）复合性

电子商务交易关系的复合性源于其技术手段上的复杂性和依赖性。它通常表现为当事人必须在第三方的协助下完成交易活动。例如，在合同订立中，需要有网络服务商提供接入服务，需要有认证机构提供数字证书等。

即便在非网络化的、点到点的电信商务环境下，交易者也需要通过电话、电报等传输服务来完成交易。或许有企业可撇开第三方的传输服务，自备通信设施进行交易，但这样很可能徒增成本，有悖于商业规律。

此外，在线合同的履行，可能需要第三方加入，协助履行。比如，在线支付往往需要银行的网络化服务。这就使得电子商务交易形式具有复杂化的特点。实际上，每一笔电子商务交易的进行，都必须以多重法律关系的存在为前提，这是传统的口头或书面条件下所没有的。它要求多方位的法律调整，以及多学科知识的应用。

4. 基本原则

电子商务法的基本原则是电子商务立法、司法、执行、解释及研究的基本准则，是所有电子商务主体应遵循的行为准则。电子商务法主要有以下几个基本原则。

（1）电子商务法的一般原则

①中立原则。电子商务法的基本目标，归结起来就是在电子商务活动过程中，建立公平的交易规则。这是商法交易安全原则在电子商务法上的必然反映。

电子商务既是一种新的交易手段，又是一个新兴产业。面对其中所蕴含的、深不可测的巨大利益诱惑，可以说没有哪个企业是无动于衷的。各利益集团以及各个利益主体都想参与其中。其具体参与者有硬件制造商、软件开发商、信息提供商、消费者、商家等。而要达到各方利益的平衡，实现公平的目标，就必须做到以下几点。

a. 技术中立

电子商务法对传统的口令法、非对称性公开密钥加密法以及生物鉴别法等认证方法，都不可厚此薄彼，不能产生任何歧视性要求。同时，还要给未来技术的发展留出法律空间，而不能停滞于现状。

譬如，新计算机的问世、新一代高速网络的出现等，都将考验电子商务法的技术中立性。这是在总结了传统书面法律要求的经验与教训后而得出的结论。当然，该原则在具体实施时，会遇到许多困难，而克服这些具体困难的过程，也就是技术中立原则实现的过程。

b. 媒介中立

媒介中立与技术中立紧密联系，二者都具有较强的客观性，而且一定的传输技术与相应的媒介之间是互为前提的。媒介中立是中立原则在各种通信媒体上的具体表现。二者不同的是，技术中立侧重于信息的控制和利用手段，而媒介中立则侧重于信息依赖的载体，更接近于材料科学。

从传统的通信行业划分来看，不同的媒体可能分属于不同的产业部门，如无线通信、有线通信、电视、广播、增值网络等。而电子商务法则应以中立的原则来对待这些媒介，允许各种媒介根据技术和市场的发展规律而相互融合、互相促进。只有这样，才能使各种资源得到充分利用，从而避免人为的行业垄断和媒介垄断。开放性互联网的出现，正好为各种媒介发挥其作用提供了理想的环境，能够兴利除弊，共生共荣。

c. 实施中立

实施中立是指在电子商务法与其他相关法律的实施上，不可偏废，在本国电子商务活动与跨国电子商务活动的法律待遇上，应一视同仁。特别注意不能将传统书面环境下法律规范（如“书面形式”“签名”“原件”等法律要求）的效力，置于电子商务法之上，而应中立对待，根据具体环境特征的需求来决定法律的实施。

如果说技术中立和媒介中立反映了电子商务法对技术方案和媒介方式的规范，具有较强的客观性，而对电子商务法的实施中立，则更偏重主观性。电子商务法如同其他法律规范一样，其使用离不开当事人的遵守与司法机关的监督。

d. 同等保护

同等保护是实施中立原则在电子商务交易主体上的延伸。电子商务法对商家与消费者、国内当事人与国外当事人，都应尽量做到同等保护。因为电子商务市场本身就是国际性的，在现代通信技术条件下，割裂的、封闭的电子商务市场是无法发展的。

电子商务法上的中立原则，着重反映了商事交易的公平理念，其具体实施将全面展现在当事人依托开放性、兼容性、国际性的网络与协议而进行的商事交易之中。

②自治原则。允许当事人以协议方式订立其间的交易规则，是交易法的基本属性。因此，在电子商务法的立法与司法过程中，都要以自治原则为指导，为当事人全面表达与实现自己的意愿，预留充分的空间，并提供确实的保障。例如，《电子商务示范法》第四条规定了当事人可以协议变更的条款。其内在含义是，除了强制性的法律规范外，其余条款均可由当事人自行协商制定。

《电子商务示范法》中的强行规范不仅数量上很少，而且其目的也仅在于消除传统法律为电子商务发展所造成的障碍，为当事人在电子商务领域内充分行使其意思自治创造条件。换言之，《电子商务示范法》的任意性条款，从正面确定权利，以鼓励其意思自治；而强制性条款，则从反面摧毁传统法律羁绊，使法律适应电子商务活动的特征，更好地保障其意思自治的实现。

③安全原则。保障电子商务的安全进行，既是电子商务法的重要任务，又是其基本原则之一。电子商务以其高效、快捷的特性，在各种商事交易形式中脱颖而出，具有强大的生命力。而这种高效、快捷的交易工具必须以安全为前提，它不仅需要技术上的安全措施，而且离不开法律上的安全规范。

例如，《电子商务法》确认强化（安全）电子签名的标准，规定认证机构的资格及其职责等具体制度，都是为了在电子商务条件下，形成一个较为安全的环境，至少其安全程度应与传统纸面形式相同。

《电子商务法》将安全原则和理念贯穿于对数据电文效力的承认，以消除电子商务运行方式法律上的不确定性，以及根据电子商务活动中现代电子技术方案应用的成熟经验而建立起反映其特点的操作性规范等各个方面。

④功能等同原则。该原则在《电子商务示范法》《联合国国际贸易法委员会国际商事仲裁示范法》（第七条）和《联合国国际货物销售合同公约》（第十三条）等诸多规范中都有体现，其基本含义为电子单证、票据或其他文件与传统的纸面单证、票据或其他文件具有同等的功能，即肯定其法律效力并在法律上同等对待。

按照联合国国际贸易法委员会《电子商务示范法颁布指南》的说明，《电子商务示范法》依赖一种有时被称为"功能等同法"的新方法，这种方法立足于分析传统书面要求的目的和作用，以确定如何通过电子商务技术来达到这些目的或作用。

应当注意，关于上述所有书面文件的作用，电子记录也可提供如同书面文件同样程度的安全。《电子商务示范法》只是跳出书面形式要求中的基本作用，以其为标准，一旦数据电文达到这些标准，即可与具有相同作用的相应书面文件一样，享受同等程度的法律认可。《电子商务示范法》第六条至第八条内含的功能等同法是针对"书面形式""签名"和"原件"等概念的。《中华人民共和国电子签名法》也采用了功能等同法，如第四条规定："能够有形地表现所载内容，并可以随时调取查用的数据电文，视为符合法律、法规要求的书面形式。"

（2）我国《电子商务法》的基本原则

①平等原则。《电子商务法》第四条规定："国家平等对待线上线下商务活动，促进线上线下融合发展，各级人民政府和有关部门不得采取歧视性的政策措施，不得滥用行政权力排除、限制市场竞争。"

②自愿、公平、诚信原则。《电子商务法》第三条规定："国家鼓励发展电子商务新业态，创新商业模式，促进电子商务技术研发和推广应用，推进电子商务诚信体系建设，营造有利于电子商务创新发展的市场环境，充分发挥电子商务在推动高质量发展、满足人民日益增长的美好生活需要、构建开放型经济方面的重要作用。"

《电子商务法》第五条规定："电子商务经营者从事经营活动，应当遵循自愿、平等、公平、诚信的原则，遵守法律和商业道德，公平参与市场竞争，履行消费者权益保护、环境保护、知识产权保护、网络安全与个人信息保护等方面的义务，承担产品和服务质量责任，接受政府和社会的监督。"

③协同管理原则。《电子商务法》第六条规定："国务院有关部门按照职责分工负责电子商务发展促进、监督管理等工作。县级以上地方各级人民政府可以根据本

行政区域的实际情况，确定本行政区域内电子商务的部门职责划分。”

《电子商务法》第七条规定：“国家建立符合电子商务特点的协同管理体系，推动形成有关部门、电子商务行业组织、电子商务经营者、消费者等共同参与的电子商务市场治理体系。”

④自律原则。《电子商务法》第八条规定：“电子商务行业组织按照本组织章程开展行业自律，建立健全行业规范，推动行业诚信建设，监督、引导本行业经营者公平参与市场竞争。”

思政课堂

公平竞争是市场经济的核心。党的二十大对推动高质量发展、加强反垄断和反不正当竞争、提升国际循环质量和水平等提出明确要求。我们要深刻领会党的二十大精神，牢固树立公平竞争理念，加强企业竞争合规管理体系建设，推动合规与业务融合互促，大力倡导竞争文化，不断提高竞争合规水平，以公平有序市场竞争推动实现高质量发展。

二、电子商务的法律体系

从《电子商务法》的结构体系可以看出：《电子商务法》规定了电子商务主体进入、退出电子商务的条件和机制，具有主体法的内容；规范了主体之间在电子商务中的法律关系及交易行为，具有行为法的内容；规范了政府及社会对电子商务的纠纷解决及监管内容，具有促进电子商务交易、推动电子商务发展的促进法内容。

电子商务活动的广泛性、多样性导致参与主体类型众多。同时，电子商务的交易内容几乎涵盖了传统意义上的商业范畴。

为了避免与其他已有法律发生冲突，《电子商务法》仅对电子商务领域的特殊事项进行了规范。对于电子商务主体，因从事电子商务活动所涉及的民事、商事及其他领域的行为，还需要运用民事和商事法律、经济法、知识产权法、刑法等法律法规予以调整。因此，电子商务的法律体系就包括《电子商务法》《中华人民共和国民法典》（以下简称《民法典》）、《中华人民共和国电子签名法》《中华人民共和国消费者权益保护法》（以下简称《消费者权益保护法》）、《中华人民共和国产品质量法》《中华人民共和国著作权法》（以下简称《著作权法》）、《中华人民共和国商标法》《中华人民共和国专利法》（以下简称《专利法》）、《中华人民共和国反不正当竞争法》《中华人民共和国反垄断法》《中华人民共和国企业所得税法》《中华人民共和国个人所得税法》《中华人民共和国网络安全法》和《刑法》等。为了便于理解电子商务的法律体系，我们从电子商务主体及其相互关系上了解相应的法律法规。

1. 调整电子商务主体的相关法律法规

电子商务主体包括自然人、法人和非法人组织。

电子商务主体参与电子商务活动，依法取得电子商务主体资格，享有权利，履行义务。对自然人而言，其必须具有民事行为能力与民事权利能力。对于法人、非法人组织而言，其应依法设立、登记，具有民事行为能力与民事权利能力。这些主体资格的取得，应该依据具体情况符合《民法典》《中华人民共和国公司法》《中华人民共和国合伙企业法》《个体工商户条例》等法律法规的调整。

2. 调整电子商务主体行为的相关法律法规

电子商务主体从事经营活动，应当受到商法的约束，同时要遵守国家关于监管方面的法律法规。比如，经营者销售的商品必须符合相关的质量标准，应遵守《中华人民共和国产品质量法》《消费者权益保护法》《中华人民共和国食品安全法》的相关规定；电子商务中的物流服务提供者、电子支付服务提供者，应遵守《中华人民共和国邮政法》《中华人民共和国商业银行法》《非金融机构支付服务管理办法》等法律法规的调整；电子商务的监管与税收应遵守《中华人民共和国反不正当竞争法》《中华人民共和国反垄断法》《中华人民共和国企业所得税法》《中华人民共和国个人所得税法》《中华人民共和国行政许可法》《中华人民共和国广告法》《中华人民共和国网络安全法》《中华人民共和国商标法》《专利法》《著作权法》《刑法》等法律法规的调整。

3. 调整跨境电子商务的法律法规

跨境电子商务应遵守《电子商务示范法》《联合国国际贸易法委员会电子签名示范法》《联合国国际合同使用电子通信公约》《联合国国际货物销售合同公约》等法律法规的调整。

小提示

《电子商务示范法》对电子商务的一些基本法律问题作出的规定，有助于填补国际上电子商务的法律空白。虽然它既不是国际条约，也不是国际惯例，仅仅是电子商务的示范法律文本，但却有助于各国完善、健全有关传递和存储信息的现行法规与惯例，并给全球化的电子商务创造出统一的、良好的法律环境。

三、《电子商务法》与其他部门法律之间的关系

1. 上位法优于下位法

在电子商务活动过程中，若出现《电子商务法》与其他相关部门法均对电子商务中涉及的某一内容作出规定，而且这两个部门法不属于同一位阶的情形，应该依据“上位法优于下位法”的原则，适用上位法。

2. 特别法优于一般法、新法优于旧法

在电子商务活动过程中，若出现《电子商务法》与其他相关部门法均对电子商务中涉及的某一内容作出规定，而且这两个部门法属于同一位阶的情形，应根据“特别法优于一般法”“新法优于旧法”的原则，适用特别法或者新法。

3. 有规定的优于无规定的

在电子商务活动过程中，若《电子商务法》没有对某一电子商务涉及的内容作出规定，而其他相关法律有规定，那么，应该适用作出规定的具体部门法的内容。

【知识拓展】

电子商务的优势

企业对电子商务感兴趣的理由非常简单，就是电子商务可以为企业带来利润。对企业来说，电子商务的优势可以概括成一句话，即电子商务可以增加销售额并降低成本。

电子商务的优势具体包括如下几个方面。

第一，电子商务可以增加卖方的销售机会。企业可以通过网络找到许多新的贸易伙伴，减少交易环节，增加交易机会，降低交易成本。

第二，电子商务可以增加买方的购买机会。与传统商务相比，电子商务为买方提供了更多的选择，因此买方可以考虑更多的产品和服务。

第三，电子商务可以24小时提供交易机会，而且交易地点灵活。

第四，电子商务可以惠及整个社会。互联网可以安全、迅速、低成本地实现税收、养老金和社会福利金的电子支付，而且由于电子商务可以让人们在家工作，交通拥挤和环境污染也可以得到缓解。

（来源：文档网 https://doc.wendoc.com/bf04b030650e8d2d819b2395bd961be13ea911811.html）

课后思考

1. 电子商务有哪些分类?
2. 什么是电子商务法?
3. 电子商务法的调整对象有哪些?
4. 电子商务的业务流程是怎样的?
5. 电子商务法有什么特征?

项目二

电子商务主体法律法规

【知识导航】

电子商务合同的主体，即电子商务合同的当事人。《民法典》及相关法律对自然人、法人和非法人组织的权利能力与行为能力问题，以及代理人的权利义务做了明确规定，这些规定为传统合同在订立过程中确认当事人的身份及行为能力提供了明确的依据。

【知识结构】

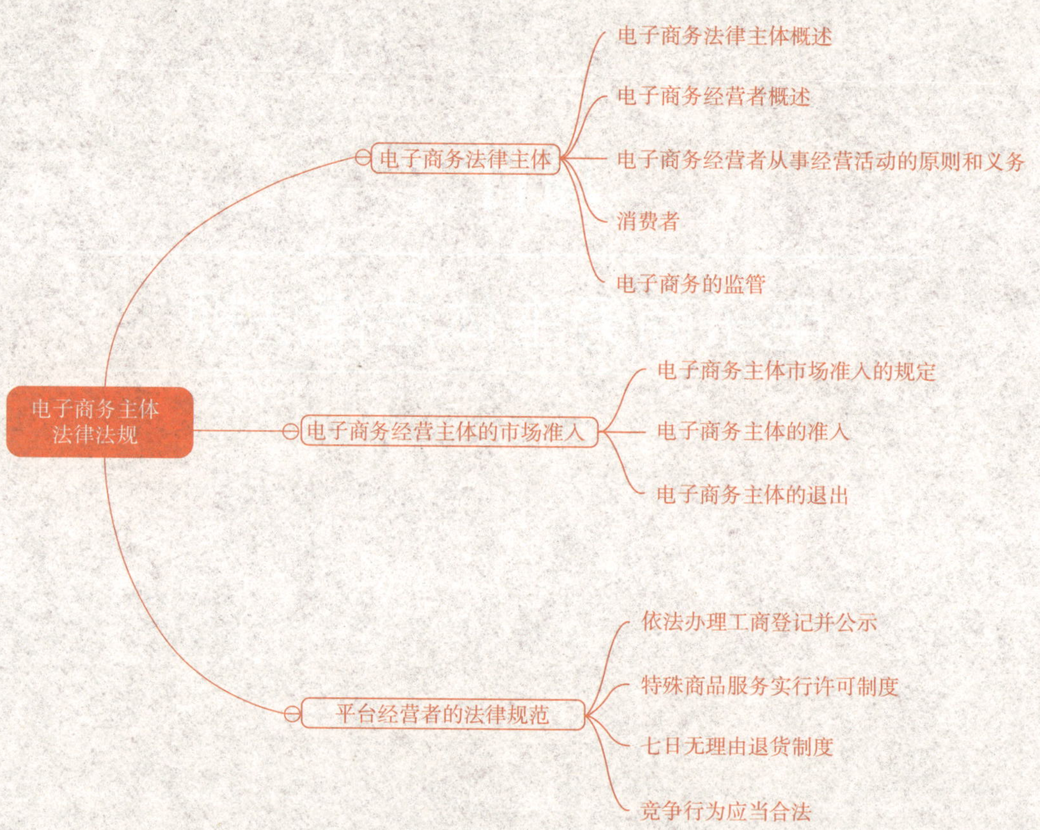

【学习目标】

◆ 知识目标

1. 了解电子商务法律主体和电子商务经营者的基本知识。
2. 掌握电子商务经营主体的市场准入和退出规定。
3. 掌握平台经营者的法律规范。

◆ **能力目标**

1. 能够区分不同的电子商务法律主体。

2. 能够正确理解电子商务主体法律法规。

◆ **素养目标**

通过本项目的学习，了解电子商务主体法律法规的基本知识，明白市场上的任何经济主体都要遵守相应的法律规定，增强依法治国的意识。

单元一　电子商务法律主体

电子商务法律主体是指电子商务交易参与各方，包括电商平台、商家、消费者等。电子商务经营者是电子商务交易活动中重要的民事法律关系主体。

一、电子商务法律主体概述

1. 概念

电子商务法律主体是指电子商务法律关系的参加者，即在电子商务法律关系中享有权利和承担义务的个人或者组织。法律是调整人的社会行为的规范，法律的调整角度一般是主体和行为，电子商务领域的法律规范也同样如此。

在此意义上，电子商务法律制度主要是电子商务主体法律制度和行为法律制度。因此，探讨电子商务主体法律制度，尤其是电子商务法律主体的界定具有基础性的意义，对于研究电子商务中的具体行为（如电子合同的订立、电子签名的认可、电子支付的效力等）提供了重要的理论准备。

2. 分类

（1）在线自然人用户和电子商务企业

以主体的法律属性为标准，可以将电子商务法律主体分为自然人、法人和非法人企业。结合电子商务的特征，电子商务法律主体的这一分类可以转化成在线自然人用户和电子商务企业。电子商务企业包括法人及非法人企业，具体则包括有限责任公司、股份有限公司和个体工商户、个人独资企业、合伙企业等。

（2）直接主体和间接主体

以是否直接参与电子商务交易为标准，可以将电子商务法律主体分为直接主体和间接主体。

①直接主体。直接主体是指直接进行电子商务交易的双方当事人，这方面的问题多数可以通过传统法律来调整，但网站（主要是经营性网站）等电子商务交易主体问题是传统法律无法解决的，因此规范电子商务网站建设，确保交易主体的真实

存在是电子商务法的首要任务。

我们认为，对电子商务直接主体的规范内容应该包括设立网站并开展经营活动的条件、程序、义务与责任，电子商务主体认定，主体登记和公示等。

②间接主体。间接主体是指不直接进行交易，但是交易的进行和完成有赖于其提供服务的参与者，可分为以下三类。

a. 网络服务提供商

网络服务提供商一般又可分为网络内容服务提供商（ICP）和网络中介服务提供商（ISP）两种。

网络内容服务提供商是指向社会公众或者特定用户提供信息内容服务的网络服务公司。大多数网络公司既提供中介服务，也提供内容服务，但只要是直接发布了某种信息的网站经营者，在信息传播过程中就是充当发布者的角色。

网络中介服务提供商是指为网络提供信息传输中介服务的主体。网络中介服务提供商又包括两类：第一类是网络接入提供商（Internet Access Provider，IAP），指网络用户连接至互联网的联机系统的提供者。IAP 通过租用的公用线路或自己铺设的专用线路为其用户提供接入服务，网络连线服务有拨接式与固接式两种。第二类是主机服务提供商，指为用户提供服务器硬件，供用户阅读他人上传的信息或者自己发送的信息，进行实时信息交流，或者使用超文本链接等方式的搜索引擎为用户提供在网络上搜索信息的主体，如电子公告板系统经营者、邮件新闻组及聊天室经营者。

b. 电子认证服务商

在开放性网络环境下的贸易，交易双方由于互不见面，对对方身份的疑虑是必须解决的问题之一。为增进双方之间的信任，防止交易欺诈，就需要由交易各方都信任的第三方出面证明签名人的身份及其资信状况，担任这一角色的就是通过签发数字证书提供网上安全电子交易认证服务的认证机构（CA）。

c. 在线金融服务商

现代经济活动离不开金融服务，而完整的网络经济的运行同样离不开网上金融机构的服务，代表未来金融业发展方向的网上银行随网上商务活动的发展而兴起，网上银行创造出的电子货币也将改变传统的货币流通形式，成为未来资金流转的主要渠道。

3. 特征

（1）虚拟性

在网络环境下，网络用户（如个人、企业等）以数字或者网页等电子化方式表现出来，其主体是谁或者是否为数字信息指示的真正用户并不能直观地判断出来。在网络环境下，有的企业以网站形式出现，通过计算机软硬件构筑网络平台，形成电子营业场所；有的企业通过页面形式设立在线商店，进行网上交易。

（2）不确定性

网络具有开放性、无国界性，因此电子商务法律主体的国别、住所地、企业资信等信息不易确定。这就导致消费者对网上电子商务交易存在顾虑。

从法律角度讲，任何一起电子商务交易都应该是具体的、确定的，这就要求主体的属性也是具体的、确定的。这种主体的确定性与电子商务主体的不确定性之间的矛盾，使得我们不得不建立一种主体认定的制度，以确定主体的身份进而确定电子商务法律关系本身。

（3）数量、种类多于传统交易

一般情况下传统交易有买卖双方两个主体即可进行，而任何一笔以网络为平台和交易手段的电子商务的完成都涉及多重法律关系，每一次商事活动要有三个以上的主体参与才能完成。除了直接主体之外，还需要间接主体，如交易平台、认证机构或者第三方支付机构。这种复杂的多方法律关系导致责任认定更加复杂。

（4）跨地域性

电子商务的跨国界和跨地域性也必然导致参与其中的电子商务法律主体呈现跨地域性的特点。这种特点对电子合同的订立、效力、履行和违约责任的追究都带来了重要的影响，可能带来网络环境下管辖权的难以确定或者管辖权的冲突，也可能导致不同区域或者国家之间法律适用上的冲突，其中不可避免地会涉及国际私法规则的适用。

4. 认定

（1）认定的必要性

电子商务是一种非面对面的交易，电子商务主体通过网络平台可以完成整个交易流程，包括从商品选择、合同订立到价款支付等都完全可以通过互联网甚至移动通信网络（如移动电子商务）完成。网络的这种便捷性和虚拟性是电子商务相对于传统商务的优势之一，但也给交易带来了巨大的风险。任何一方电子商务主体对交易中某个环节的否认，如否认订立合同、否认支付价款等都将带来电子商务法律关系的不确定性。

从促进电子商务发展的角度来讲，只有确立安全、可靠、值得信赖的交易机制，尤其是主体认定的机制，才能消除当事人对电子商务安全性的疑虑；从电子商务主体权益维护的角度来讲，只有建立起主体认定的机制，才能使得电子商务中法律责任的实现有了坚实的保障。否则，对电子交易的任意否认不仅导致交易的落空，也会造成违约责任、缔约过失等民事责任的产生。因此，在此意义上，完全可以说电子商务法的首要任务是要建立完善的电子商务主体认定制度，确保电子商务主体的真实存在。

（2）认定的基本原则

电子商务主体的认定主要遵循三个基本原则，即主体真实原则、主体资格法定原则和主体公示原则。其中，对于在线自然人用户主要适用主体真实原则，而对电子商务企业而言三个基本原则均适用。

①主体真实原则。所谓主体真实原则，是指参与电子商务法律关系的各方主体必须是真实存在的，而不应当是“虚拟”的或不存在的，法律不承认也不保护虚拟主体。电子商务就其法律本质而言是一种民商事活动，理应遵循民商事主体真实的原则。这原则不仅是对电子商务企业，也是对在线自然人用户的一种要求。

对电子商务企业而言，主要表现为两种形式：一是现实中存在对应的企业主体，即在现实中具备住所或办公场所、注册资本、组织机构等要素经登记而成为合法经营的主体；二是现实中不存在对应的企业，只是为设立在线企业而成立的新企业，纯粹从事在线交易。这类企业大多从事信息产品交易，但同样存在着经营人员管理机构等实体性的因素，本质上还是真实存在的企业，只是存在的形态发生了改变。

②主体资格法定原则。主体资格法定原则是民法的基本原则之一，具体是指参加民事法律关系、享有民事权利、承担民事义务的主体由法律明确规定。该原则在商法上体现为商事主体法定原则，即商事主体的资格必须严格依法取得并维持，法律没有明确规定的，或者是不符合法律规定条件的，不能取得商事主体资格。电子商务作为一种商事活动，其参与主体同样需要遵循主体资格法定原则。

依据我国民商事法律规定，可以从事经营活动的主体主要包括两大类：一类是不具有法人资格的主体，包括个体工商户、个人独资企业和合伙企业；另一类是具有法人资格的企业，主要包括依据《中华人民共和国公司法》设立的有限责任公司和股份有限公司。

不论是法人企业还是非法人企业，都必须按照《中华人民共和国企业法人登记管理条例》或《中华人民共和国公司登记管理条例》的规定领取营业执照。对于电子商务企业而言，必须根据企业的性质领取相应的营业执照才具备参与电子商务法律关系的资格，才能享有权利承担义务，开展电子商务活动。

③主体公示原则。主体公示原则要求电子商务企业必须在网上明确显示其真实身份。该原则体现了电子商务活动受国家干预的特点，其意义在于规范电子商务经营主体资格，以保障电子商务交易安全和便捷。《中华人民共和国互联网信息服务管理办法》第十二条规定："互联网信息服务提供者应当在其网站主页的显著位置标明其经营许可证编号或者备案编号。"电子商务企业的这种提示身份的义务本质上也是主体公示原则的要求。

值得注意的是，主体公示原则并不要求电子商务企业的网站名称与其企业名称或者商号一致。电子商务企业的法定名称应该是其营业执照上登记的名称，网站或者网页上显示的名称只是其经营个性化及经营便利的需要，没有硬性规定所有的网站名称必须与其企业名称或者商号一致。只要将其营业登记证号或者电子营业执照号码标示于网上即可视为遵循了主体公示原则。2000 年 9 月 1 日颁布实施的《网站名称注册管理暂行办法》及其实施细则都规定每个网站最多可以注册三个名称，并不要求网站名称一定与企业名称或者商号相同，只是要求注册的网站名称不得违反法律规定和侵犯他人合法权益。

（3）电子商务企业的认定

①经营性网站的认定。关于经营性网站，《中华人民共和国电信条例》和《中华人民共和国互联网信息服务管理办法》均作出了相应的规定，即其设立需要获得网络信息服务的许可，并办理企业登记。根据北京市工商行政管理局颁布的《经营性网站备案登记管理暂行办法》规定，经营性网站的设立比照企业分支机构的设立予

以管理，登记后对经营性网站办理经营性网站备案登记证并予以公告。因此，经营性网站备案登记证是经营性网站的主体身份证明。

②网上商店的认定。有些电子商务企业考虑到节约成本，或者利用他人网站的市场资源，在他人网站（尤其是电子商务交易平台网站）上开设网上商店，而不是自行独立建站。

在电子商务实践过程中，对于网上商店的认定往往由市场参与主体来运作。例如，电子商务交易平台提供商往往会要求网上商店的设立人首先成为注册会员或者用户，然后才可以利用其提供的电子商务交易平台从事电子商务活动。而在注册成为用户或者会员的过程中，会要求拟成立网上商店的企业提供营业执照，这种做法同样可以做到确保电子商务交易主体的真实存在，维护了电子商务的安全及信用。

从上述实践中也可以思考如何对电子商务平台监管以实现对网上商店的有效合理监管。从国外电子商务的实践来看，多数国家均允许没有经过对网上交易行为进行登记的企业从事电子商务活动，其初衷是为电子商务提供一个宽松的法律环境，鼓励更多的企业从事网上交易。

小提示

保障网上交易的安全、维护消费者的合法权益、维护网上交易的秩序同样重要，只不过需要探索监管模式。对电子商务主体的直接监管变成间接监管，由电子商务交易平台对网上商店进行认定并要求后者依据协议对其身份进行公示。这种行业的惯例及国外的监管经验值得我国政府部门在制定监管政策时加以借鉴。

二、电子商务经营者概述

《电子商务法》第九条第一款规定："本法所称电子商务经营者，是指通过互联网等信息网络从事销售商品或者提供服务的经营活动的自然人、法人和非法人组织，包括电子商务平台经营者、平台内经营者以及通过自建网站、其他网络服务销售商品或者提供服务的电子商务经营者。"

1. 电子商务平台经营者

（1）概念

电子商务平台经营者是指在电子商务活动中为交易双方或者多方提供网络经营场所、交易撮合、信息发布等服务，供交易双方或者多方独立开展交易活动的法人或者非法人组织。

（2）特征

①电子商务平台经营者是电子商务平台的所有者。电子商务平台经营者对电子商务平台享有占有、使用、从中获得收益、按照自己的意愿进行处分的权利。

②电子商务平台经营者是指利用电子商务平台为电子商务活动提供服务的经

营者。电子商务平台经营者工作的内容是为在平台上进行交易的双方或者多方提供平台服务。

③电子商务平台经营者服务的方法是提供电子商务平台，使利用电子商务平台进行交易的双方或者多方，在电子商务平台上独立开展交易活动。

④电子商务平台经营者必须是法人或者非法人组织。自然人不能成为平台经营者。

2. 电子商务平台内经营者

（1）概念

电子商务平台内经营者是指通过电子商务平台销售商品或者提供服务的电子商务经营者。自然人、法人、合伙人等均可经营网店，成为平台内经营者。

（2）特征

①电子商务平台内经营者是利用电子商务平台进行交易活动的经营者。

②电子商务平台内经营者在电子商务平台上的经营内容是销售商品或者提供服务。

③电子商务平台内经营者的主体性质是电子商务经营者，自然人、法人或者非法人组织均可成为平台内经营者。

在 C2C 平台上进行经营活动的平台内经营者，可以是自然人；在 B2C 平台上进行经营活动的平台内经营者，B 为法人或者非法人组织，C 是个人消费者。

④电子商务平台内经营者在电子商务平台上的交易行为须独立进行。

在电子商务平台进行交易的平台内经营者，都是独立的民事主体，要独立进行电子商务经营活动。

3. 通过自建网站、其他网络服务等方式从事电子商务的经营者

（1）概念

通过自建网站、其他网络服务等方式从事电子商务的经营者是指通过自建网站、其他网络服务等方式从事电子商务的自然人、法人和非法人组织。

（2）特征

①经营者通过自建网站从事电子商务。与典型的电子商务经营活动相比较，经营者自建网站进行销售商品或者提供服务的交易行为类似于电子商务平台的网站属于经营者所有，该种行为下经营者通过自建网站平台与消费者进行交易活动，而不是利用他人的电子商务平台进行交易。

该模式只有进行交易的双方当事人，因而属于“传统交易行为 + 自建网站”的方式。自建网站应当具有交易中的下单功能，即能够通过网站订立电子合同，进行交易。如果某网站仅仅是企业建立的门户网站或者官网，只介绍自己的产品而无下单功能，不能认为是经营者的自建网站。

②经营者通过其他网络服务从事电子商务。随着电子商务模式的发展变化，经营者依托社交网络等可以从事商品销售或提供服务。例如，“微商”就是经营者通过微信软件进行的电子商务活动。

该交易的结构流程是“其他网络服务 + 销售商品或者提供服务”。其他网络服

务指的是非专业的电子商务网络服务。例如，在微信上进行的交易行为就是利用微信的“朋友圈”发布商品或者服务信息，他人接收该信息，用其他方式进行交易。如果微信服务提供者开设专门的交易窗口，为微信用户或消费者提供交易平台，撮合交易，则该提供者就不是其他网络服务经营者，而是电子商务平台经营者。

三、电子商务经营者从事经营活动的原则和义务

（1）电子商务经营者从事经营活动的原则

电子商务经营者从事经营活动，要受《电子商务法》《民法典》《消费者权益保护法》的约束。其原则包括如下。

①自愿。自愿是指电子商务经营者在电子商务中，可以依据自己的意愿从事或者不从事电子商务活动。

②平等。平等是指各电子商务参与方在电子商务中的法律地位是平等的。

③公平。公平是指电子商务经营者在电子商务中应合理确定各方的权利和义务。

④诚信。诚信是指电子商务经营者在电子商务中应当遵循诚信原则，秉持诚实，恪守承诺。

（2）电子商务经营者从事经营活动的义务

①遵守法律和商业道德。该义务是指电子商务经营者要在法律及道德的约束下，通过电子商务获取经营利润。不得因获取利益而违反法律法规、违反公序良俗、违反商业伦理。

②公平参与市场竞争。该义务是指电子商务经营者不得利用技术上的优势垄断市场，损害其他电子商务主体的合法权益。

③履行消费者权益保护、环境保护、知识产权保护、网络安全与个人信息保护等方面的义务。该义务是指电子商务经营者在电子商务中，遵守《消费者权益保护法》《中华人民共和国环境保护法》《中华人民共和国商标法》《专利法》《中华人民共和国网络安全法》等法律法规，不得因经营电子商务而违反相关法律法规。

④承担产品和服务质量责任。该义务是指电子商务经营者在电子商务中，应遵守《中华人民共和国产品质量法》《消费者权益保护法》等关于产品和服务质量的法律规定。

⑤接受政府和社会的监督。该义务是指电子商务经营者在电子商务中，有义务接受政府监督部门以及工会、消费者协会等社会组织的监督，依法、规范经营。

四、消费者

（1）电子商务消费者的含义

在电子商务关系中，既有经营者，也有消费者。电子商务中的消费者，是指为

生活、经营需要消费、使用商品或者接受服务的自然人、法人和非法人组织。

《消费者权益保护法》第二条规定："消费者为生活消费需要购买、使用商品或者接受服务，其权益受本法保护；本法未作规定的，受其他有关法律、法规保护。"可见，消费者是为了生活需要而购买、使用或者接受服务的自然人。

在电子商务中，电子商务平台内的经营者对于电子商务平台经营者来说是消费者，但其消费目的是从事经营活动，所以，电子商务中的消费者不限于自然人。《消费者权益保护法》中的消费者与电子商务中的消费者属于不同的概念范畴。

（2）电子商务消费者的范畴

《电子商务法》中对电子商务消费者使用了三个概念。

①电子商务当事人。当事人的概念包含电子商务经营者和电子商务消费者。

②用户。电子商务领域中的用户相当于电子商务消费者。

③消费者。这里的消费者就是电子商务消费者，而不是一般的消费者。

这三个概念的主体因参与电子商务活动，成为电子商务中的消费者。

五、电子商务的监管

为了确保电子商务健康、有序地发展，及时解决电子商务中发生的各种纠纷，《电子商务法》对电子商务的监管也作出了相应规定，按照监管的主体及监管的对象可以分以下几个方面。

（1）市场监督管理部门对电子商务经营者的监管

市场监督管理部门对电子商务经营者的监管范围及内容包括：对电子商务经营者的纳税、电子商务活动的行政许可、保障人身财产安全及环境保护的合法性要求、出具发票、证照信息公示、消费者的知情权和选择权、遵守广告法、是否虚构交易欺骗消费者、押金退还、公平竞争、用户信息查询、个人信息保密、出口监督等方面进行监管。

（2）市场监督管理部门对电子商务平台经营者的监管

市场监督管理部门对电子商务平台经营者的监管范围及内容包括：对平台内经营者的形式审查义务、协助市场监管部门对平台内经营者的监管义务、对平台内经营者的违法经营处置报告、网络安全保障、交易信息保存、制定并公示平台服务协议和交易规则信息及链接标识、按时在首页显著位置公开征求修改交易规则意见且不得阻止平台内经营者退出、以显著方式区分自营业务和平台内经营者的业务、为消费者提供对平台内销售的商品或者提供的服务进行评价的途径且不得删除消费者的评价。

思政课堂

2019年5月31日，习近平总书记在“不忘初心、牢记使命”主题教育工作会议上指出，我国市场监管事业已走过70年，无论体制和职能如何发展变化，维护广大消费者的利益始终是市场监管的出发点和落脚点。保护消费者是各国制约市场失灵、维护公平正义的产物，是社会文明程度的重要标志和国家的重要软实力。加强消费者保护，就是顺应历史前进的逻辑、时代发展的潮流。

（来源：中国共产党新闻网）

（3）电子商务平台经营者协助市场监管部门对电子商务平台内经营者进行监管

电子商务平台经营者协助市场监管部门对电子商务平台内经营者进行监管的范围及内容包括：向市场监督管理部门报送平台内经营者的身份信息、提示未办理市场主体登记的经营者依法办理登记并为应当办理市场主体登记的经营者办理登记提供便利、向税务部门报送平台内经营者的身份信息和与纳税有关信息、对没有取得相关行政许可或者违法交易的采取必要的处置措施并向有关主管部门报告等。

单元二 电子商务经营主体的市场准入

电子商务主体市场准入制度实际是指电子商务主体资格的取得、审核、确认、丧失等相关的法律法规。

一、电子商务主体市场准入的规定

《电子商务法》规定，电子商务经营者包括自然人、法人和非法人组织，同时规定，电子商务经营者应当依法办理市场主体登记。广义的电子商务主体既包括电子商务经营者，又包括消费者、物流快递服务提供者、电子支付服务提供者、监管部门等。在各类电子商务主体中，既有传统意义上的商事主体，又有自然人的民事主体。物流快递服务提供者、电子支付服务提供者的准入依据相应行业规范要求，而消费者作为电子商务经营者的相对方，除了需要遵守交易规则外，没有市场准入、退出的限制。监管部门履行监管职责，不应涉及准入制度的调整范围。因此，本书关于电子商务主体的准入和退出，只从电子商务经营者的角度考虑。

二、电子商务主体的准入

电子商务主体的准入

1. 平台经营者的准入

平台经营者为法人或非法人组织。自然人不能成为平台经营者。《电子商务法》要求的电子商务经营者应依法办理市场主体登记，不是针对电子商务平台经营活动的特别登记方式，而是等同于线下主体的登记。线下主体的登记受《中华人民共和国公司法》《中华人民共和国合伙企业法》等法律法规的调整。也就是说，已经登记成立的法人、非法人组织，在登记范围内从事电子商务平台经营，无须另行进行市场主体登记。

2. 平台内经营者的准入

（1）平台内经营者在平台上进行电子商务，应向平台经营者提交申请。

（2）向平台经营者提交身份、地址、联系方式、行政许可等真实信息，由平台经营者进行核验、登记，建立登记档案，并定期核验与更新。

（3）与平台经营者订立平台服务协议，遵守平台制定的交易规则。

（4）依法需要取得相关行政许可的，应当依法取得行政许可。

（5）接受市场监管部门及平台经营者的监管。

3. 自然人的准入

（1）不需要办理准入手续的情形

电子商务法规定，个人销售自产农副产品、家庭手工业产品，个人利用自己的技能从事依法无须取得许可的便民劳务活动和零星小额交易活动，以及依照法律、行政法规不需要进行登记的，无须登记。在自然人从事上述交易时，不设准入门槛。此类经营者的实际经营地也应当认定为通过互联网开展经营活动的地点，即网络经营场所。

（2）需要办理个体户登记的情形

自然人从事非自产农副产品、家庭手工业产品的电子商务，应依《个体工商户条例》办理登记，然后向平台营业者申请进入平台经营。

三、电子商务主体的退出

1. 自行退出

（1）平台内经营者不接受平台经营者修改的平台服务协议和交易规则的内容，可以自行退出。

（2）电子商务经营者因其他原因，可以自行退出经营，如线下企业自行解散等。电子商务经营者自行终止从事电子商务的，应当提前三十日在首页显著位置持续公示有关信息。

2. 强制退出

若电子商务经营者违法经营，被吊销营业执照或许可证照，应被强制退出电子商务市场。

单元三　平台经营者的法律规范

电子商务平台是指在电子商务中为交易双方或者多方提供网络经营场所、交易撮合、信息发布等服务，供交易双方或者多方独立开展交易活动的平台。电子商务平台经营者应就电子商务平台的建设、运营等承担相应的法定义务。

一、依法办理工商登记并公示

1. 依法办理市场主体登记

电子商务活动是一项经营活动，按照我国对经营活动的一般管理原则，需要经营者办理工商登记。

广义的电子商务卖方，也称电子商务经营者，《电子商务法》第十条规定："电子商务经营者应当依法办理市场主体登记。但是，个人销售自产农副产品、家庭手工业产品，个人利用自己的技能从事依法无须取得许可的便民劳务活动和零星小额交易活动，以及依照法律、行政法规不需要进行登记的除外。"

2. 公示营业执照

信息传统经营者，在经营场所、店铺、住所，按照规定企业、组织、个体等经营者，在从事生产、经营、服务等活动时，应当出示、悬挂营业执照。营业执照分正本和副本，二者具有相同的法律效力。正本应当置于公司住所或营业场所的醒目位置。

《电子商务法》第十五条规定："电子商务经营者应当在其首页显著位置，持续公示营业执照信息、与其经营业务有关的行政许可信息、属于依照本法第十条规定的不需要办理市场主体登记情形等信息，或者上述信息的链接标识。前款规定的信息发生变更的，电子商务经营者应当及时更新公示信息。"

《电子商务法》第十六条规定："电子商务经营者自行终止从事电子商务的，应当提前三十日在首页显著位置持续公示有关信息。"

《电子商务法》第七十六条规定："电子商务经营者违反本法规定，有下列行为之一的，由市场监督管理部门责令限期改正，可以处一万元以下的罚款，对其中的电子商务平台经营者，依照本法第八十一条第一款的规定处罚：

（一）未在首页显著位置公示营业执照信息、行政许可信息、属于不需要办理市场主体登记情形等信息，或者上述信息的链接标识的；

（二）未在首页显著位置持续公示终止电子商务的有关信息的；

（三）未明示用户信息查询、更正、删除以及用户注销的方式、程序，或者对用户信息查询、更正、删除以及用户注销设置不合理条件的。

电子商务平台经营者对违反前款规定的平台内经营者未采取必要措施的，由市场监督管理部门责令限期改正，可以处 2 万元以上 10 万元以下的罚款。”

为了规范无店铺零售业经营行为，维护流通秩序和商业环境，保护消费者和从业者的合法权益，促进无店铺零售业健康有序发展，商务部于 2015 年 5 月 5 日发布并实施《无店铺零售业经营管理办法（试行）（征求意见稿）》。

“三证合一”和“五证合一”经营登记办法改进。2015 年 10 月 1 日起，我国开始推行“三证照一码”登记模式，即将“营业执照、组织机构代码证、税务登记证”三证合为一证，以提高市场准入效率。“一照一码”则在此基础上更进了一步，通过“一口受理、并联审批、信息共享、结果互认”，实现由一个部门核发加载统一社会信用代码的营业执照。在企业和农民专业合作社“三证合一,一照一码”的基础上,2016 年 10 月 1 日起，全国开始全面实行“五证合一,一照一码”。即将“营业执照、组织机构代码证、税务登记证、社会保险登记证和统计登记证”五证合为一证。

3. 依法履行纳税义务

电子商务经营者应当按照国家税法和相关法律法规，履行纳税义务。《电子商务法》第十一条规定:“电子商务经营者应当依法履行纳税义务，并依法享受税收优惠。依照前条规定不需要办理市场主体登记的电子商务经营者在首次纳税义务发生后，应当依照税收征收管理法律、行政法规的规定申请办理税务登记，并如实申报纳税。”

思政课堂

人民是法治建设的主体，是法治国家的主人。人民权益要靠法律保障，法律权威要靠人民维护。只有人人参与法治，全民守法才具有坚实的社会基础。只有将法治观念植根于民心，人人尊法、学法、守法、用法、执法，法治中国才能形神兼具、行稳致远。青年学生要做到知行统一，学以致用；要从自己做起，从身边做起，从具体行为习惯做起。凡是法律禁止的，都不去做；凡是法律提倡的，积极对待；凡是法律保护的，依法去做。

二、特殊商品服务实行许可制度

1. 依法取得商品、服务许可

按照我国对经营商品的种类、服务的内容管理的法律法规，需要取得行政许可的，要办理相关行政许可，才能进行电子商务经营活动。《电子商务法》第十二条规定："电子商务经营者从事经营活动，依法需要取得相关行政许可的，应当依法取得行政许可。"

2. 不得经营法律、法规禁止交易的商品或者服务

按照我国法律、法规、规章的规定，电子商务经营者不得在网上经营禁止交易的商品和服务。《电子商务法》第十三条规定："电子商务经营者销售的商品或者提供的服务应当符合保障人身、财产安全的要求和环境保护要求，不得销售或者提供法律、行政法规禁止交易的商品或者服务。"

小提示

"丝路电商"是为了推进"一带一路"经贸合作而打造的国际合作新平台。2016年底，中国商务部与智利外交部签署了首个双边电子商务合作的谅解备忘录。一边是"中国品牌"热销海外，一边是海外商品走进中国市场。近年来，"丝路电商"朋友圈不断扩大发展，展现出强劲活力和强大韧劲，迎来了新的发展契机。"丝路电商"打开一条双向贸易通道，成为"一带一路"经贸合作的重要组成部分。

三、七日无理由退货制度

1. 七日无理由退货的定义

七日无理由退货，是指"消费者在购买商品收到日起，七日内可退货，且无须说明理由"的一种保护消费者权益的办法。无理由退货是从法律上保证消费者购买商品的"后悔权"。经全国人民代表大会常务委员会修改、自2014年3月15日起施行的《消费者权益保护法》，对无理由退货作出了明确规定，使以前在某些企业、某些情况下使用的无理由退货在我国正式法律化。除特殊商品外，执行七日无理由退货，是维护消费者权益的重要内容。

2. 七日无理由退货是消费者的权益，但必须符合条件

《消费者权益保护法》第二十五条规定："经营者采用网络、电视、电话、邮购等方式销售商品，消费者有权自收到商品之日起七日内退货，且无须说明理由，但下列商品除外：

（一）消费者定做的；

（二）鲜活易腐的；

（三）在线下载或者消费者拆封的音像制品、计算机软件等数字化商品；

（四）交付的报纸、期刊。

除前款所列商品外，其他根据商品性质并经消费者在购买时确认不宜退货的商品，不适用无理由退货。

消费者退货的商品应当完好。经营者应当自收到退回商品之日起七日内返还消

费者支付的商品价款。退回商品的运费由消费者承担；经营者和消费者另有约定的，按照约定。”

3. 网络商品也应当七日无理由退货

在电子商务活动中交易的商品，同样为了维护消费者权益，应当执行七日无理由退货的规定。

《网络购买商品七日无理由退货暂行办法》第三条规定：“网络商品销售者应当依法履行七日无理由退货义务。”

4. 网络购买商品七日无理由退货的特殊限制

（1）由于商品性质可以不适用七日无理由退货规定

《网络购买商品七日无理由退货暂行办法》第七条规定：“下列性质的商品经消费者在购买时确认，可以不适用七日无理由退货规定：

（一）拆封后易影响人身安全或者生命健康的商品，或者拆封后易导致商品品质发生改变的商品；

（二）一经激活或者试用后价值贬损较大的商品；

（三）销售时已明示的临近保质期的商品、有瑕疵的商品。”

《消费者权益保护法》第五十六条规定：“除承担相应的民事责任外，其他有关法律、法规对处罚机关和处罚方式有规定的，依照法律、法规的规定执行；法律、法规未作规定的，由工商行政管理部门或者其他有关行政部门责令改正，可以根据情节单处或者并处警告、没收违法所得、处以违法所得一倍以上十倍以下的罚款；没有违法所得的，处以五十万元以下的罚款；情节严重的，责令停业整顿、吊销营业执照。”其中，第一款第八项规定：“对消费者提出的修理、重作、更换、退货、补足商品数量、退还货款和服务费用或者赔偿损失的要求，故意拖延或者无理拒绝的。”

（2）消费者退回的商品应当完好

在执行《网络购买商品七日无理由退货暂行办法》时，消费者退回的商品应当完好。所谓商品完好，是指商品能够保持原有品质、功能，商品本身、配件、商标标识齐全。但是，消费者基于查验需要而打开商品包装，或者为确认商品的品质、功能而进行调试不影响商品的完好。

《网络购买商品七日无理由退货暂行办法》第九条规定：“对超出查验和确认商品品质、功能需要而使用商品，导致商品价值贬损较大的，视为商品不完好。具体判定标准如下：

（一）食品（含保健食品）、化妆品、医疗器械、计生用品：必要的一次性密封包装被损坏；

（二）电子电器类：进行未经授权的维修、改动，破坏、涂改强制性产品认证标志、指示标贴、机器序列号等，有难以恢复原状的外观类使用痕迹，或者产生激活、授权信息、不合理的个人使用数据留存等数据类使用痕迹；

（三）服装、鞋帽、箱包、玩具、家纺、家居类：商标标识被摘，标识被剪，商品受污、受损。”

5. 网络商品七日无理由退货的程序

电子商务活动中交易商品，买卖双方通常不在一地，在程序上有些具体事项，执行《网络购买商品七日无理由退货暂行办法》的规定。

（1）日期的计算

《网络购买商品七日无理由退货暂行办法》第十条规定：“选择无理由退货的消费者应当自收到商品之日起七日内向网络商品销售者发出退货通知。七日期间自消费者签收商品的次日起算。”

（2）退货信息和方式

《网络购买商品七日无理由退货暂行办法》第十一条规定：“网络商品销售者收到退货通知后应及时向消费者提供真实、准确的退货地址、退货联系人、退货联系电话等有效联系信息。消费者获得上述信息后应当及时退回商品，并保留退货凭证。”第十九条规定：“网络商品销售者可以与消费者约定退货方式，但不应当限制消费者的退货方式。网络商品销售者可以免费上门取货，也可以征得消费者同意后有偿上门取货。”该规定，不仅有利于充分考虑网络商品销售者和消费者双方的利益，而且更加方便和快捷。

（3）退货商品和配件及赠品问题

在进行电子商务交易时，由于营销活动或商家促销等因素，附配件、赠品是比较普遍的现象。关于随商品一起的配件、赠品，在执行七日无理由退货时，往往问题较多，争议很大。

《网络购买商品七日无理由退货暂行办法》第十二条规定：“消费者退货时应当将商品本身、配件及赠品一并退回。赠品包括赠送的实物、积分、代金券、优惠券等形式。如果赠品不能一并退回，经营者可以要求消费者按照事先标明的赠品价格支付赠品价款。”

（4）返还货款

返还货款是网络购买商品七日无理由退货的关键环节。因为是电子商务交易，退款的时间、方式以及退款的范围和款额的计算，处理起来比较复杂。

①退款的时间和方式。《网络购买商品七日无理由退货暂行办法》第十三条规定：“消费者退回的商品完好的，网络商品销售者应当在收到退回商品之日起七日内向消费者返还已支付的商品价款。”第十四条规定：“退款方式比照购买商品的支付方式。经营者与消费者另有约定的，从其约定。购买商品时采用多种方式支付价款的，一般应当按照各种支付方式的实际支付价款以相应方式退款。除征得消费者明确表示同意的以外，网络商品销售者不应当自行指定其他退款方式。”

②退款的范围和款额计算。《网络购买商品七日无理由退货暂行办法》第十五条规定：“消费者采用积分、代金券、优惠券等形式支付价款的，网络商品销售者在消费者退还商品后应当以相应形式返还消费者。对积分、代金券、优惠券的使用和返还有约定的，可以从其约定。”

第十六条规定：“消费者购买商品时采用信用卡支付方式并支付手续费的，网络商品销售者退款时可以不退回手续费。消费者购买商品时采用信用卡支付方式并被网络商品销售者免除手续费的，网络商品销售者可以在退款时扣除手续费。"

第十七条规定："退货价款以消费者实际支出的价款为准。套装或者满减优惠活动中的部分商品退货，导致不能再享受优惠的，根据购买时各商品价格进行结算，多退少补。"

第十八条规定："商品退回所产生的运费依法由消费者承担。经营者与消费者另有约定的，按照约定。消费者参加满足一定条件免运费活动，但退货后已不能达到免运费活动要求的，网络商品销售者在退款时可以扣除运费。"

6. 网络商品七日无理由退货的检验与处理

第二十五条规定："网络商品销售者应当建立完善的七日无理由退货商品检验和处理程序。对能够完全恢复到初始销售状态的七日无理由退货商品，可以作为全新商品再次销售；对不能够完全恢复到初始销售状态的七日无理由退货商品而再次销售的，应当通过显著的方式将商品的实际情况明确标注。"

第三十三条规定："网络商品销售者违反本办法第二十五条规定，销售不能够完全恢复到初始状态的无理由退货商品，且未通过显著的方式明确标注商品实际情况的，违反其他法律、行政法规的，依照有关法律、行政法规的规定处罚；法律、行政法规未作规定的，予以警告，责令改正，并处一万元以上三万元以下的罚款。"

7. 网络商品销售者的其他法律责任

第三十一条规定："网络商品销售者违反规定，有下列情形之一的，按照《消费者权益保护法》第五十六条第一款第（八）项予以处罚。

（一）未经消费者在购买时确认，擅自以商品不适用七日无理由退货为由拒绝退货或者以消费者已拆封、查验影响商品完好为由拒绝退货的。

（二）自收到消费者退货要求之日起超过 15 日未办理退货手续，或者未向消费者提供真实、准确的退货地址、退货联系人等有效联系信息，致使消费者无法办理退货手续的。

（三）在收到退回商品之日起超过 15 日未向消费者返还已支付的商品价款的。"

四、竞争行为应当合法

1. 使用合同公平、守信

在电子商务活动中，使用电子合同情况比较普遍，在使用合同时，大多采用格式条款或者格式合同，因此，保证合同的合法、公平、公正是一个相对难度较大的环节。《网络交易管理办法》第十七条规定："网络商品经营者、有关服务经营者在经营活动中使用合同格式条款的，应当符合法律、法规、规章的规定，按照公平原则确定交易双方的权利与义务，采用显著的方式提请消费者注意与消费者有重大利害关系的条款，并按照消费者的要求予以说明。

“网络商品经营者、有关服务经营者不得以合同格式条款等方式作出排除或者限制消费者权利、减轻或者免除经营者责任、加重消费者责任等对消费者不公平、不合理的规定，不得利用合同格式条款并借助技术手段强制交易。”

违反该规定的，按照《合同违法行为监督处理办法》的有关规定处罚。

2. 收集、使用消费者或者经营者信息，应当遵循合法、正当、必要的原则

《网络交易管理办法》第十八条规定：“网络商品经营者、有关服务经营者在经营活动中收集、使用消费者或者经营者信息，应当遵循合法、正当、必要的原则，明示收集、使用信息的目的、方式和范围，并经被收集者同意。

“网络商品经营者有关服务经营者收集、使用消费者或者经营者信息应当公开其收集、使用规则，不得违反法律、法规的规定和双方的约定收集、使用信息。

“网络商品经营者、有关服务经营者及其工作人员对收集的消费者个人信息或者经营者商业秘密的数据信息必须严格保密，不得泄露、出售或者非法向他人提供。网络商品经营者、有关服务经营者应当采取技术措施和其他必要措施，确保信息安全，防止信息泄露、丢失。在发生或者可能发生信息泄露、丢失的情况时，应当立即采取补救措施。网络商品经营者、有关服务经营者未经消费者同意或者请求，或者消费者明确表示拒绝的，不得向其发送商业性电子信息。”

3. 遵守《中华人民共和国反不正当竞争法》等法律的规定

电子商务经营者应该遵守《中华人民共和国反不正当竞争法》(以下简称《反不正当竞争法》) 等的规定，开展正当竞争，不得扰乱社会经济秩序，不得利用网络技术手段或者载体等方式，进行不正当竞争的行为。

《反不正当竞争法》第二条规定：“经营者在生产经营活动中，应当遵循自愿、平等、公平、诚信的原则，遵守法律和商业道德。本法所称的不正当竞争行为，是指经营者在生产经营活动中，违反本法规定，扰乱市场竞争秩序，损害其他经营者或者消费者的合法权益的行为。本法所称的经营者，是指从事商品生产、经营或者提供服务的自然人、法人和非法人组织。”

《网络交易管理办法》第十九条规定：“网络商品经营者、有关服务经营者销售商品或者服务，应当遵守《反不正当竞争法》等法律的规定，不得以不正当竞争方式损害其他经营者的合法权益、扰乱社会经济秩序。同时，不得利用网络技术手段或者载体等方式，从事下列不正当竞争行为：

（一）擅自使用知名网站特有的域名、名称、标识或者使用与知名网站近似的域名、名称、标识，与他人知名网站相混淆，造成消费者误认；

（二）擅自使用、伪造政府部门或者社会团体电子标识，进行引人误解的虚假宣传；

（三）以虚拟物品为奖品进行抽奖式的有奖销售，虚拟物品在网络市场约定金额超过法律法规允许的限额；

（四）以虚构交易、删除不利评价等形式，为自己或他人提升商业信誉；

（五）以交易达成后违背事实的恶意评价损害竞争对手的商业信誉；

（六）法律、法规规定的其他不正当竞争行为。”

《网络交易管理办法》第五十三条规定：“违反以上第十九条第（一）项规定的，按照《反不正当竞争法》第二十一条的规定处罚；违反第十九条第（二）项、第（四）项规定的，按照《反不正当竞争法》第二十四条的规定处罚；违反第十九条第（三）项规定的，按照《反不正当竞争法》第二十六条的规定处罚；违反第十九条第（五）项规定的，予以警告，责令改正，并处一万元以上三万元以下的罚款。”

4. 不得对竞争对手的网站或者网页进行非法技术攻击

电子商务交易依附网络。电子商务网站和网页，是电子商务交易的基础。《网络交易管理办法》第二十条规定：“网络商品经营者、有关服务经营者不得对竞争对手的网站或者网页进行非法技术攻击，造成竞争对手无法正常经营。”

5. 网络经营者应当向工商管理部门报送经营统计资料

《网络交易管理办法》第二十一条规定：“网络商品经营者、有关服务经营者应当按照国家市场监督管理总局的规定向所在地工商行政管理部门报送经营统计资料。”第五十一条规定：“违反以上规定的，予以警告，责令改正，拒不改正的，处以一万元以下的罚款。”

【知识拓展】

电子商务平台经营者对平台交易信息的管理义务

电子商务平台经营者应当记录、保存平台上发布的商品和服务信息、交易信息，并确保信息的完整性、保密性、可用性。商品和服务信息、交易信息保存时间自交易完成之日起不少于3年；法律、行政法规另有规定的，依照其规定。电子商务平台经营者应对其平台上的交易信息进行合理谨慎的管理。

（1）在平台上从事经营活动的，应当公布所经营产品的名称、生产者等信息；涉及第三方许可的，还应公布许可证书、认证证书等信息。

（2）网页上显示的商品信息必须真实。对实物（有形）商品，应当从多角度、多方位予以展现，不可对商品的颜色、大小、比例等歪曲或错误显示；对于存在瑕疵的商品应当给予充分的说明并通过图片显示。发现平台内经营者发布违反法律、法规广告的，应及时采取措施制止，必要时可以停止对其提供网上交易平台服务。

（3）投诉人提供的证据能够证明平台内经营者有侵权行为或发布违法信息的，平台经营者应对有关责任人予以警告，停止侵权行为，删除有害信息，并可依照投诉人的请求提供被投诉人注册的身份信息及联系方式。

（4）平台经营者应承担合理谨慎信息审查义务，对明显的侵权或违法信息，依法及时予以删除，并对站内经营者予以警告。

（来源：http://www.mofcom.gov.cn/aarticle/b/fwzl/201104/20110407516456.htmltarget=_blank，中华人民共和国商务

部公告2011年第18号《第三方电子商务交易平台服务规范》，有改动）

课后思考

1. 电子商务涉及哪些法律主体？
2. 什么是电子商务的准入？
3. 平台经营者的法律规范包括哪些具体内容？
4. 简述电子商务平台经营者的含义。
5. 简述电子商务平台经营者的特征。

项目三

电子合同的法律法规

【知识导航】

电子商务以电子交易为核心展开，电子交易的主要形式是电子合同的订立与履行。电子交易是电子商务活动的核心环节。电子合同与传统合同的根本区别在于以数据电文的方式订立合同、记载合同内容，因此电子合同具有特殊性。电子商务合同在通过电子技术手段订立的过程中，由于其与传统合同签订方式不同，由此引发了许多法律问题，因此，电子合同面临着严峻的挑战和考验。

【知识结构】

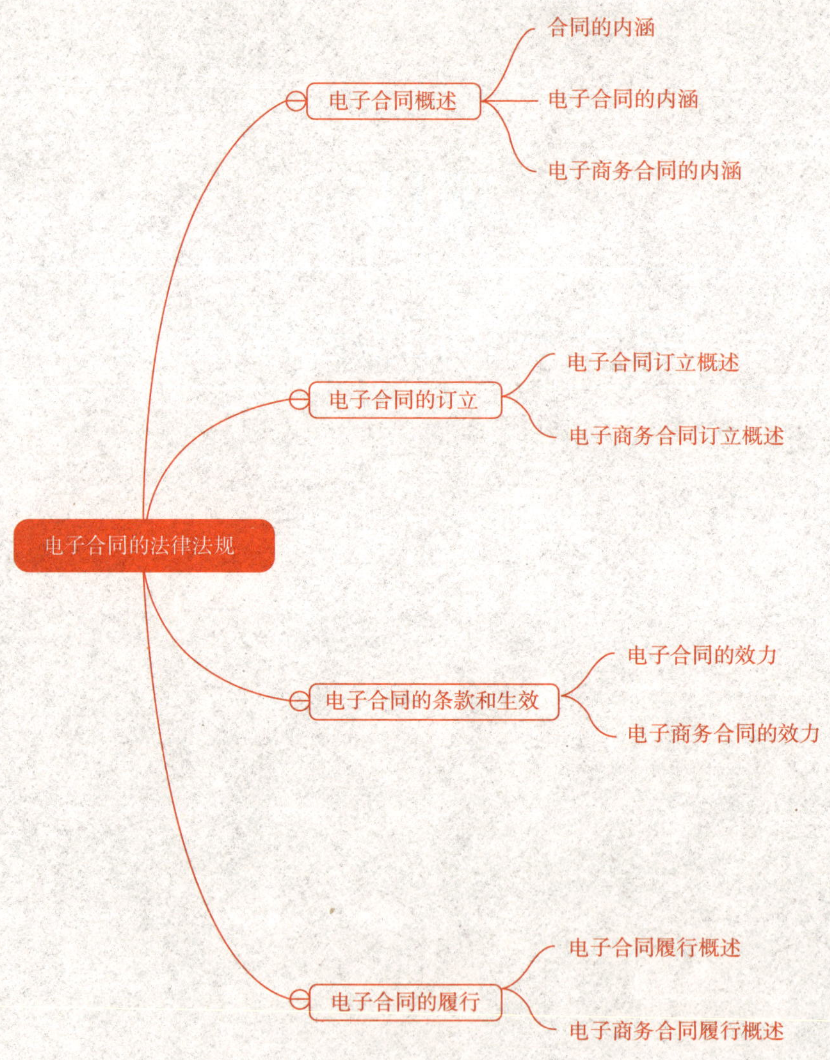

【学习目标】

◆ **知识目标**

1. 了解合同、电子合同和电子商务合同的概念及特征。
2. 掌握电子合同订立和履行的过程及规则。

◆ **能力目标**

1. 能够区分合同、电子合同和电子商务合同。
2. 能够订立电子合同并保证满足电子合同的生效要件。

◆ **素养目标**

通过本项目的学习，了解电子合同法律法规的基本知识，增强法治观念，维护法律尊严，培养诚信的价值观。

单元一　电子合同概述

电子商务法律属于民商法的内容。电子商务当事人订立和履行合同，适用《电子商务法》《民法典》《中华人民共和国电子签名法》等法律的规定。

一、合同的内涵

1. 合同的概念和特征

（1）合同的概念

《民法典》第四百六十四条规定："合同是民事主体之间设立、变更、终止民事法律关系的协议。"

民事主体包括自然人、法人、非法人组织。

《民法典》中的合同内容主要调整因合同产生的民事关系。因婚姻、收养、监护等有关身份关系的协议，适用有关该身份关系的法律规定。

（2）合同的特征

①合同行为是民事法律行为，不是事实行为。合同必须以当事人的意思表示为核心要素。合同行为的后果是当事人所期待的后果。

②多方民事法律行为是双方或者多方当事人意思表示一致的民事法律行为。在双方或者多方当事人的意思表示一致时，合同才可以成立。单方的民事法律行为是指仅有单方的意思表示即可成立的法律行为，如抛弃动产所有权。合同的多方民事法律行为不同于单方民事法律行为。

③合同是民事主体以设立、变更、终止民事法律关系为目的的民事法律行为。设立是指当事人为了在相互之间形成某种民事法律关系而所为的行为；变更则是指

当事人对其相互间已经形成的某种民事法律关系进行调整，改变他们之间已经形成的民事法律关系；终止则是指当事人通过合同的履行、新的协议等民事行为，消除相互间存在的民事关系。

④签订合同是当事人在平等互利基础上的行为。所谓平等，是指当事人在合同关系中的地位是平等的。所谓互利，是指当事人通过合同的约定，享有权利，履行义务，相互可以获取所需要的价值或利益。平等互利是民事、商事活动的基础。只有在平等互利的基础上，当事人才有通过合同关系进行民事、商事活动的动力。劳动合同不属于民法意义上的合同。

2. 合同的分类

依照不同的标准，可以将合同分为不同种类，以下为常见的合同分类。

（1）有名合同与无名合同

①有名合同。有名合同又称典型合同，是现实生活中经常出现的合同类型。《民法典》总共规定了 19 个有名合同，分别为：买卖合同，供用电、水、气、热力合同，赠与合同，借款合同，保证合同，租赁合同，融资租赁合同，保理合同，承揽合同，建设工程合同，运输合同，技术合同，保管合同，仓储合同，委托合同，物业服务合同，行纪合同，中介合同，合伙合同。

有名合同不是为了限制当事人的意思自治的权利，而是为了指导、补充当事人订立该种类型的合同。

②无名合同。无名合同又称非典型合同，是现实生活中不经常出现的合同类型。

（2）双务合同与单务合同

双务合同与单务合同是根据双方当事人在合同中权利、义务的承担方式的不同进行的区分。

①双务合同。双务合同是指在合同关系中，双方当事人相互承担对待给付义务的合同，双方当事人在享有权利的同时，也负担对待义务，如买卖合同。

②单务合同。单务合同是指在合同关系中，一方当事人承担给付义务，另一方当事人享有权利，如赠与合同。

（3）要式合同与不要式合同

要式合同与不要式合同是根据法律对合同形式是否有要求进行的区分。

①要式合同。要式合同是指法律规定合同必须具备一定的形式和手续的合同。

②不要式合同。不要式合同是指法律对合同的形式和手续没有特别要求的合同。

依据法律规定，没有采取书面形式订立的合同，一方已经履行主要义务，对方接受时，该合同成立。

（4）诺成合同与实践合同

诺成合同与实践合同是根据合同成立除了当事人意思表示一致外，是否还要以标的物的交付为必要条件所进行的分类。

①诺成合同。诺成合同是指不需要交付标的物，仅把当事人意思表示一致作为合同成立的条件的合同。诺成合同，又称不要物合同。

②实践合同。实践合同是指除了当事人意思表示一致外，还必须要交付标的物

才能成立的合同。实践合同，又称要物合同。如自然人之间的借贷合同、保管合同、定金合同。

（5）有偿合同与无偿合同

以当事人之间的权利义务是否互为对价，合同分为有偿合同和无偿合同。

①有偿合同。有偿合同是指当事人之间的权利义务互为对价的合同，如买卖合同。

②无偿合同。无偿合同是指当事人之间的权利义务不构成互为对价的合同，如赠与合同。

（6）主合同与从合同

根据合同之间的主从关系，合同分为主合同与从合同。

①主合同。主合同是指不以其他合同的存在为前提而能独立存在的合同。

②从合同。从合同是指必须以其他合同的存在为前提，不能独立存在的合同。例如，借款合同为主合同，保证合同为从合同。

3. 合同的原则

合同行为是民事法律行为。依据《民法典》的规定，合同的原则主要包括以下几个方面。

（1）平等原则

《民法典》第四条规定："民事主体在民事活动中的法律地位一律平等。"在合同中，当事人之间的法律地位是平等的。

（2）自愿原则

《民法典》第五条规定："民事主体从事民事活动，应当遵循自愿原则，按照自己的意思设立、变更、终止民事法律关系。"自愿原则是合同的最重要、最基本的原则。在合同中，自愿原则的主要内容包括以下几个方面。

①缔结合同的自愿。

②选择合同相对人的自愿。

③决定合同内容的自愿。

④决定合同形式的自愿。

⑤变更和解除合同的自愿。

⑥选择解决争议方式的自愿。

（3）公平原则

《民法典》第六条规定："民事主体从事民事活动，应当遵循公平原则，合理确定各方的权利和义务。"合同的公平原则要求当事人在订立合同、履行合同的过程中，要以公平的理念来调整当事人之间的权利和义务。

（4）诚信原则

《民法典》第七条规定："民事主体从事民事活动，应当遵循诚信原则，秉持诚实，恪守承诺。"诚信原则要求合同当事人在行使合同权利、履行合同义务时，应诚实守信，以善意的方式履行其义务，不得滥用权利和规避法律或合同规定的义务。

（5）守法与公序良俗原则

《民法典》第八条规定："民事主体从事民事活动，不得违反法律，不得违背公序良俗。"要求合同当事人在订立、履行合同时，应当遵守法律、行政法规，尊重社会公德，不得扰乱社会经济秩序、损害社会公共利益，不得违背公序良俗。

公序良俗是指公共秩序与善良风俗。违背公序良俗原则的民事法律行为无效。

（6）绿色原则

《民法典》第九条规定："民事主体从事民事活动，应当有利于节约资源，保护生态环境。"

小提示

合同诈骗是指以非法占有为目的，在签订、履行合同过程中，通过虚构事实、隐瞒真相、设定陷阱等手段骗取对方财产的行为；或者是合同一方当事人故意隐瞒真实情况，或故意告知对方虚假情况，诱使对方当事人作出错误的意思表示，从而与之签订或履行合同的行为。

二、电子合同的内涵

电子合同的内涵

1. 电子合同的概念

依据商务部2013年发布的《电子合同在线订立流程规范》，电子合同（Electronic Contract）是指平等主体的自然人、法人或其他组织之间以数据电文为载体，并利用电子通信手段设立、变更、终止民事权利义务关系的协议。

从电子合同与《民法典》中合同的概念的对比可以看出，电子合同强调民事主体在订立合同时是以数据电文为载体的，并利用电子通信手段设立、变更、终止民事权利义务关系。除此之外，电子合同与传统民法意义上的合同没有区别。

2. 电子合同的特征

电子合同是合同的一种形式。电子合同的相关规定零散地分布在《民法典》《电子合同在线订立流程规范》《中华人民共和国电子签名法》《消费者权益保护法》等法律法规之中。对于电子合同所具有的传统意义上合同的特征及法律规定，应依据《民法典》等法律法规予以调整。本章并未罗列电子合同的全部内容，只是对电子合同所突出的个别问题进行了强调，以便更好地理解与掌握电子合同的概念、订立、效力、履行等。

电子合同具有以下特征。

（1）电子合同应当具有《民法典》关于合同所规定的特征

电子合同是合同的一个类型，必须具备法律规定的合同的特征。与其他合同特征相比，电子合同还具有自身的特征。

（2）电子合同是以数据电文为载体的书面合同

电子合同是以数据电文形式为意思表示的。《民法典》第四百六十九条的规定：

“以电子数据交换、电子邮件等方式能够有形地表现所载内容，并可以随时调取查用的数据电文被视为书面形式。”因而，电子合同应当属于书面合同。

（3）电子合同是利用电子通信手段订立的合同

在订立电子合同的过程中，当事人的意思表示是通过电子通信手段，或者借助电子通信媒介进行磋商，最后达成合意，进而订立电子合同。

（4）电子合同的签署可以使用电子签名

传统意义上，合同的签署需要当事人的签字盖章，签字盖章后即发生合同成立或者生效的后果。但在电子合同中，当事人无须见面，合同签字可以使用电子签名。合法有效的电子签名对当事人具有约束力。

3. 电子合同的类型

电子合同在理论上按照传统意义上的合同进行分类，这里不再讲述。除了传统意义上的分类外，电子合同按电子合同订立的方式可以分为以下三种。

（1）以数据电文发出生效承诺而订立的合同

在电子合同的订立中，当事人是以数据电文的形式发出要约、作出承诺订立合同的。一般而言，承诺生效，合同成立。那么，以数据电文形式作出的承诺生效时，电子合同成立。

例如，电子合同当事人通过电子邮件将作出承诺的意思表示的信件、便条、文件、图片或声音等发送给另一方，该电子邮件形式的承诺到达对方当事人时，电子合同成立。微信已经成为人们生活中使用最多、最普遍的一种传递信息的方式。当事人通过微信方式发出、接收双方具有磋商、订立电子合同的意思表示的客观情况也越来越多。

（2）以签订确认书订立的电子合同

《民法典》第四百九十一条规定：“当事人采用信件、数据电文等形式订立合同要求签订确认书的，签订确认书时合同成立。”

当事人在订立电子合同的过程中，除了以数据电文形式磋商合同，双方还进一步要求签订确认书的，那么，在签订对数据电文内容的确认书时，电子合同成立。

（3）以点击方式订立的电子格式合同

格式条款是一方当事人为了重复使用而预先拟定，并在订立合同时未与对方协商的条款。例如，在电子商务中，电子商务格式合同是指由提供商品或者服务的一方事先拟定好合同或者条款，消费者一般采用点击方式表示同意格式条款的合同。

三、电子商务合同的内涵

1. 定义

《电子商务法》第三章对电子商务合同的订立与履行作出了规定，提出了电子商务合同的概念。《电子商务法》第四十七条规定：“电子商务当事人订立和履行合同，适用本章和《民法典》《合同法》《中华人民共和国电子签名法》等法律的规定。”

电子商务是指电子商务当事人通过互联网等信息网络销售商品或者提供服务的经营活动。那么，电子商务合同也可以定义为，电子商务当事人以数据电文为载体，通过互联网等信息网络，设立、变更、终止关于销售商品或者提供服务的民事法律关系的协议。

也有学者认为，电子商务合同是以数据电文形式订立的电子合同，是电子合同的一个重要类型。

2. 特征

电子商务合同作为一种崭新的合同形式，具有合同的一般特征，但由于其签订过程和载体不同于传统合同，因此又具有一定的特殊性。

（1）电子商务合同主体的虚拟性和广泛性

传统交易中，合同各方主体主要是自然人、法人和其他组织，合同签订多是面对面地进行。在电子商务交易中，订立合同的双方或多方在网络上各自以数字的形式运行，无须谋面，并以网络中的域名作为交易对象或媒介进行民事活动。电子商务合同的主体具有虚拟性，其在电子商务市场中受地域限制较小，供需双方的距离被大大缩短，给交易带来了极大便捷。

（2）电子商务合同的格式性

电子商务合同是利用网络和计算机设备发布各种信息，是一种对众交易，格式合同占很大的比例，这在一定程度上威胁到合同当事人平等和自愿订立合同的原则。

（3）电子商务合同订立过程的特殊性

电子商务合同的订立主要通过计算机网络进行，计算机预先设定好程序，由信息系统代替当事人发出要约或承诺，整个订立过程不需要人工干预，由计算机自动作出意思表示，完成整个交易过程。

（4）电子商务合同成立和生效具有特殊性

传统合同一般以当事人签字或者盖章的方式表示合同生效，而在电子商务合同中，表示合同生效的传统的签字盖章方式被电子签名所代替。电子商务立法引入“功能等同”原则来解决这一问题，规定电子商务合同满足法定的条件时，即视为书面形式和可靠的电子签名。

（5）电子商务合同订立成本低、费用少

电子商务合同的订立是利用网络，而目前的互联网提供了广泛的客户市场和交易空间，尤其是电子商务不受时空限制，商户与客户处理交易的手续简单。因此，采用电子商务合同这种方式运营成本低廉，降低了交易费用。

（6）电子商务合同的交易安全问题突出

传统的书面合同一般以纸质等有形材料为载体，而电子商务合同的信息记录用磁性介质保存，易修改且不留痕迹。电子商务合同的保存和复制也十分方便，并且复制件可以与原件完全一致，以至于没有区分的必要，也无法加以区分。在电子商务交易中，双方整个交易过程可能自始至终都不见面，因此双方的身份很难加以确认；其他网络基础设施不完善，信息在网络传递过程中，有可能因网络自身特性而出现失误。同时，“计算机病毒”“网络黑客”的存在，也会导致计算机内存的数据丢失和程序出现混乱，这都对网络交易构成严重威胁，因此将其作为证据具有一定的局限性。

3. 分类

合同的分类是指将各种合同按照特定的标准进行抽象性区分，归纳某一类合同的共同特征，从而有助于对各类合同的理解和适用。电子商务合同作为合同的一种，理论上可以按照传统的合同分类进行划分。除此之外，电子商务合同还具有自己的特殊性，可以按照自身的特点进行分类。

（1）根据电子商务合同的标的不同分类

根据电子商务合同的标的不同分类，电子商务合同可以分为信息产品合同和非信息产品合同。

信息产品是指可以被数字化并通过网络来传输的产品，如计算机软件、多媒体交互产品、计算机数据和数据库等。信息产品合同又包括网络服务合同、软件授权合同。需要物流配送的合同为非信息产品合同。

（2）根据电子商务合同订立的方式不同分类

根据电子商务合同订立的方式不同分类，电子商务合同可以分为点击合同、以电子数据交换方式订立的合同和以电子邮件（E-mail）方式订立的合同。

点击合同即电子形式的格式合同；以电子数据交换方式订立的合同，是指按照一个公认的标准，将商业或行政事务处理转换成结构化的事务处理或报文数据格式，并借助计算机网络实现的一种数据电文传输方法；以 E-mail 方式订立的合同，是指当事人以 E-mail 的方式完成要约和承诺过程而订立的合同。

4. 合同、电子合同、电子商务合同的联系与区别

（1）联系

合同是电子合同的上位概念，电子合同是电子商务合同的上位概念。电子合同强调订立合同时以数据电文为载体，是利用电子通信手段所订立的合同。

《民法典》第四百六十九条规定："以电子数据交换、电子邮件等方式能够有形地表现所载内容，并可以随时调取查用的数据电文，视为书面形式。"该规定不但从法律上确立了以数据电文订立的电子合同、电子商务合同的法律效力，而且将以数据电文形式订立的电子合同、电子商务合同视为书面形式的合同。

《民法典》第四百九十一条第二款规定："当事人一方通过互联网等信息网络发布的商品或者服务信息符合要约条件的，对方选择该商品或者服务并提交订单成功时合同成立，但是当事人另有约定的除外。"该规定是对《电子商务法》第四十九条内容的延伸，从《民法典》的角度对电子商务合同的概念、订立方式、调整范围作出了规定。

（2）区别

从内容看，电子合同属于合同的一种订立形式。合同内容与电子合同内容并没有明显的区别。电子商务合同是电子商务当事人以数据电文形式，通过互联网通信手段对销售商品或提供服务所设立、变更、终止民事法律关系的协议。

单元二　电子合同的订立

合同的成立一般要经过一系列磋商的过程，这一磋商过程主要包括要约和承诺两个阶段。《民法典》第四百七十一条规定：“当事人订立合同，可以采取要约、承诺方式或者其他方式。”电子商务合同虽然采取了数据电文的表达方式，而且其订立过程也是以电子方式进行的，即通过互联网通信缔结合同，但是电子商务合同的订立过程仍然遵循合同订立的基本过程，即要约、承诺过程。

一、电子合同订立概述

1. 电子合同订立的概念

电子合同的订立，是指合同当事人在电子商务中，为了交易商品、提供服务，以数据电文形式，通过互联网通信手段进行的相互意思表示，以形成合意的过程。

2. 订立电子合同的特点

（1）当事人是为了从事电子商务而订立电子合同的。

（2）当事人订立电子合同的过程，是以数据电文方式通过互联网通信手段进行意思表示的。

（3）当事人订立电子合同是一个动态的过程，订立电子合同要经过要约和承诺两个阶段。

3. 电子合同缔约过失责任

1. 电子合同缔约过失责任的概念

电子合同缔约过失责任，是指当事人在订立电子合同的过程中，因违反先合同义务，造成相对人损失，对造成的对方损失应承担的赔偿责任。

当事人在订立电子合同的过程中，应该遵守诚实信用原则，否则，将会给对方当事人造成信赖利益的损失，针对对方当事人遭受的损失，由责任人承担弥补性的责任。

思政课堂

2021年10月30日，习近平总书记出席二十国集团领导人第十六次峰会第一阶段会议发表重要讲话，指出：中国古人说：“诚信者，天下之结也。”就是说诚信是结交天下的根本。中国将坚持对外开放的基本国策，发挥超大规模市场优势和内需潜力，着力推动规则、规制、管理、标准等制度型开放，不断加大知识产权保护力度，持续打造市场化、法治化、国际化营商环境，为中外企业提供公平公正的市场秩序。

2. 电子合同缔约过失责任构成要件

电子合同缔约过失责任构成要件如下。

（1）缔约当事人违反的是先合同义务。先合同义务不是合同义务，指的是当事人在订立合同的过程中应承担的协助、通知、保护、保密等义务。该义务产生的基础是诚实信用原则。

（2）相对人受到了损失。因缔约一方当事人违反先合同义务，造成相对人信赖利益的损失。

（3）违反先合同义务一方当事人具有过错，其承担的是过错责任。

（4）过错和损失之间具有因果关系。

3. 电子合同缔约过失责任的情形

电子合同缔约过失责任的情形包括以下三种。

（1）假借订立合同，恶意进行磋商。

（2）故意隐瞒与订立合同有关的重要事实或者提供虚假情况。

（3）有其他违背诚信原则的行为。

二、电子商务合同订立概述

（一）电子商务合同的书面形式

1. 电子商务合同对传统书面形式的挑战

传统的书面形式主要是指纸面形式，具体包括手写、打印、印刷、电报、传真等。传统商事法律通常要求合同的签订和履行级满足书面形式的要求。要求书面形式主要是要求保存原件，以证明其所签订的合同的合法性和真实性。

对于电子数据而言，传统意义上的书面形式是不存在的，计算机信息里只能有标准化、构造化的数据，根本没有与纸本文件相同的有形的纸张和文字。电子信息具有易消失和易改动的特点，电子数据存储在计算机系统中是无形的，比留存在纸面合同上更容易丢失；电子数据是以磁性介质保存的，改动可以不留痕迹。

电子商务合同是通过数据电文的发送、交换和传输等方式来实现的，并没有书面载体的存在，这种传统法律对书面形式的要求就对电子商务合同的适用造成了一定的法律障碍。因此，如何既满足传统法律对书面形式的功能要求，又能充分利用电子交易的快速和便捷就成为现代电子商务立法的追求。

2. 电子商务合同的法律认可

《民法典》第四百六十九条规定：“当事人订立合同，可以采用书面形式、口头形式或者其他形式。书面形式是合同书、信件、电报、电传、传真等可以有形地表现所载内容的形式。”

《中华人民共和国电子签名法》第四条规定：“能够有形地表现所载内容，并可以随时调取查用的数据电文，视为符合法律、法规要求的书面形式。”第七条规定：“数据电文不得仅因为其是以电子、光学、磁或者类似手段生成、发送、接收或者储存的而被拒绝作为证据使用。”

（二）电子商务合同订立的程序

电子商务合同是合同的一种特殊形式。因此，电子商务合同的订立仍然遵循合同订立的基本程序——要约和承诺。电子商务合同是以数据电文的方式订立的，其意思表示通过数据电文传送和储存。因此，电子商务合同订立过程中要约与承诺的生效、撤回和撤销均具有一定特殊性。

1. 电子商务合同中的要约

（1）一般原理

要约是希望和他人订立合同的意思表示，该意思表示应当符合两个要件：内容具体确定；要表明经受要约人承诺，要约人即受该意思表示约束。

所谓内容具体明确，是指要求要约的内容应当具备合同成立所必需的条款，以确保该要约经受要约人承诺后是可以付诸实施的。通常认为，要约至少应包括标的、数量、要约人的姓名或名称三项，并根据交易的具体情况而增加。

所谓经受要约人承诺，是指要约人订立合同的意思是确定的。要约人即受该意思表示约束，要约人可以在要约中声明自己受要约的具体内容，也可以不写明，只要能表达出确定的缔约意图即可。

要约一经生效，对要约人和受要约人具有拘束力。要约对要约人的拘束力，表现在要约一经生效，要约人不得随意改变要约的内容，也不得撤回要约；要约对受要约人的拘束力，主要是指要约生效后受要约人取得作出承诺以使合同成立的权利，但并不因此承担必须承诺的义务。

要约生效以前可以撤回。要约人撤回要约，应当向对方发出通知。撤回要约的通知先于或同时到达受要约人，则撤回生效。要约生效后还可以撤销，但撤销通知应当在受要约人发出承诺通知以前到达受要约人。法律规定以下两种要约不得撤销：①要约人确定了承诺期限或者以其他形式明示要约不可撤销；②受要约人有理由认为要约是不可撤销的，并已经为履行合同做了准备工作。

《中国人民共和国民法典》第四百七十八条规定：“有下列情形之一的，要约失效：

（一）要约被拒绝；

（二）要约被依法撤销；

（三）承诺期限届满，受要约人未作出承诺；

（四）受要约人对要约的内容作出实质性变更。”要约失效，表明双方无法达成一致意见而签订合同，如有需要，只能另行协商。”

（2）要约与要约邀请

要约邀请是指希望他人向自己发出要约的意思表示。例如，寄送的价目表、拍卖公告、招标公告、招股说明书、商业广告等均为要约邀请，但商业广告的内容符合要约规定的，视为要约。区分要约与要约邀请可以根据以下标准。

①根据法律规定。法律明确规定为要约邀请的应当是要约邀请。

②根据内容确定。内容具体确定，已达到合同成立所具备的条件的是要约。

③根据发送人的意图来确定。发送人有约束自己条款的是要约；表明不受约束的是要约邀请。

④根据交易习惯来确定。询问价格一般为要约邀请。

要约和要约邀请虽然在理论上较容易区分，但在实践中对某些情况还会有争议，需要具体问题具体分析。

在电子商务环境中区分要约和要约邀请，国内多数学者同意将网络广告和在线交易区别考察，而在线交易性质又因标的物为实物或计算机信息的不同而不同。

a. 网络广告。广告分为普通商业广告和悬赏广告两大类型。

对于普通商业广告，原则上将其视为要约邀请，如果普通商业广告中含有合同得以成立的确定内容和希望订立合同的愿望，则视为要约。网络广告发布者通常在网站上发布 banner（横幅）广告或其他网页广告，或者通过电子邮件寄送商品信息。发布时可以在广告中特别声明为要约或要约邀请。如果声明为“不得就其提议作出承诺”“此广告和信息的发布者不承担合同责任”“广告和信息仅供参考”等，则只能视为要约邀请；如果公开声明，发布者愿意接受广告约束，与承诺者订立合同，那么可视为要约。在没有声明的情况下，对要约和要约邀请的区分，应综合考虑具体交易情形和惯例，考察广告是否具备上述要约的基本要件。

悬赏广告是指广告人以广告的形式声明对完成广告中规定特定行为的任何人，给付广告中约定报酬的意思表示。对于悬赏广告，各国合同法一般认为是一项要约，我国司法实践也多将其认定为要约，一旦某人完成悬赏广告指定的行为，即是对广告人的有效承诺，双方即形成债权债务关系。在电子商务环境下，悬赏广告在认定发布人身份时会存在一些特殊问题，但这并不改变悬赏广告本身的性质。所以在通常情况下，悬赏广告应认定为要约。

b. 在线交易中的商品展示。在线交易的模式主要有两种，即普通的访问网页进行交易以及通过专门的第三方交易平台交易。产品制造商或大型商场通常会在互联网上建立网站或页面，消费者通过访问其网站页面购买其产品或商品，即通常所说的 B2C 模式。而专门的交易平台有 B2B 平台和 C2C 平台，分别为商家之间和个人之间的交易提供从商谈到付款一整套的解决方案。在线交易的标的物多为实物或计算机信息，具体内容包括三个方面：一是通过访问网页进行实物交易。在这种交易模式中，明码标价的网页商品展示类似于商店标有价格的商品陈列。但网页上展示的并非真实的商品而仅仅是商品图片，理论上存在多人同时单击同一商品购买的可能性（访问量大的网站这种可能性是非常大的）。如果认定网页展示商品的行为是要约，则面临商品售罄或者同一商品被“卖出”数次的危险。所以，多数学者认为网页展示商品的行为是要约邀请。二是通过访问网页进行计算机信息交易。由于计算机信息的特殊性，它可以无限复制、随时下载，也不存在售罄的问题。所以，在网页上展示计算机信息并表明数量和价格的行为，可以认定为要约。三是通过第三方交易平台交易。在这种模式下，交易平台一般都建立了严谨的交易程序，为交易双方提供了充分的交流机会。在卖方“提交”货物到交易平台时，一般都应交易的要求而填写了准确的商品数量，不存在售罄的问题；买卖双方交易的每个步骤都在交易平台程序确认后进行，不存在一物多售的问题，所以在第三方交易平台展示商品进行销售的行为（不论商品是实物还是计算机信息），可以认定为要约。

电子商务经营主体发布的商品或者服务信息符合要约条件的，当事人选择该商品或者服务并提交订单，合同成立。当事人另有约定的，从其约定。

（3）要约的撤回与撤销

《民法典》第四百七十六条规定："要约可以撤销，但是有下列情形之一的除外：（一）要约人以确定承诺期限或者其他形式明示要约不可撤销；（二）受要约人有理由认为要约是不可撤销的，并已经为履行合同做了合理准备工作。"

在电子商务活动中，数据电文在信息系统之间的传递几乎没有延迟，要约的撤回变得很难实现。因此，有学者主张，撤回要约在电子商务环境中是不可能的，在电子商务合同中谈论要约的撤回没有意义。也有学者认为，电子要约的撤回虽然非常困难，但并非绝无可能。在网络拥挤或服务器故障的情况下，数据电文可能延迟到达，使得撤回要约的通知可能更早地到达受要约人。此时，从尊重契约自由原则和维护法律的一致性出发，法律应承认要约人撤回要约的权利。这种观点综合考虑了电子交易的特殊性和法律对双方当事人权益的平等保护，较为科学。

要约的撤销，是指要约发生效力后，要约人取消要约的行为。在线交易中，如果要约以电子邮件的方式发出，那么在受要约人回复之前是可以撤销的；如果当事人通过即时通信工具在网上协商，这与口头方式无异，要约人在受要约人作出承诺前可以撤销；如果当事人采用电子自动交易系统从事电子商务，承诺由交易系统自动回复，则要约人很难有机会撤销要约。

2. 电子商务合同中的承诺

（1）一般原理

承诺是指受要约人同意要约的意思表示。承诺的法律意义在于，承诺生效，则合同成立。一项有效的承诺须具备以下构成要件。

①承诺必须由受要约人向要约人作出。受要约人是由要约人所选定的，是要约人准备订立合同的对方当事人。同时，要约也使受要约人取得了承诺的资格。因此，只有受要约人才有权作出承诺，无论受要约人是特定的人还是不特定的人。受要约人作出的承诺，可以由其本人进行，也可以授权其代理人进行。

受要约人作出的承诺必须向要约人作出。如果受要约人向要约人以外的其他人作出同意要约的意思表示，则不是承诺，不产生承诺的效力，而只能视为一种新的要约。

②承诺的内容必须与要约的内容相一致。承诺必须无条件地接受要约的所有条件。据此，凡是第三者对要约人所作的"承诺"；凡是超过规定时间的承诺（又称"迟到的承诺"）；凡是内容与要约不相一致的承诺，都不是有效的承诺，而是一项新的要约或反要约，必须经原要约人承诺后才能成立合同。

一般认为，承诺的内容与要约的内容相一致，只要求实质内容相一致即可，而对于要约内容的非实质内容的变更，并不影响承诺的成立。《民法典》第四百八十八条规定："承诺的内容应当与要约的内容一致。受要约人对要约的内容作出实质性变更的，为新要约。有关合同标的、数量、质量、价款或者报酬、履行期限、履行地点和方式、违约责任和解决争议方法等的变更，是对要约内容的实质性变更。”第四百八十九条规定：“承诺对要约的内容作出非实质性变更的，除要约人及时表示反对或者要约表明承诺不得对要约的内容作出任何变更外，该承诺有效，合同的内容以承诺的内容为准。”

③承诺必须在要约有效期限内提出。要约必须在其存续期间内才有效力，一旦受约人承诺便可成立合同，因此承诺必须在此期间内作出。如果要约未规定存续期间，在对话人之间，承诺应立即作出；在非对话人之间，承诺应在合理的期间作出。凡在要约的存续期间届满后承诺的，是迟到的承诺，不发生承诺的效力，应视为新要约。受约人在要约的存续期间内作出承诺，依通常情形在相当期间内可到达要约人，但因电报故障、信函误投等传达故障致使承诺迟到的，为特殊的迟到。在这种特殊迟到的情况下，承诺人原可期待合同因适时承诺而成立，依诚实信用原则，要约人应有通知义务，即及时地向承诺人发出承诺迟到的通知。怠于为此通知的，承诺视为未迟到，合同因而成立。

承诺应当以通知的方式作出，但根据交易习惯或者要约表明可以通过行为作出承诺的除外。这里所说的行为，通常是指履行行为，如预付价款、装运货物或者在工地上开工等。

（2）承诺的撤回

承诺的撤回是指受要约人在承诺生效之前将其取消的行为。英、美法系立法一般对承诺生效采用发信主义原则，承诺一经发出即告生效，不存在撤回问题。我国法系立法一般对承诺生效采用受信主义原则，承诺到达要约人才发生效力，因此允许受要约人撤回承诺。

小提示

从理论上讲，电子商务合同关于要约撤回的规则当然适用于承诺的撤回，以数据电文发出的承诺可以撤回。在电子商务活动中，数据电文的传输可能遇到网络故障、信箱拥挤、停电断电、信息系统感染病毒等情况，因此受要约人撤回以数据电文行为发出的承诺的情形是存在的。

（三）电子合同成立的时间和地点

1. 电子合同成立的时间

电子合同成立的时间应符合以下规定。

（1）签订确认书时电子合同成立。当事人采用信件、数据电文等形式订立合同的，可以在合同成立之前要求签订确认书。要求签订确认书的，签订确认书时电子合同成立。

（2）电子承诺生效时电子合同成立。电子承诺的通知到达电子要约人时，电子承诺生效，电子合同成立。

（3）电子商务消费者在电子商务中选择经营者发布的商品或者服务信息，并提交订单成功时电子合同成立。

电子商务中，当事人一方通过互联网等信息网络发布的商品或者服务信息符合要约条件的，对方选择该商品或者服务并提交订单成功时合同成立。

（4）当事人可以另行约定电子合同成立的时间。

2. 电子合同成立的地点

电子承诺生效的地点为电子合同成立的地点，主要包括以下三项。

（1）接收电子承诺的接收人主营业地为电子合同成立的地点。

（2）接收电子承诺的接收人没有主营业地的，其住所地为电子合同成立的地点。

（3）当事人对电子合同的成立地点另有约定的，按其约定。

单元三　电子合同的条款和生效

传统合同法理论认为，合同的成立与生效有本质区别。合同的成立是当事人对自己利益和义务的衡量和肯定，完全是当事人之间的事情；合同的生效则是国家或法律对当事人之间已经成立的合同进行评价，决定是否让其产生法律效力的过程。

一、电子合同的效力

1. 电子合同效力的类型

电子合同成立，并不一定会发生法律效力。成立的电子合同，从效力角度可划分为以下四类。

（1）有效的电子合同

有效的电子合同是指完全具备法律规定的生效要件的电子合同。当事人有约定生效条件的，在满足法定生效要件的基础上，还应满足约定的生效条件才可以发生法律效力。

（2）无效的电子合同

无效的电子合同，是指欠缺合同的生效要件，根本不能产生电子合同当事人所追求的民事法律后果的合同。无效的电子合同自始无效。

生效的“要件”是法律明文规定的。根据“要件”的不同，可以将无效电子合同分为：①无民事行为能力人签订的电子合同；②合同双方以虚假的意思表示签订的电子合同；③违反法律、行政法规的强制性规定而签订的电子合同；④违背公序良俗签订的电子合同；⑤双方恶意串通，损害他人合法权益而签订的电子合同。

（3）可撤销的电子合同

可撤销的电子合同，又称为相对无效的合同，是指因当事人在订立合同时意思表示不真实，法律允许撤销权人通过行使撤销权使已经生效的电子合同归于无效。

在撤销权人行使撤销权之前，电子合同是有效的。

可撤销的电子合同的情形有以下三种。

①因重大误解订立的电子合同。

②一方以欺诈、胁迫的手段，使对方在违背真实意思的情况下订立的电子合同。

③在订立电子合同时显失公平。

（4）效力待定的电子合同

效力待定的电子合同，是指合同已经成立，但因不符合生效要件的规定，合同效力处于悬而未决的不确定状态，尚待有形成权的第三人同意或者拒绝，以确定已经成立的电子合同是否生效的合同。

限制民事行为能力人订立的电子合同属于效力待定的合同；行为人没有代理权、超越代理权或者代理权终止后，以被代理人名义订立的电子合同均属于效力待定的合同，若被代理人不追认，效力待定的合同则对被代理人不发生法律效力；法人的法定代表人或者非法人组织的负责人超越权限订立的电子合同，除相对人知道或者应当知道其超越权限外，该代表行为有效，订立的电子合同对法人或者非法人组织发生效力。

2. 电子合同被确认无效或者被撤销的法律后果

电子合同被确认无效或被撤销后，自始不能发生法律效力。因此，在电子合同被确认无效或被撤销后，合同未履行的，不得履行；正在履行的，应当停止履行。具体包括如下。

（1）已经履行的，对所涉及的财产的处理

①返还财产。无论当事人一方是否有过错，都负有返还受领财物的义务。如果在事实上或者法律上不能返还，则应折价补偿。

②赔偿损失。电子合同被确认无效或被撤销后，有过错的一方应赔偿对方因此遭受的损失，双方都有过错的，应当各自承担相应的民事责任。

（2）承担损害赔偿责任的构成要件

①有损害事实存在，其损失包括订立合同的损失或者履行合同过程中的损失；②赔偿义务人具有过错；③过错行为与遭受损失之间有因果关系。

（3）赔偿损失的范围

①缔约费用，在订立合同过程中所支出的必要合理费用；②履约费用，为准备履约和实际履约所支出的费用；③合理的间接损失。

（4）电子合同中解决争议方法的合同条款的效力

电子合同不生效、被确认无效、被撤销或者终止的，不影响合同中有关解决争议方法的合同条款的效力。但是，解决争议方法的合同条款不能违反民事诉讼法关于级别管辖或者专属管辖的规定。

3. 附条件、附期限的电子合同

除了法定的“要件”外，电子合同当事人还可以约定电子合同生效的条件。

（1）附条件的电子合同

附条件的电子合同，是指当事人在订立合同时，在合同中约定一定条件，以条件的成立与否来决定电子合同法律效力发生与消灭的合同。当条件成立时，电子合同生效或者失去效力。

（2）附期限的电子合同

附期限的电子合同，是指当事人在订立合同时，在合同中约定将来确定到来的事实到来时，电子合同发生法律效力或者合同效力终止的合同。当约定的事实到来时，电子合同生效或者失去效力。

4. 影响电子合同效力的情形

（1）推定原则

①推定原则的含义。在电子商务中，因为使用互联网通信手段进行交易，当事人不用见面就能订立合同、履行合同，所以无法判断交易相对人是否具有民事行为能力，也无法判断交易相对人的意思表示是否真实。

②推定原则的适用。推定原则只适用于一般情形下对订立或者履行合同的当事人具有行为能力和意思表示真实的推定。当事人有相反证据足以推翻的除外。适用推定原则时应注意以下几个方面。

a. 在电子合同的订立过程中，如果双方当事人通过相互磋商，已经能够确切地判断相对人是否具有民事行为能力，则不能适用推定原则；如果已经能够判断出相对人的意思表示真实与否，就不能适用推定原则再次推定。

例如，通过实名认证等形式已经能够判断出相对人是否具备完全的民事行为能力，则适用《民法典》关于民事行为能力的规定认定相对人的民事行为能力，而不再适用推定原则。

b. 在电子合同的订立过程中，如果双方当事人不能判断相对人是否具有民事行为能力，不能判断相对人的意思表示是否真实，而且，双方当事人使用自动信息系统订立或者履行合同，则适用推定原则，推定相对人具有民事行为能力，且意思表示真实。

c. 适用推定原则的情形中，持有相反意见的一方应承担举证责任。

（2）匿名交易

电子商务中经常会出现当事人以虚拟身份订立电子合同进行匿名交易的情形。例如，线上交易的身份和线下真实的民事、商事主体身份不一致。匿名交易所导致的合同效力等问题比较复杂，常见的有下列情形。

①在消费者因考虑个人隐私的需要，虚构账号信息进行匿名简单的交易中，如果双方能够实现交易目的，在不违反法律、行政法规的强制性规定，不违背公序良俗的情形下，依据推定原则，推定双方订立的电子合同有效。

②在消费者借用或者冒用他人账号信息进行简单的匿名交易中，如果消费者实际履行了电子合同义务，又以获得交易成果为目的，交易相对人对交易主体身份没有特别要求，则不能仅因为无法查证消费者真实身份就认为电子合同无效。

（3）电子代理人

①电子代理人的含义。电子代理人指电子商务中能够自动发送、接收和处理交易订单的智能交易系统。这些电子交易系统，能按照预设程序进行要约、承诺，按预定标准进行简单的判断，完成合同订立，并自动履行合同。从性质上看，电子代理人既不是自然人，也不是法人或者其他任何机构，而是计算机程序和自动化手段，是一种能够执行人的意思的、智能化的交易工具，能够在没有人干预的情况下完成某些行为，起到了代理人的作用，因此叫作电子代理人。

②电子代理人代理行为后果的承受。电子代理人按照使用人既定的程序进行信息交流和处理，同时确保使用人介入该交易进程的及时性。因此，电子代理人与使用人在意思表示上一致。电子代理人代使用人订立的合同也是双方意思表示一致的结果，代理行为的法律后果由其程序使用人承受。

（4）电子错误

电子错误是指在电子合同订立过程中出现的合同内容与当事人内心真实意思不一致的瑕疵。电子错误主要有客观瑕疵与主观瑕疵两种。其中，主观瑕疵是指发出信息一方输入错误，如点击错误；客观瑕疵是指由于信息系统在生成、发送、接收或者储存信息时可能发生的难以预料和控制的技术故障，信息在到达前或者到达后都有可能发生错误或丢失等风险，如电子故障。

针对可能出现的电子错误，《电子商务法》对经营者与用户作了相应的规定，具体包括如下。

①电子商务经营者应当清晰、全面、明确地告知用户订立合同的步骤、注意事项、下载方法等事项，并保证用户能够便利、完整地阅览和下载。

②电子商务经营者应当保证用户在提交订单前可以更正输入错误。

③用户在发出支付指令前，应当核对支付指令所包含的金额、收款人等完整信息。

④支付指令发生错误的，电子支付服务提供者应及时查找原因，并采取相关措施予以纠正。造成用户损失的，电子支付服务提供者应当承担赔偿责任，但能够证明支付错误非自身原因造成的除外。

二、电子商务合同的效力

电子商务合同的效力

1. 电子商务合同的成立

电子商务当事人使用自动信息系统订立或者履行合同的行为对使用该系统的当事人具有法律效力。

电子商务经营主体发布的商品或者服务信息符合要约条件的，当事人选择该商品或者服务并提交订单，合同成立。当事人另有约定的从其约定。

电子商务经营者不得以格式条款等方式约定消费者支付价款后合同不成立；格式条款等含有该内容的，其内容无效。

电子商务经营者应当清晰、全面、明确地告知用户订立合同的步骤、注意事项、下载方法等事项，并保证用户能够便利、完整地阅览和下载。

电子商务经营者应当保证用户在提交订单前可以更正输入错误。

2. 电子商务合同的生效要件

电子商务当事人使用自动信息系统订立或者履行合同的行为对使用该系统的当事人具有法律效力。已经成立的电子商务合同，只有具备法律规定的条件才能发生法律效力。这些要件就是合同有效的要件。《民法典》第四百八十八条规定：“承诺的内容应当与要约的内容一致。受要约人对要约的内容作出实质性变更的，为新要约。有关合同标的、数量、质量、价款或者报酬、履行期限、履行地点和方式、违约责任和解决争议方法等的变更，是对要约内容的实质性变更。”第四百八十九条规定：“承诺对要约的内容作出非实质性变更的，除要约人及时表示反对或者要约表明承诺不得对要约的内容作出任何变更外，该承诺有效，合同的内容以承诺的内容为准。”

在我国，凡属于严重违反公共道德和善良风俗的合同，应当认定其无效。

思政课堂

习近平总书记在清华大学考察时发表的重要讲话中，教导广大青年：“要锤炼品德，自觉树立和践行社会主义核心价值观，自觉用中华优秀传统文化、革命文化、社会主义先进文化培根铸魂、启智润心，加强道德修养，明辨是非曲直，增强自我定力，矢志追求更有高度、更有境界、更有品位的人生。”

单元四　电子合同的履行

合同的履行是指债务人全面、适当地完成合同义务，使债权人的合同债权得到完全实现。合同履行是合同效力的主要内容，是当事人权利义务实现的正常结果。

一、电子合同履行概述

（一）电子合同履行的概念

电子合同的履行是指电子合同当事人按照合同的约定或法律规定，全面地、正确地履行自己所承担的电子合同义务的行为。

履行既可以是积极的作为，如积极支付价款，也可以表现为消极的不作为，如不以什么价格出售相同品质的商品。

（二）电子合同履行的原则

电子合同的履行应遵循合同履行的原则，具体如下。

《民法典》第五百零九条规定："当事人应当按照约定全面履行自己的义务。

当事人应当遵循诚实信用原则，根据合同的性质、目的和交易习惯履行通知、协助、保密等义务。

当事人在履行合同过程中，应当避免浪费资源、污染环境和破坏生态。"

（1）全面履行原则

全面履行原则，又称为适当履行原则或正确履行原则，是指当事人应当按照合同的约定或者法律规定全面、适当地履行电子合同。

全面履行是指合同当事人按照电子合同约定的标的物品种、规格、数量、质量，由适当的主体在适当的期限、适当的地点，以适当的方式全面、正确地履行合同义务。只有债务人全面履行合同义务，债权人的合同权利才可实现。

电子商务经营者应当按照承诺或者与消费者约定的方式、时限向消费者交付商品或者服务，并承担商品运输中的风险和责任。但是，消费者另行选择快递物流服务提供者的除外。

（2）诚实信用原则

诚实信用原则是民法的基本原则，是合同履行时必须遵守的根本性准则，也是电子合同履行的原则。

诚实信用原则要求合同当事人信守合同关系中的给付义务，诚实、善意地实施给付。除此之外，电子合同当事人仍需根据合同的性质、目的和交易习惯履行通知、协助、保密等义务。比如，电子合同的消费者在提交订单后，需要告知经营者自己的住址，协助经营者履行发货义务。

此外，电子合同当事人在履行合同的过程中，应当避免浪费资源、污染环境和破坏生态。

（三）电子合同履行的规则

电子合同履行的具体规则如下。

1. 给付义务的履行

（1）履行主体适当

电子合同的履行主体是订立合同的经营者和消费者。经营者依据合同约定交付销售商品或者提供服务，消费者依照约定支付价款，并接受购买的商品或服务。

（2）履行标的适当

电子合同履行的标的包括商品、服务。履行标的适当是指债务履行的标的应当完全符合电子合同约定的内容，具体包括标的数量适当、标的质量适当、价格适当。

（3）履行期限适当

履行期限适当是指电子合同的当事人应按合同约定的期限履行债务和接受履行义务。任何一方不得无故逾期或者迟延。

（4）履行地点适当

履行地点适当是指电子合同的当事人在约定的履行地点履行债务。经营者需要在约定的地点向消费者交付销售的商品或者提供的服务。

2. 附随义务的履行

在给付义务之外，基于诚实信用原则的要求，根据合同的性质、目的和交易习惯，电子合同当事人还需要履行通知、协助、保密等附随义务。一般情况下，附随义务，主要有以下几种。

（1）通知义务

通知义务是指经营者在委托物流服务提供者将货物运送到消费者提供的收货地后，应通知消费者及时收取商品。

（2）协助义务

协助义务是指当事人在履行电子合同的过程中应相互配合，配合对方履行义务，给对方履行义务提供便利。

（3）保密义务

因电子合同的订立、履行而了解对方商业秘密或者个人信息，当事人不得向任何人泄露其秘密或者个人信息。

（四）电子合同履行中的抗辩权

1. 电子合同抗辩权概述

抗辩权，又称异议权，是指义务人在合同履行中对抗他人请求权的权利，能起到延缓权利人请求权的行使或使请求权归于消灭的作用。《民法典》规定了同时履行抗辩权、先履行抗辩权、不安抗辩权，这三种类型的抗辩权也同样适用于电子合同的履行。

电子合同抗辩权的目的是避免自己履行合同义务后得不到对方履行的风险，并使对方当事人产生及时履行或者提供担保的压力，从而使自己的合同权利得到保障。

2. 同时履行抗辩权

（1）同时履行抗辩权的概念

同时履行抗辩权是指在双务合同中，当事人互负债务，没有先后履行顺序的，应当同时履行。一方在对方履行之前有权拒绝其履行请求；一方在对方履行债务不符合约定时，有权拒绝其相应的履行请求。

在双务合同中当事人的权利和义务是对等的，如果一方不履行自己的义务却要求对方履行义务，这是不公平的。

（2）电子合同中同时履行抗辩权的适用条件

①当事人须因同一双务合同而互负债务。

②当事人双方互负的债务没有先后履行顺序，且均已届清偿期。比如，电子商务中的商品买卖，若商家没有发货就请求买家支付货款，则买家可以行使同时履行

抗辩权，在商家没有发货时拒绝支付货款。

③须对方未履行债务或未提出履行债务。当事人一方行使同时履行抗辩权，必须以对方未履行债务或者未提出履行债务为前提。未履行债务通常包括拒绝履行、迟延履行、履行不适当等。

④须相对方在客观上有履行的可能。如果相对人因不可归责于双方当事人的事由导致履行不能而免责，不发生同时履行抗辩权。

（3）行使同时履行抗辩权产生的法律效果

电子合同的当事人行使同时履行抗辩权，只能发生债务延期履行的效果，相对方并不因此丧失其电子合同上的请求权。

3. 先履行抗辩权

（1）先履行抗辩权的概念

先履行抗辩权是指在双务合同中，当事人互负债务，有先后履行顺序，应当先履行债务一方未履行的，后履行一方有权拒绝其履行请求。先履行一方履行债务不符合约定的，后履行一方有权拒绝其相应的履行请求。

（2）电子合同中先履行抗辩权的适用条件

先履行抗辩权须符合以下条件。

①当事人因同一双务合同而互负债务。

②合同双方债务的履行有先后顺序。先后顺序可以是合同约定的，也可以是法律规定的。主张先履行抗辩权的只能是负有后履行合同债务的一方当事人。

③先履行一方未履行债务或未按约定履行债务。

④先履行一方当事人应当先履行的债务客观上是可能的。如果履行已无可能，则无须行使先履行抗辩权。

（3）行使先履行抗辩权产生的法律后果

①行使先履行抗辩权的一方当事人在履行期届满时，拒绝履行自己的合同义务。

②行使先履行抗辩权可以不通知对方。

③先履行一方的履行有重大瑕疵或者只部分履行时，后履行一方债务人行使先履行抗辩权时应通知对方。

④先履行义务人采取了补救措施，使合同的履行趋于正常，能满足另一方履行利益时，先履行抗辩权消灭，行使先履行抗辩权的一方应及时恢复履行，否则构成违约。

⑤当事人行使履行抗辩权无果时，可以根据法定条件通知对方解除合同。

4. 不安抗辩权

（1）不安抗辩权的概念

不安抗辩权是指在双务合同中，应当先履行债务的当事人有确切证据证明相对方有丧失或可能丧失履行能力的情形时，有权要求后履行一方提供必要的担保，否则，可以中止履行自己债务的权利。

（2）电子合同中不安抗辩权的适用条件

①当事人须因同一双务合同互负债务。

②当事人各自债务的履行有先后顺序之分。不安抗辩权是先履行义务一方所享有的权利，行使该权利无须以诉讼方式进行，权利人可以以通知对方当事人的方式直接行使不安抗辩权。权利人应当及时通知对方当事人，未经通知，不得对抗对方当事人。

③须先履行义务的一方当事人有确切证据证明后履行义务一方当事人有丧失或可能丧失履行债务的能力，这是行使不安抗辩权的实质要件。

先履行一方可以适用不安抗辩权的四种情形：一是后履行义务一方经营状况严重恶化；二是后履行义务一方转移财产、抽逃资金，以逃避债务；三是后履行义务一方严重丧失商业信誉；四是后履行义务一方有其他丧失或者可能丧失履行债务能力的情况。

（3）行使不安抗辩权产生的法律后果

电子合同的当事人行使不安抗辩权后，会产生以下法律后果。

①行使不安抗辩权的一方中止履行，这种中止履行不构成违约。行使不安抗辩权的一方应当及时通知对方当事人，未经通知，不得对抗对方当事人。在诉讼或者仲裁中，主张不安抗辩权的一方负有举证责任。

②行使不安抗辩权的一方有权要求对方提供适当担保。

③恢复履行或者解除合同。中止履行后，对方在合理期限内恢复履行能力或者提供担保的，中止履行的一方应恢复履行。如果对方当事人在合理期限内未恢复履行能力，也未提供担保，则主张不安抗辩权的一方当事人有权解除合同。

（五）电子合同标的物的交付

电子合同履行中的给付可以有多种方式，交付一定标的物是电子合同给付中极为重要的一种方式。电子合同的标的物不同，交付的方式不同，标的物交付时间也不同。

1. 通过快递物流方式交付标的物

通过快递物流方式交付标的物，收货人的签收时间为交付时间。对于以快递物流方式交付的商品，卖方一般承担送货或递送义务，在收货人签收前，货物处于卖方或物流公司的控制之下，收货方无法实际控制商品，因此规定以收货人签收时间为商品交付的时间。通过快递物流方式交付的时间是收货人实际占有商品的时间。

2. 标的物为提供的服务

电子合同的标的物为提供的服务，标的物交付时间为生成的电子凭证或者实物凭证中载明的时间。例如，双方当事人约定，一方在一定的时间内向另一方提供服务，另一方支付报酬，则服务产品交付的时间为电子或者实物凭证中所载明的时间。

凭证没有载明时间或者载明时间与实际提供服务时间不一致的，以实际提供服务的时间为准。

3. 标的物为在线传输的数字产品

电子合同的标的物为在线传输的数字产品，标的物的交付时间为标的物进入对方当事人指定的特定系统且能够检索识别的时间。以在线传输数字产品为标的物的，标的物是无形的信息产品，电子合同当事人通过网络传输相应的数据信息完成标的物交付。该类标的物交付时间不应以签收时间为准，而应以发送的信息产品进入消费者的特定系统且能够被消费者检索识别的时间为准。数字产品有在线游戏道具、各类软件等。

4. 其他

电子合同当事人对交付商品或者提供服务的方式、时间另有约定的，按照其约定。

法律允许电子商务合同当事人对交付时间进行约定。

二、电子商务合同履行概述

从我国当前电子商务开展的情况来看，基本上有三种合同履行方式：第一种是在线付款，在线交货。此类合同的标的物是信息产品，如计算机软件、音乐产品的付费下载等。第二种是在线付款，离线交货。第三种是离线付款，离线交货。后两种合同的标的物可以是信息产品，也可以是非信息产品。对信息产品而言，既可以选择在线下载的方式，也可以选择离线交货的方式。

电子商务合同中非信息产品的交付完全适用传统合同法的履行规则；而信息产品可以附着于有形载体，离线交货，也可以以数据信息的方式，在线交付。在线交付情形下，因数据信息传输的特殊性，信息产品履行的时间、地点、产品验收、风险转移等问题都具有其特殊性。采用在线付款和在线交货方式完成电子商务合同履行的，与离线交货相比，其履行中的环节比较简单，风险较小，不易产生履行方面的争议。由于信息产品可以采用两种交货方式，具有代表性，下文将对这类产品的履行进行专门介绍。

1. 信息产品合同履行的时间

对于信息的许可访问，其履行期即许可方允许被许可方访问特定信息的期间，它不像信息的使用许可，有一个交付和受领的时间点，而是一段时间。在该段时间内，许可方应按照合同的规定向被许可方提供信息并允许其访问。这种访问一般是以访问许可方网站站点、浏览页面的方式获得信息。

2. 信息产品合同履行的地点

当信息产品以有形载体为媒介时，它和传统的动产买卖的交付地点与交付方式基本相同。有形载体的信息产品交付可以完全适用此规定。

以数据信息的方式在线交付信息产品，是电子交易具有的特殊方式。当在线交付信息产品时，如果仍然适用传统形式的义务履行方所在地的原则，显然不符合数据信息的传输规律。理论界和立法实践倾向于以信息系统作为参照依据，来确定合同的履行地。例如，美国《统一计算机信息交易法》规定，以电子方式交付信息产品的地点，为许可方指定或使用的信息系统。对于交付完成的标准，则是使对方当事人能够有效地支配该信息产品。

3. 信息产品合同的附随义务

为了使交付的信息产品达到商业适用性，即实现信息产品的有效交付，在交付之中往往附随其他义务。如同有形货物买卖中必须提供使用说明书一样，信息产品的交付应将如何控制、访问该信息产品的资料交给买方，使之能够有效地支配所接收的信息。这些义务对于信息产品的使用而言是必不可少的。

4. 信息产品的检验

产品的检验是履行的重要环节，在检验期间内发现质量问题的，接受方可以无条件退货并解除合同，在检验期满后出现问题的，只能依法或按约定追究其违约责任。对于通用信息产品而言，由于产品的质量性能的定型化，其检验较为简易，此类交易属即时履行的交易。对有形载体的信息产品的检验，一般是检查其产品的包装状况、产品规格等外表情况，这种检验可称为形式检验，在检验完毕后即付款。当然，这并不排除当事人约定在付款后检验或在产品使用后检验。

当交易以电子方式履行时，由于产品本身不具有包装，自然接收人也无须对此检验，其所能检验的仅仅是该许可产品的说明，确定有关规格、版本等事项，但是，只有在其下载信息产品或进行安装时才能知道产品是否与说明相符。如果这种下载以接收人付款为前提，那么在他付款前没有检验的机会。为此，检验期应是在接收人接收信息后的一段合理期间。接收人发现产品有问题的，可在该检验期间内请求退货、解除合同、返还货款并可追究违约责任。

【知识拓展】

合同违约的免责事由

合同违约的免责事由包括不可抗力、约定免责、债权人过错和法律的特殊规定等。电子商务环境中不可避免地存在网络故障、病毒感染、黑客攻击等问题，这些因素是否构成不可抗力要依具体情况来考察。

不可抗力是指不能预见、不能避免并且不能克服的客观情况。当不可抗力致使物品灭失或者不能给付时，债务人可被免责；当不可抗力致使合同部分不能履行或迟延履行时，则免除部分责任或延迟履行责任。在电子商务环境中，下列情形可认定为不可抗力。

1. 文件感染病毒

如果许可方采取了合理与必要的措施防止文件遭受攻击，如在给自己的信息系统安装了符合标准或业界认可的安全设施、防火墙，安全人员尽职工作的情形下，文件仍然感染病毒，造成合同无法履行，应认定为不可抗力，许可方因此不能履行合同的，可以免责。当然，这并不排除许可方返还对方价款的义务。

2. 非因自己原因造成的网络中断

网络传输中断可因传输线路的物理损害引起，也可由病毒或攻击造成。例如，2006 年底我国台湾地区的地震导致海底电缆损坏，与国外绝大部分网络连接不畅，造成文件无法传输，国外电子邮箱服务无法使用等。当事人对此无法预见和控制，应属不可抗力。

3. 非因自己原因造成的电子错误

例如，消费者通过网络支付平台向商家付款，但由于信息系统的错误未能将价款转移到商家账户。

约定免责是指当事人在合同中约定的，旨在限制或免除其将来可能发生的违约责任的条款。在法律对病毒感染、网络中断、电子错误等问题作出明确规定的情形下，免责条款是当今电子商家、互联网服务商降低法律风险的有效手段之一。当然，免责条款的约定不得违反法律和社会公共利益，不得排除当事人的基本义务、排除故意或重大过失责任。

（来源：百度百科 https://baike.baidu.com/item/%E4%B8%8D%E5%8F%AF%E6%8A%97%E5%8A%9B/81393?fr=aladdin）

课后思考

1. 什么是合同？什么是电子商务合同？
2. 电子合同订立有什么特点？
3. 电子商务合同具体的订立程序是什么样的？
4. 什么是电子合同缔约过失责任？
5. 电子商务合同的生效要件包括哪些？

项目四

消费者权益保护的法律法规

【知识导航】

电子商务活动在绝大多数情况下是经营者与消费者之间的一种商业活动，消费者很多时候都处于一个被动的弱势地位，这就更需要加强立法，突出保护消费者的合法权益。无论是在国际还是在国内，电子商务消费者权益保护的工作一直都未停下探索的脚步，尤其是我国在电子商务消费者权益保护方面更具特色。

【知识结构】

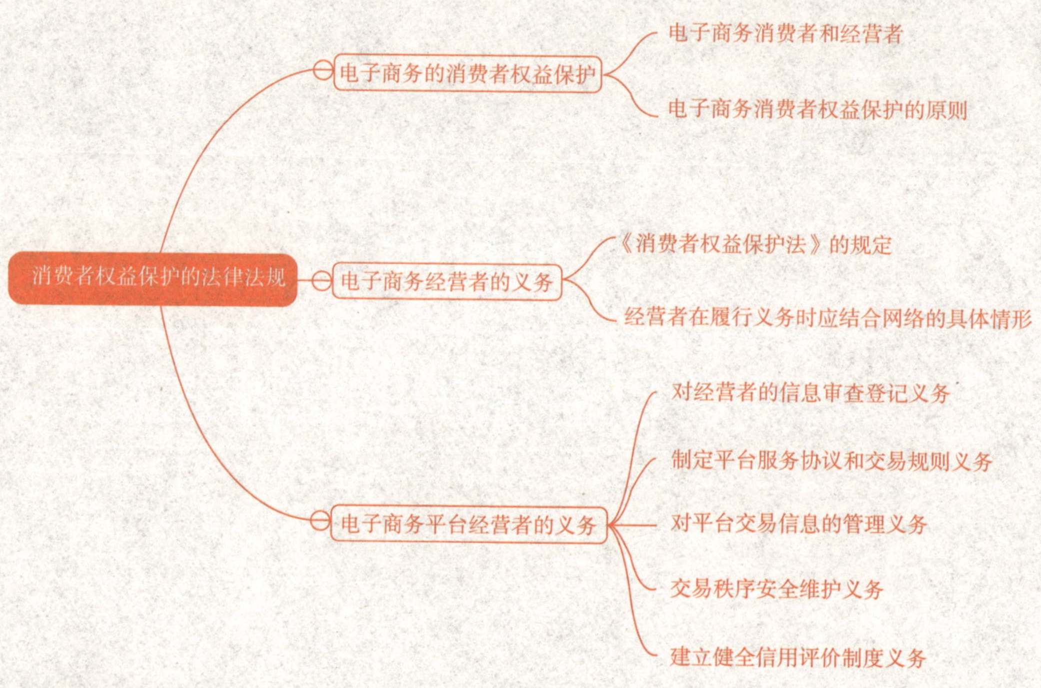

【学习目标】

◆ 知识目标

1. 了解电子商务消费者与经营者的基本知识，掌握电子商务消费者权益保护的原则。

2. 了解电子商务消费者权益保护存在的问题及易受侵害的原因，掌握我国电子商务消费者的权益保护机制。

3. 掌握电子商务经营者和电子商务平台经营者的义务。

◆ 能力目标

1. 能够正确维护自身合法权益。

2. 能够区分电子商务经营者和平台经营者的义务。

◆ **素养目标**

通过本项目的学习，了解消费者权益保护法律法规的基本知识，增强法治观念，积极运用法律手段维护自身合法权益。

单元一　电子商务的消费者权益保护

电子商务的飞速发展，使消费者可以方便、快捷地购买所需的商品和服务。与此同时，网络环境下消费者的权益也正面临着挑战。为此，电子商务经营者从事经营活动，应当履行消费者权益保护的义务，承担产品和服务质量责任，接受政府和社会的监督。

一、电子商务消费者和经营者

1. 消费者与经营者

消费者是指为生活消费需要购买、使用商品或者接受服务的人。从消费的性质来看，消费者的消费主要是指个人的生活消费，不包括生产资料的生产消费，如汽车厂从轮胎厂采购轮胎的行为就不是生活消费行为。从消费的主体或者权利主体来看，消费者主要指的是自然人；从消费客体的范围来看，消费品不仅包括实物商品，也包括各类行为或服务，还包括精神财富或智力成果；从获得商品或服务的手段来看，消费是通过市场交换（购买）来实现的。

在我国，还有一种特殊的生产资料适用《消费者权益保护法》，即农民购买、使用直接用于农业的生产资料。虽然农民购买生产资料不是为了生活消费，但在法律上也视为消费行为。

经营者是指向消费者提供其生产、销售的商品或者提供服务的合法主体。经营者既包括生产者又包括销售者，二者都应履行经营者的义务。消费者有权利选择其一或者共同主张权利。经营者应当是合法的主体。合法既指该经营者是经过国家机关批准成立的，又指该经营者是在被许可范围内从事经营的商家。

2. 电子商务消费者与经营者

电子商务中消费者的概念与传统商务中消费者的概念并无区别，但有其特殊性。

（1）对消费者行为能力的认定

由于在电子商务活动中，当事人一般不直接面对面发生交易，消费者是否具有相应行为能力，经营者无从得知。在实际的电子商务活动中，通常通过两种做法来判断消费者是否具有行为能力。

第一种做法是在交易前要求提供消费者身份证明，以确认其有行为能力，如提交身份证复印件，并承诺提交人就是身份证所显示的本人。在这种情况下，消费者就很难以不具备行为能力为理由来主张交易行为无效。

另一种做法是电子商务经营者要求消费者提交手机号码或者身份证号码，并不对消费者的行为能力进行其他审查。在这种情况下，经营者存在一种风险，即如果消费者提出自己不具备行为能力，则有可能导致交易行为无效。

（2）对真实身份与虚拟身份的认定

在电子商务活动中，无论是经营者还是消费者都经常使用虚拟的名字从事活动，并且网络交易经常没有销货凭证。一旦发生纠纷，如何证明虚拟身份与真实身份一致的问题就成为首要问题。在已发生的一些网络诉讼纠纷中，有些当事人以此抗辩并想逃避应承担的责任。一般认为，可以通过以下几种方法认定“虚拟人”的真实身份。

①注册信息及个人信息。注册信息是指在注册虚拟身份时向网站提交的信息，它主要由当事人自己提供。个人信息是当事人在上网活动时被服务器或者网站记录的信息，如IP地址信息等。

②虚拟身份在进行其他活动时的证明。例如，消费者用同一虚拟身份进行其他交易，而这些交易又与涉案交易具有一致性，且其他交易又能证明该虚拟身份的真实身份。

③通过传统的人证方式。

3. 电子商务消费者的权利

（1）安全权

电子商务中消费者的安全权是指消费者购买商品或接受服务中所涉及的生命安全权、健康安全权、财产安全权等权利。前两项是人身权，第三项是财产权。

①消费者的生命安全权。消费者的生命安全权是指消费者的生命不受危害的权利。

②消费者的健康安全权。消费者的健康安全权是指消费者的身体健康不受损害的权利。例如，商品含有的有毒物质超标而致使消费者身体受到损害，就是侵害了消费者的健康安全权。

③消费者的财产安全权。消费者的财产安全权是指消费者的财产不受损失的权利，如财产的外观不损毁、价值不减少等。

（2）知情权

消费者的知情权是指消费者享有知悉其购买、使用的商品或者接受服务的真实情况的权利。根据商品或服务的具体情形不同，消费者对商品或服务的信息的要求也会有所差别，在选择、购买、使用商品或服务的过程中，只要与消费者作出正确的判断有直接联系的信息，消费者都有权了解。消费者知情权的内容包括商品或者服务的基本信息、技术信息和销售信息三个方面。

①商品或服务的基本信息。商品或服务的基本信息主要包括商品名称、商标、产地、生产者名称、生产日期等。例如，电子商务平台上列示的商品的产地、生产者等，都应该是明确的。因为产地、生产者不同，意味着商品的品质和性能也可能不同。

②技术信息。技术信息主要包括商品用途、性能、规格、等级、所含成分、有效期限、使用说明书、检验合格证书等，如食品的生产日期、有效期限等。涉及商品使用中可能会出现不当或不适的，在说明书中应该明确，如可能会给消费者的人身健康和安全带来危害的电器等。

③销售信息。销售信息主要包括商品或服务的价格、运输、安装、售后服务等，如商品的价格、售后服务的收费等。售后服务也是与消费者联系比较密切的事项，如保修期、服务站点、收费等内容，应该明确。

（3）选择权

消费者的选择权是指消费者根据自己的意愿自主选择其购买的商品及接受的服务的权利。消费者有权根据自己的情况和意愿，如收入、需要、意向、兴趣等自主地选择商品或接受服务。

《消费者权益保护法》第九条规定："消费者享有自主选择商品或者服务的权利。消费者有权自主选择提供商品或服务的经营者，自主选择商品品种或服务方式，自主决定购买或者不购买任何一种商品、接受或者不接受任何一项服务。消费者在自主选择商品或者服务时，有权进行比较、鉴别和挑选。"

（4）公平交易权

交易公平性保证是维护消费者权益的重要内容。公平交易权是指消费者在购买商品或接受服务时所享有的与经营者进行公平交易的权利，具体包括获得质量保障、价格合理和计量正确等公平交易条件的权利。

《消费者权益保护法》第十条规定："消费者享有公平交易的权利。消费者在购买商品或者接受服务时，有权获得质量保障、价格合理和计量正确等公平交易条件，有权拒绝经营者的强制交易行为。"

（5）退货权

消费者的退货权是指消费者按照法律规定或约定，在合理期限内对所购买商品无条件要求退货，而经营者应当无条件予以退货的权利。退货权是消费者的一种特殊权利，其实质是消费者知情权和选择权的延伸，有人称之为"反悔权"。退货权是对处于弱势地位的消费者的保护。

（6）索赔权

消费者的索赔权是指消费者购买、使用商品或接受服务，合法权利受到损害时享有依法获得赔偿的权利。《消费者权益保护法》和相关法律法规规定消费者的索赔权主要包括：消费者安全权（人身或财产）受到损害的索赔权，超时服务的索赔权（事后索赔、事中索赔），商品存在缺陷造成损害的索赔权，等等。

（7）个人信息权

个人信息权是指个人享有的对本人信息的支配、控制和排除他人侵害的权利。个人信息权的内容主要包括信息决定权、信息保密权、信息查询权、信息更正权、信息封锁权、信息删除权和信息报酬请求权等。

关于个人信息权，《民法典》第一百一十一条规定："自然人的个人信息受法律保护。任何组织和个人需要获取他人个人信息的，应当依法取得并确保信息安全，不得非法收集、使用、加工、传输他人个人信息，不得非法买卖、提供或者公开他人个人信息。"

思政课堂

习近平总书记在中国共产党第二十次全国代表大会上的报告中强调:“我们要坚持走中国特色社会主义法治道路，建设中国特色社会主义法治体系、建设社会主义法治国家，围绕保障和促进社会公平正义，坚持依法治国、依法执政、依法行政共同推进，坚持法治国家、法治政府、法治社会一体建设，全面推进科学立法、严格执法、公正司法、全民守法，全面推进国家各方面工作法治化。”

二、电子商务消费者权益保护的原则

1. 对消费者特别保护原则

消费者购买商品或接受服务是为了满足个人或家庭的生活需要，在其消费过程中除涉及经济利益的得失外，还涉及消费者的生命权和健康权是否得到了有效保障。经营者在销售商品或提供服务的过程中往往只涉及经济利益的得失（除非构成犯罪，否则通常不会对经营者或其相关人员的人身权和政治权利进行法律制裁）。生命权和健康权是消费者最基本的权利，在制定规则时对消费者进行倾斜性保护，体现了法律以人为本的本质。

虽然消费者与经营者在法律地位上是平等的，但这种平等是一种法律拟制的平等，在现实中由于消费者购买商品或接受服务依赖于经营者向其提供的商品或服务的信息，而经营者在提供这些信息时往往会对信息进行筛选，这就存在信息获知的不平衡。在现代市场经济体制下，新技术的使用等，使得消费者对信息的依赖性更高。因此，需要加强对消费者的倾斜性保护，以平衡经营者与消费者之间的利益格局。

在线交易中消费者是通过网络购买商品或接受服务的，而网络的虚拟性，使得消费者相对弱势，因此，电子商务消费者权益保护立法，首先应该确立对消费者特别保护的原则。

2. 与经济发展水平相适应原则

经济决定法律规则，这一基本法理对电子商务消费者权益保护立法也同样适用。根据罗纳德·科斯的法律经济学观点，任何法律的制定都必须考虑法律的成本或法律的经济效益。就电子商务交易中的消费者权益保护立法而言，既要考虑消费者利益的保护，也要考虑经营者的承受能力以及电子商务交易的发展。因此，对电子商务消费者权益的保护水平，应当随着我国电子商务交易的发展逐步提高，所以立法和司法应当在促进电子商务交易与保护消费者权益之间寻找平衡点。

3. 注重经营者社会责任原则

在良好的消费环境中，消费者的基本权益能够得到最大限度的保障。经营者要为良好消费环境的建立尽到应有的社会责任。经营者在激烈竞争中获胜的唯一法宝就是善待自己的消费者，保障消费者的权益，对消费者关注的问题、价值和目标及时作出反应，按照消费者需求及时调整自己的经营思路和市场营销战略。电子商务交易的发展，更需要消费者的信任和认可。

对消费者的知情权、安全权、公平交易权、隐私权的保护尤为依赖经营者的技术和信息优势，因此经营者更应尽到自己的社会责任。电子商务经营者自觉承担保护消费者权益的社会责任，既是确保消费者合法权益的基础，也是经营者占领市场份额、赚取利润的远期经营策略之一。

4. 非法律辅助保护原则

非法律辅助保护原则，强调在电子商务消费者保护领域应充分发挥消费者组织、公共利益团体的作用，同时鼓励经营者通过实施行业行为自律规范促进对消费者的保护。在线交易模式将计算机网络技术与互联网作为交易的媒介，专业性强、发展迅速，常使各种监管措施“乏力”，外部监控尤其是法律监控常跟不上在线交易技术更新的步伐。在这种情况下，应充分发挥消费者组织、公共利益团体的作用。

5. 技术中立原则

中立原则由技术中立原则与媒体中立原则组成。有的学者认为，中立原则是在线交易立法区别于其他立法所特有的基本原则。技术中立原则指的是对于那些在线立法重要组成部分的技术规则应采取中立的态度，即立法不应偏向于某种技术而歧视另一种技术。

媒体中立原则指的是对各种商务媒体（如电话、网络等）应保持中立，平等对待。也就是说，要求立法中既不能赋予在线交易模式高于传统交易模式的任何标准和要求，也不能赋予在线交易模式优于传统交易模式的任何待遇。具体到在线消费者权益保护，即立法者不能由于在线交易的特性而提高或降低对消费者的保护水平，对在线消费者的保护水平应至少与传统交易模式中对消费者的保护水平相当。针对在线交易中消费者所面临的新风险，立法者应尽快制定适合在线交易的特殊规则以促进在线交易中消费者权益的保护。

小提示

除以上所述原则之外，消费者保护同国际接轨原则、诚实信用原则、公平原则、平等原则、自愿原则等基本原则也同样适用在线交易模式，在具体的制度设计中应合理运用、协调这些基本原则。

单元二　电子商务经营者的义务

电子商务经营者的义务

电子商务经营者是电子商务活动的主体，也是发展电子商务的主导力量。电子商务经营者是指通过互联网等信息网络从事销售商品或者提供服务的经营活动的自然人、法人和非法人组织。

一、《消费者权益保护法》的规定

电子商务消费者权益的保护关键在于明确消费者的权利和经营者的义务。经营者的义务既包括其承担的对消费者的义务，即平等主体间的义务，也包括其对国家和社会的义务，履行法定义务本身就是经营者的义务。《消费者权益保护法》第十六条规定："经营者向消费者提供商品或者服务，应当依照本法和其他有关法律、法规的规定履行义务。"

根据《消费者权益保护法》的规定，经营者的义务主要有以下几个方面。

1. 接受消费者监督的义务

《消费者权益保护法》第十七条规定："经营者应当听取消费者对其提供的商品或者服务的意见，接受消费者的监督。"

2. 保证商品或服务安全的义务

《消费者权益保护法》第十八条规定："经营者应当保证其提供的商品或者服务符合保障人身、财产安全的要求。对可能危及人身、财产安全的商品和服务，应当向消费者作出真实的说明和明确的警示，并说明和标明正确使用商品或接受服务的方法以及防止危害发生的办法。"

3. 提供真实、全面信息的义务

《消费者权益保护法》第二十条规定："经营者向消费者提供有关商品或者服务的质量、性能、用途、有效期限等信息，应当真实、全面，不得作虚假或者引人误解的宣传。经营者对消费者就其提供的商品或服务的质量和使用方法等问题提出的询问，应当作出真实、明确的答复。"

4. 出具发票凭证或单据的义务

《消费者权益保护法》第二十二条规定："经营者提供商品或者服务，应当按照国家有关规定或者商业惯例向消费者出具发票等购货凭证或服务单据；消费者索要发票等购货凭证或服务单据的，经营者必须出具。"

5. 保证商品或服务质量的义务

《消费者权益保护法》第二十三规定："经营者应当保证在正常使用商品或者接受服务的情况下其提供的商品或者服务应当具有的质量、性能、用途和有效期限；但消费者在购买该商品或接受该服务前已经知道其存在瑕疵，且存在该瑕疵不违反法律强制性规定的除外。"

6. 退货、更换、修理的"三包"义务

《消费者权益保护法》第二十四条规定："经营者提供的商品或者服务不符合质量要求的，消费者可以依照国家规定、当事人约定退货，或者要求经营者履行更换、修理等义务。没有国家规定和当事人约定的，消费者可以自收到商品之日起七日内退货；七日后符合法定解除合同条件的，消费者可以及时退货，不符合法定解除合同条件的，可以要求经营者履行更换、修理等义务。依照前款规定进行退货、更换、修理的，经营者应当承担运输等必要费用。"

7. 正确使用格式条款的义务

《消费者权益保护法》第二十六条规定："经营者不得以格式条款、通知、声明、店堂告示等方式，作出排除或者限制消费者权利、减轻或者免除经营者责任、加重消费者责任等对消费者不公平、不合理的规定，不得利用格式条款并借助技术手段强制交易。格式条款、通知、声明、店堂告示等含有前款所列内容的，其内容无效。"

8. 经营者有尊重消费者人格权的义务

《消费者权益保护法》第二十七条规定："经营者不得对消费者进行侮辱、诽谤，不得搜查消费者的身体及其携带的物品，不得侵犯消费者的人身自由。"

思政课堂

习近平总书记在重要文章《坚持走中国特色社会主义法治道路，更好推进中国特色社会主义法治体系建设》中强调："法治兴则民族兴，法治强则国家强。当前，我国正处在实现中华民族伟大复兴的关键时期，世界百年未有之大变局加速演进，改革发展稳定任务艰巨繁重，对外开放深入推进，需要更好发挥法治固根本、稳预期、利长远的作用。""建设中国特色社会主义法治体系，要顺应事业发展需要，坚持系统观念，全面加以推进。"

（来源：中共中央党校官网）

二、经营者在履行义务时应结合网络的具体情形

电子商务活动中的经营者应当履行上述义务，但由于网络的特殊性，经营者在履行义务时应结合网络的具体情形。根据国际上保护电子商务活动中消费者权益的一般要求，经营者在网络中尤其应当着重履行信息披露义务。经营者应充分披露并确保消费者能够知晓的信息具体有以下几点。

1. 商家自身的信息

商家自身的信息包括：身份信息，包括法人名称、贸易商号名称、主要营业地地址、电子邮件地址或电子通信方式或电话、登记地址、相关政府登记资料及许可证号码；通信信息，可以使得消费者迅速、简便、有效地与商家进行联络；争议解决信息；法律处理服务信息，司法执法部门可以联络到的地址；当商家公开声明其为某种自律性组织、商业协会、争议解决机构或认证组织的成员时，应当向消费者提供这类组织的联络材料，使消费者能确认商家的会员身份并得到这些组织如何操作的细节。

2. 提供的商品或服务的信息

商家对所提供的商品及服务的描述应当是正确的，足以使消费者正确作出是否完成交易的决定，并使消费者能对此类信息进行保留。

3. 交易信息

交易信息是指商家应提供的有关交易条款、价格、费用等信息。这类信息应当清晰、正确，易于得到，便于消费者在交易前进行审查。交易信息具体包括：商家所收取全部费用的详细清单；通知消费者那些商家不收取但消费者日常会发生的费用；交货或履行条款；支付条款、条件与方式；购买的限制，如需要父母等监护人的批准、地理限制或时间限制；正确使用方法的提示，包括安全、人身健康的警示；售后服务信息；撤回、撤销、归还、调换、取消、退款方面的详细规定；担保与保证；等等。

小提示

虽然《网络交易监督管理办法》规定，已在工商行政管理部门登记注册并领取营业执照的法人、其他经济组织或者个体工商户，从事网络商品交易及有关服务的，应当在其网站首页或者从事经营活动的主页面醒目位置公开营业执照登载的信息或其营业执照的电子链接标志，但仅公开这些信息还是不够充分的。

单元三　电子商务平台经营者的义务

电子商务交易平台的增多以及网络交易渠道的拓宽扩大了电子商务经营者的范围。电子商务经营者范围扩大的现实对电子商务消费者权益的保护提出了更高的要求。

电子商务平台经营者的义务

一、对经营者的信息审查登记义务

电子商务平台经营者应当要求申请进入平台销售商品或者提供服务的经营者提交其身份、地址、联系方式、行政许可等真实信息，对信息进行核验、登记，建立登记档案，并定期核验更新。电子商务平台经营者为进入平台销售商品或者提供服务的非经营用户提供服务，应当遵守上述有关规定。电子商务平台经营者发现平台内的商品或者服务信息存在违反电子商务法规定情形的，应当依法采取必要的处置措施，并向有关主管部门报告。

电子商务平台经营者应当按照规定向市场监督管理部门报送平台内经营者的身份信息，提示未办理市场主体登记的经营者依法办理登记，并配合市场监督管理部门，针对电子商务的特点，为应当办理市场主体登记的经营者办理登记提供便利。电子商务平台经营者应当依照税收征收管理法律、行政法规的规定，向税务部门报送平台内经营者的身份信息和与纳税有关的信息，并应当提示依照电子商务法规定不需要办理市场主体登记的电子商务经营者依照相关规定办理税务登记。

对于自建平台、电子商务第三方平台在其平台上开展商品或者服务自营业务的，应当实行业务隔离原则，将平台服务与站内经营业务分开，并以显著方式区分标记自营业务和平台内经营者开展的经营业务，不得误导消费者。

二、制定平台服务协议和交易规则义务

电子商务平台经营者应当遵循公开、公平、公正的原则，制定平台服务协议和交易规则，明确进入和退出平台、商品和服务质量保障、消费者权益保护、个人信息保护等方面的权利和义务。电子商务平台经营者应当在其首页显著位置持续公示平台服务协议和交易规则信息或者上述信息的链接标识，并保证经营者和消费者能够便利、完整地阅览和下载。

电子商务平台经营者修改平台服务协议和交易规则，应当在其首页显著位置公开征求意见，采取合理措施确保有关各方能够及时、充分地表达意见。修改内容应当至少在实施前七日予以公示。平台内经营者不接受修改内容，要求退出平台的，电子商务平台经营者不得阻止，并按照修改前的服务协议和交易规则承担相关责任。

电子商务平台经营者不得利用服务协议、交易规则以及技术等手段，对平台内经营者在平台内的交易、交易价格以及与其他经营者的交易等进行不合理限制或者附加不合理条件，或者向平台内经营者收取不合理费用。电子商务平台经营者依据平台服务协议和交易规则对平台内经营者违反法律、法规的行为实施警示、暂停或者终止服务等措施的，应当及时公示。

三、对平台交易信息的管理义务

电子商务平台经营者应当记录、保存平台上发布的商品和服务信息、交易信息，并确保信息的完整性、保密性、可用性。商品和服务信息、交易信息的保存时间自交易完成之日起不少于三年；法律、行政法规另有规定的，依照其规定。电子商务平台经营者应对其平台上的交易信息进行合理、谨慎的管理。

1. 公布基本信息

在平台上从事经营活动的，应当公布所经营产品的名称、生产者等信息；涉及第三方许可的，还应公布许可证书、认证证书等信息。

2. 网页上显示的商品信息必须真实

对实物（有形）商品，应当从多角度、多方位予以展现，不可对商品的颜色、大小、比例等歪曲或错误显示；对于存在瑕疵的商品应当给予充分的说明并通过图片显示。发现平台内经营者发布违反法律、法规广告的，平台经营者应及时采取措施制止，必要时可以停止对其提供网上交易平台服务。

3. 处理侵权或发布违法信息

投诉人提供的证据能够证明平台内经营者有侵权行为或发布违法信息的，平台经营者应对有关责任人予以警告，停止侵权行为，删除有害信息，并可依照投诉人的请求提供被投诉人注册的身份信息及联系方式。

4. 合理谨慎地审查信息

平台经营者应承担合理谨慎信息审查义务，对明显的侵权或违法信息，依法及时予以删除，并对平台内经营者予以警告。

四、交易秩序安全维护义务

电子商务平台经营者应当采取技术措施和其他必要措施保证其网络安全、稳定运行防范网络违法犯罪活动，有效应对网络安全事件，保障电子商务交易安全。

电子商务平台经营者应当制定网络安全事件应急预案，当发生网络安全事件时，应当立即启动应急预案采取相应的补救措施，并向有关主管部门报告。

电子商务平台经营者应当依照法律规定，为有关部门的执法活动提供技术支持和协助。依据平台服务协议和交易规则对经营者实施警示、暂停或者终止服务等措施的，应当及时公示，并将涉嫌违法的信息报送有关部门。

五、建立健全信用评价制度义务

电子商务平台经营者应当建立健全信用评价制度，公示信用评价规则，为消费者提供对平台内销售的商品或者提供的服务进行评价的途径。

电子商务平台经营者应当根据商品或者服务的价格、销量、信用等以多种方式向消费者显示商品或者服务的搜索结果；对于竞价排名的商品或者服务，应当显著标明“广告”。

【知识拓展】

电子商务消费者

1. 电子商务消费者

在电子商务交易法律关系主体中，与电子商务经营者相对应的主体是对方当事人，即消费者。消费者在电子商务交易法律关系中，主要是与在电子商务平台上销售商品和提供服务的平台内经营者发生实际的交易行为。与传统交易法律关系不同的是，在电子商务交易法律关系中，消费者不仅要与销售商品和提供服务的经营者进行交易行为，还要与电子商务平台经营者发生法律关系，即首先要获得电子商务平台经营者的准许，能够进入电子商务平台，才能与销售商品和提供服务的平台内经营者进行交易。因此，消费者与电子商务平台经营者之间也存在法律关系。

应当注意的是，电子商务法没有使用电子商务消费者的概念，而是使用了三个概念，一是电子商务当事人，二是用户，三是消费者。

（1）电子商务当事人。电子商务当事人的概念，包括电子商务经营者和电子商务消费者。在电子商务平台进行交易活动，必须有电子商务消费者，否则无法成立电子商务交易法律关系。电子商务法第 47、48、52、53 条等使用了电子商务当事人的概念，其中包含电子商务经营者和电子商务消费者。法律规定了电子商务当事人，就规定了电子商务消费者。

（2）用户。电子商务法使用用户的概念，主要是第 49、50、53、54、55、56、57 条。在电子商务领域中，用户相当于电子商务消费者的概念。《侵权责任法》第 36 条使用“网络用户”的概念，与电子商务法的用户概念基本相同，只是在使用的电子平台的性质上有所区别。

（3）消费者。《电子商务法》在第四十九条第二款使用了消费者的概念。条文是：电子商务经营者不得以格式条款等方式约定消费者支付价款后合同不成立；格式条款等含有该内容的，其内容无效。其中的消费者概念就是电子商务消费者，而不是一般的消费者。电子商务消费者在消费者权益保护法中就称为消费者，没有加电子商务的定语。由于电子商务法是调整电子商务法律关系的专门法，又由于消费者进入电子商务领域进行消费，而与一般的消费者有所不同，是指通过互联网等信息网络即电子商务平台购买商品或者接受服务的消费者。

电子商务法之所以在多数情况下不使用消费者的概念，是因为消费者的概念在消费者权益保护法中界定得比较窄，不能包括自然人之外的其他民事主体，也不能包括非为生活需要而购买、使用商品或者接受服务的民事主体。法人、非法人组织以及自然人在电子商务平台上购买商品或者接受服务不属于为生活需要，不属于严格意义上的消费者，因而本文使用“电子商务消费者”的概念，并不等同于一般意义上的消费者概念，而是泛指在电子商务平台购买商品或者接受服务的自然人、法人和非法人组织。

2.电子商务消费者与电子商务经营者之间的关系

电子商务消费者首先针对的是平台内经营者而言，在平台内经营者通过电子商务平台进行的销售商品或者提供服务的经营活动中，与平台内经营者缔结交易合同关系，购买商品或者接受服务，取得电子商务消费者的身份。

电子商务消费者其次与电子商务平台经营者之间也发生交易关系。这种交易关系的特点是：

第一，交易关系的性质是电子商务平台的服务合同关系，即消费者取得这个资格之后，可以在电子商务平台上进行交易活动；

第二，这种交易关系的性质是无偿的，即电子商务消费者进入电子商务平台上接受平台服务，无须支付对价，电子商务平台经营者并不通过收取平台服务价金的方式营利，而是通过电子商务消费者加入电子商务平台与平台内经营者进行交易活动，而使其增加流量等获得利益。

第三，电子商务消费者利用电子商务平台进行交易，应当遵守电子商务平台的交易规则和用户协议，接受电子商务平台经营者对交易活动的管理，如果违反交易规则和用户协议，电子商务平台经营者有权依照交易规则和用户协议对其进行处罚。

（来源：http://m.sinotf.com/News.html?id=340398）

课后思考

1. 如何区分电子商务的消费者和经营者？
2. 如何理解电子商务平台经营者对平台交易信息的管理义务？
3. 电子商务消费者权益保护的原则有哪些？
4. 简述我国电子商务消费者的权益保护机制。
5. 电子商务消费者权益保护存在哪些问题？

项目五

电子支付的法律法规

【知识导航】

随着网络技术的不断发展，电子商务也加快了发展进程，作为新的时尚购物方式，电子商务已经为大众所接受。电子支付作为电子商务的重要环节，也随之渗透人们生活的方方面面中。应运而生的电子支付方式克服了传统支付方式的过程复杂、耗时、携带现金不便等局限性，因而在电子商务活动中有着不可取代的地位和作用。

【知识结构】

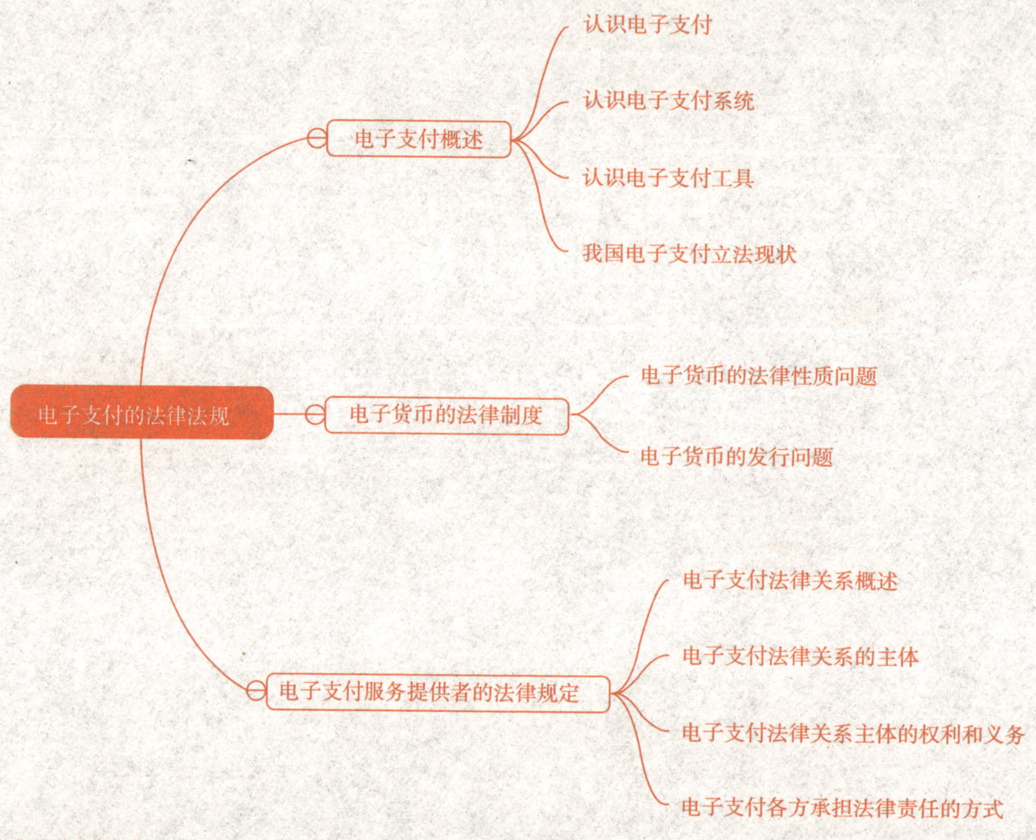

【学习目标】

◆ 知识目标

1. 了解电子支付的概念、特征、类型等。
2. 了解电子支付系统的基本工作流程。
3. 熟悉基本的电子货币相关法律制度。

◆ 能力目标

1. 能够区分不同的电子支付工具。

2. 能够区分不同的电子支付法律关系的主体。

◆ 素养目标

通过本项目的学习，了解电子支付法律法规的基本知识，理解科技进步的重要意义，激发学习兴趣。

单元一　电子支付概述

在进行商品买卖时，只有通过支付，商品所有权才能发生转移，实现商品的价值和使用价值的交换。实际的支付过程，离不开具体的支付工具和支付形式，支付最终都要落实到交易双方银行存款账户的数字转移，落实到不同银行之间的清算问题。因此，研究电子支付，必须研究电子支付工具、电子支付表现形式以及网上银行。

一、认识电子支付

认识电子支付

1. 概念

所谓电子支付，是指电子交易的当事人，包括消费者、厂商和金融机构，通过信息网络，使用安全的信息传输手段，采用数字化方式进行的货币支付或资金流转。简单地说，电子支付是指通过电子信息化手段实现交易中的价值与使用价值的交换过程。

电子支付是电子商务系统的重要组成部分。电子支付方式最早出现于互联网，并且已经建立起了三种不同类型的支付系统，即预支付系统、即时支付系统和后支付系统。

预支付是指先付款，然后才购买到产品或服务。预支付系统是银行和在线商店首选的解决方案，由于它们要求用户预先支付，所以不再需要为这些钱付利息，而且可以在购买商品的瞬间将钱传送给在线商店以防止数字欺骗。预支付系统的工作方式像在真实商店里一样，顾客进入商店并用现金购买商品，然后才得到所需的商品。

后支付系统允许用户购买商品后再付款。信用卡是一种最普遍的后支付系统，但其安全性低。与信用卡相比，借方卡相对比较安全，因为它要求顾客证实自己是卡的真实持有人，但相关的费用较高。

即时支付系统是以交易时支付的概念为基础的，该系统实现起来最复杂，为了即时支付，必须直接访问银行的内部数据库，需要采取更加严格的安全措施，它也是最强大的系统。即时支付是“在线支付”的基本模式。

2. 特征

与传统的支付方式相比较，电子支付具有以下特征。

（1）电子支付是采用先进的信息技术来完成信息传输的，其各种支付方式都是采用数字化的方式进行款项支付的，而传统的支付方式则是通过现金的流转、票据的转让及银行的汇兑等物理实体的流转来完成款项支付的。

（2）电子支付是一种虚拟的数字化的支付过程。

（3）电子支付使用的是最先进的通信手段，如互联网、外联网，而传统支付使用的则是传统的通信媒介。电子支付对软、硬件设施的要求很高，如联网的计算机、相关的软件及其他一些配套设施，而传统支付则没有这么高的要求。

（4）电子支付具有方便、快捷、高效、经济的优势。用户只要拥有一台联网的计算机，足不出户便可在很短的时间内完成整个支付过程。

（5）电子支付的工作环境是基于一个开放的系统平台（如互联网）之上，而传统支付则是在较为封闭的系统中运作。

（6）电子支付必须依赖一定的设备来完成结算过程。

3. 功能

虽然货币的不同形式会导致不同的支付方式，但安全、有效、便捷是各种支付方式追求的目标。对于一个支付系统而言（可能专门针对一种支付方式，也可能兼容几种支付方式），它应有以下功能。

（1）使用数字签名和数字证书实现对各方的认证

为实现交易双方的安全性，对参与贸易的各方身份的有效性进行认证，通过认证机构或注册机构向参与各方发放数字证书，以证实其身份的合法。

（2）使用加密技术对业务进行加密

为加强数据传输的保密性，可以采用单钥体制或双钥体制进行信息加密，并采用数字信封数字签名等技术以防止未被授权的第三者获取信息的真正含义。

（3）使用消息摘要算法以确认业务的完整性

为保护数据不被未授权者建立、嵌入、删除、篡改、重放而是完整无缺地传送到达接收者，可以采用数据杂凑技术。通过对原文的杂凑生成消息摘要一并传送到接收者，接收者就可以通过摘要来判断所接收的消息是否完整；如不完整，要求发送端重发以保证其完整性。

（4）当交易双方出现异议、纠纷时，保证对业务的不可否认性

该功能用于保护通信用户应对来自其他合法用户的威胁，如发送用户对他所发消息的否认，接收者对他接收消息的否认等。支付系统必须在交易的过程中生成或提供足够充分的证据来迅速辨别纠纷中的是非。可以采用仲裁签名、不可否认签名等技术来实现。

（5）能够处理贸易业务的多边支付问题

由于网上贸易的支付要涉及客户、商家和银行等多方，其中传送的购货信息与支付信息必须连接在一起，因为商家只有确认了支付信息后才会继续交易，银行也只有确认了购付信息后才会提供支付，同时，商家不能读取客户的支付信息，银行不能读取商家的订单信息，这种多边支付的关系可以通过双联签字等技术来实现。

二、认识电子支付系统

1. 基本构成

基于互联网的电子交易支付系统由客户、商家、认证中心、支付网关、客户银行、商家银行和金融专用网络 7 个部分组成。

（1）客户

客户一般是指利用电子交易手段与企业或商家进行电子交易活动的组织、单位或个人。客户通过电子交易平台与商家交流信息、商务洽谈、签订交易合同，用自己拥有的网络支付工具进行支付。

（2）商家

商家是指向客户提供商品或服务的单位或个人。在电子支付系统中，它必须能够根据客户发出的支付指令向金融机构请求结算，这一过程一般是由商家设置的一台专门的服务器来处理的。由于电子支付的方式比较多样，商家最好提供多种网上支付方式，这需要商家先与银行建立合作关系。

（3）认证机构

认证机构（CA）也称为认证中心，是交易各方都信任的公正的第三方中介机构，它主要负责为参与电子交易活动的各方发放和维护数字证书，以确认各方的真实身份，保证电子交易整个过程安全稳定进行。认证机构最大的作用在于减少商业的欺诈和保障电子交易的安全。

（4）支付网关

支付网关是完成银行网络和互联网之间的通信、协议转换并进行数据加、解密，保护银行内部网络安全的一组服务器。它是互联网公用网络平台和银行内部的金融专用网络平台之间的安全接口，保障银行网络的安全。电子支付的信息必须通过支付网关进行处理后才能进入银行内部的支付结算系统。

（5）客户银行

客户银行是指为客户提供资金账户和网络支付工具的银行。在利用银行卡作为支付工具的网络支付体系中，客户银行又被称为发卡行。客户银行根据不同的政策和规定，保证支付工具的真实性，并保证对每一笔认证交易付款。

（6）商家银行

商家银行是为商家提供资金账户的银行。因为商家银行是依据商家提供的合法账单来工作的，所以它又被称为收单行。客户向商家发送订单和支付指令，商家将收到的订单留下，将客户的支付指令提交给商家银行，然后商家银行向客户银行发出支付授权请求，并进行它们之间的清算工作。

（7）银行专用网络

银行专用网络是银行内部及各银行之间交流信息的封闭的专用网络，通常具有较高的稳定性和安全性。我国的银行专用网络发展较快，为电子支付的发展提供了必要条件。

为了更好地理解电子支付系统中各方的关系，我们来了解一下电子支付操作的一般过程。

第一步，客户利用自己的计算机进入 Internet 厂商，并在计算机上输入产品名称、型号、数量、价格、交货时间、地址等信息。

第二步，通过厂商电子商务服务器检查用户填写的信息正确性与完整性，并根据情况提示用户。

第三步，消费者选择付款方式，确认订单，签发付款指令，此时安全电子交易（Secure Electronic Transaction，SET）协议介入。

第四步，在 SET 中，消费者必须对订单和付款指令进行数字签名，同时利用双重签名技术来保证商家看不到消费者账号信息。

第五步，在线商店接收订单后，向消费者所在银行请示支付认可，信息通过支付网关到消费者开户银行，批准交易后，返回确认信息给在线商店。

第六步，在线商店发送订单确认信息给消费者，消费者记录订单信息。

第七步，在线商店发送货物，或提供服务，并通知消费者开户银行将款项从消费者的账号转移到商店账号。

在电子支付系统的构成和一般操作过程中我们能够看出，电子支付系统还应该包括支付工具和支付协议。支付工具包括银行卡、电子现金、电子支票等。目前有些企业也开发了基于企业网站内部的支付工具，如阿里巴巴公司推出的支付宝、腾讯公司推出的财付通等。公司推出自身第三方支付工具，为电子支付的完善和发展提供了一定的发展空间。

2. 种类

电子商务带来的网络化让有形的东西无形化了，在一次电子支付中，甚至不会产生任何实体的东西，而只是生成了若干文件而已。一个网上支付系统要实现在公共网络上传输敏感的支付信息就必须采取先进可行的安全技术。此外，网上支付系统在将支付工具、支付过程无形化的同时，也将原来面对面的信用关系虚拟化了。因此，电子商务中的网上支付体系实际上是集金融体系为一体的综合大系统。那么电子支付系统有哪些类型呢？下面我们一起来研究一下。一般来说，根据系统中使用的支付工具不同，可以将电子支付系统大致分为三类，即信用卡支付系统、电子转账支付系统和电子现金支付系统。

（1）信用卡支付系统

每张信用卡对应着一个账户，资金的支付最终是通过转账实现的，对信用卡账户的处理是后于货款支付的。信用卡实行的是“先消费，后付款”。用户采用信用卡支付系统最大的便利之处在于在消费之前可以不用考虑银行账户是否有资金，更加方便了用户的消费。同时，全球很多电子商务公司都提供信用卡进行电子支付的方式。

（2）电子转账支付系统

电子转账支付系统是一种“即时付款”的支付办法。支付过程中的操作直接面对账户，对账户的处理即支付的进行。在支付过程中，根据发起人的不同，可分为付款人启动的支付和收款人启动的支付。在此系统中，付款人对支付的确认意义十分重要，这就需要一定的确认手段，于是这一系统又包括直接转账的支付系统和电子支票支付系统。由于涉及账户，此系统也必须在线操作，但不允许透支。电子转账支付系统是比较常用的电子支付系统。

（3）电子现金支付系统

电子现金支付系统是一种“预先付款”的支付系统。在支付环节中不直接对应任何账户，用户先预付资金，并获得相应货币价值的电子现金，也可以进行离线操作，但是电子现金要储存在智能卡或者硬盘里，还可以放在电子钱包，在需要使用的时候就可以进行直接支付。电子现金支付系统的提供商不是很多，这里介绍4个知名的电子现金应用系统提供商。

① Digicash（数字现金）。Digicash（www.digicash.com）是专门从事电子支付系统和数值现金开发的公司，该公司开发了一种无条件匿名电子现金——Ecash。该公司的创始人 David Chaum（大卫·乔姆）是这方面的先驱，被誉为“数字现金之父”。他提出的概念和模式对后来各类电子现金模式均有影响。

Ecash 是在互联网上流通的安全电子现金，用于购买信息产品、硬件产品以及支付服务费。Ecash 的匿名性是指客户从银行提取硬币时不让银行知道其硬币号，客户用硬币在商户进行匿名消费，即使商户和银行联合起来也弄不清消费者是谁。Ecash 已于 1995 年由密苏里州圣路易斯一家银行以美元形式用于互联网上支付。目前，全球使用该系统发布电子现金的银行有十多家。在使用 Ecash 时，买方和卖方必须在发放 Ecash 的银行建立一个账户；银行向他们提供“ Purse（钱包）”软件，用于管理和传送 Ecash。然后，资金被从常规账户输入到 Purse 软件上，并在被支出以前存储在买方的内置硬盘上。

② Cybercash（电子现金）。Cybercash（www.cybercash.com）公司提供用于小额数字现金事务的服务。在资金传输方面，Cybercash 与 Digicash 相似，资金被从常规银行账户上传输给 Cybercash 钱夹，然后买方就能用这些资金进行各种事务处理。

③ Clickshare（点享）。Clickshare（www.clickshare.com）公司有面向报刊出版商的电子现金支付系统。 Clickshare 技术有时会被误认为只能进行小额支付，类似于 Milicent 或 IBM 的 Micropayments。完成小额支付是 Clickshare 的一种功能。如果用户的互联网服务商（ISP）支持 Clickshare 技术，用户就可自动注册 Clickshare。当用户点击其他支持 Clickshare 技术的网站链接时，就能直接在这些网站上购物而不需要再次注册 Clickshare 了。Clickshare 可跟踪交易，并向用户的 ISP 收费，而 ISP 已为此用户设置了账号，可从此账号中扣除用户的购物款。另外，Clickshare 可跟踪用户对互联网的访问，这对想了解受众偏好的广告主和营销公司非常重要。Clickshare 公司认为小额支付只是其识别用户的核心功能的副产品。Clickshare 技术用的是标准的 HTTP 协议来实现其功能，不需要 Cookie（小型文本文件）或软件钱包。Clickshare 公司声称它是唯一提供这一功能的公司。

④ eCoin。eCoin（www.eCoin.net）公司发行的电子代币 eCoin 可用于在线支付购物的货款。eCoin 提供在线小额支付服务。这种电子现金存储在消费者计算机上的 eCoin 钱包里。同类似的小额支付系统一样，人们可以通过它花几美分来下载一篇新闻报道或浏览一个收费网站，或者花上几美分下载一段音乐。当然网站要能处理 eCoin 电子现金。用户在使用 eCoin 时，须先下载一个钱包软件，把它作为插件安装在自己的浏览器上。接收 eCoin 的商家不需要安装特殊的软件。兼容 eCoin 的商务

网站可在其 HTML 页面上生成一个特殊的发票标志，以支持顾客的 eCoin 管理程序（安装在用户浏览器上的钱包）。

eCoin 系统使用了由顾客、商家和 eCoin 服务器组成的三链系统。eCoin 服务器相当于经纪人，它负责维护和更新用户与商家的账号，接受顾客软件的结算请求，并向商家付款。eCoin 服务器在 eCoin 自己的网站上运行，具备防止重复消费的功能。其结构可保证用户在商家面前是匿名的，但对 eCoin 服务器不是匿名的。这样做是故意的，它使 eCoin 公司在运营早期能跟踪所有的交易。

思政课堂

习近平总书记在致信祝贺中国科学院建院 70 周年时强调：“当今世界，创新是引领发展的第一动力。希望中国科学院不忘初心、牢记使命，抢抓战略机遇，勇立改革潮头，勇攀科技高峰，加快打造原始创新策源地，加快突破关键核心技术，努力抢占科技制高点，为把我国建设成为世界科技强国作出新的更大的贡献。”

（来源：人民网）

三、认识电子支付工具

随着计算机技术的发展，由于使用的传输网络、传输协议和支付程序的不同和相互组合，在实践过程中产生出了各种各样的电子支付工具。这些支付工具可以分为四大类：电子货币类，如电子现金、电子钱包等；电子信用卡类，包括智能卡、借记卡、电话卡等；电子支票类，如电子支票、电子汇款等；其他金融支付工具。这些具体的电子支付工具各有自己的特点和运作模式，适用于不同的交易过程。以下介绍几种常用的电子支付工具形式。

1. 电子汇款

电子汇款是 B2B 中电子支付的主要方式。电子资金划拨多为贷方划拨，即债务人作为发端人，向其代理行发出支付指令，发端人代理行通过中介银行或直接向受益人代理行发出支付指令，直至款项最终到达受益人。

电子汇款的当事人最多可有五方，即资金汇款人或称发端人、发端人代理银行、收款人或称受益人、受益人代理银行和其他参与电子汇款的银行（中介银行）。其中，发出支付指令的一方统称为发送方，接收到该指令的另一方统称为接收方。

电子汇款具有无因性的特征。无论某笔资金交易的基础原因法律关系成立与否、合法与否，银行在按照客户以正常程序输入的指令操作后，一经支付就发生法律效力。发端人不得以其支付指令有误或支付的原因不合法为由要求银行撤销已完成的支付行为。

2. 电子支票

电子支票（Electronic Check，E-check 或 E-cheque）是一种借鉴纸张支票转移支付的优点，利用数字传递将钱款从一个账户转移到另一个账户的电子付款形式。这种电子支票的支付是在与商户及银行相连的网络上以密码方式传递的，多数使用公用关键字加密签名或个人身份识别码（PIN）代替手写签名。电子支票的支付一般是通过专用的网络、设备、软件以及一整套的用户识别、标准报文、数据验证等规范化协议完成数据传输，从而控制安全性。这一支付过程在数秒内即可实现。

电子支票主要用于企业与企业之间的大额付款。用电子支票支付，事务处理费用较低，而且银行能为参与电子商务的商户提供标准化的资金信息，故而可能是最有效率的支付手段。

需要注意的是，支票与现金最大的区别是有明确的用途、金额等。在交易过程中，商家不仅要验证支票的签发单位是否存在，支票的单位是否与购货单位一致，还要验证消费者的签名等。

3. 信用卡

信用卡是银行或金融机构发行的，授权持卡人在指定的商店或场所进行记账消费的信用凭证，是一种特殊的金融商品和金融工具。

信用卡的主要功能如下。

（1）ID 功能

ID 功能可用于证明持卡人身份。

（2）结算功能

结算功能可用于支付购买商品、享受服务的款项，是非现金、支票、期票的结算。

（3）信息记录功能

信息记录功能是将持卡人的属性、对卡的使用情况等各种数据记录在卡中。

信用卡的支付模式有：无安全措施的信用卡支付、通过第三方经纪人支付、简单信用卡加密支付、SET 信用卡支付四种。

4. 电子现金

电子现金（E-cash）又称数字现金，是一种以数据形式流通的货币。它把现金数值转换成一系列的加密序列数，通过这些序列数来表示现实中各种金额的市值，用户在开展电子现金业务的银行开设账户并在账户内存钱后，就可以在接收电子现金的商家使用了。电子现金具有多用途、灵活使用、匿名性、快速简便的特点，无须直接与银行连接便可使用，适用于小额交易。其主要优点是可以提高效率，方便用户使用。

按其载体——电子支付工具来划分，电子现金主要包括两类：一类是币值存储在智能卡上——IC 卡；另一类是以数据文件存储在计算机的硬盘上——电子钱包。

（1）智能卡

智能卡（Smart card）类似于信用卡，但卡上不是磁条，而是计算机芯片和小的存储器。这种电子支付方式的基本做法是通过专用网络或国际互联网以信用卡号码传送做交易，持卡人就其所传送的信息，先进行数字签名加密，然后将信息本身、数字签名经认证机构的认证后，连同电子证书等一并传送至商家。智能卡具体又分为以下几种形式。

①账号直接传输方式，即客户在网上购物后把智能卡号码信息加密后直接传输给商家。

②专用账号方式。

③专用协议方式。常用的协议有安全套接层协议SSL（Secure Socket Layer）协议、安全电子交易协议SET（ Secure Electronic Transaction）协议、Netbill（电子支票支付流程）协议等。最常见的智能卡是我们日常使用的各种IC卡。其应用范围是：电子支付、电子识别、数字存储。

智能卡最早于20世纪70年代中期在法国问世。法国某公司采取在一张信用卡大小的塑料卡片上安装嵌入式存储器芯片的方法，率先开发成功IC存储卡。经过20多年的发展，真正意义上的智能卡，即在塑料卡上安装嵌入式微型控制器芯片的IC卡，由摩托罗拉和Bull hn公司于1997年研制成功。随着中国国家金卡工程的发展，IC卡已在金融、电信、社会保障、税务、公安、交通、建设及公用事业、石油石化、组织机构代码管理等许多领域得到广泛应用，像第二代居民身份证（卡）、社会保障IC卡、城市交通IC卡、电话IC卡、三表（水电气）IC卡、消费IC卡等行业IC卡应用已经渗透百姓生活的方方面面，并取得了较好的社会效益和经济效益，这对提高各行业及地方政府的现代化管理水平，改变人民的生活模式和提高生活质量，推动国民经济和社会信息化进程等都发挥了重要作用。

（2）电子钱包

电子钱包（E-purse）是一种只需要软件支持的电子现金支付方式。电子钱包通常也叫储值卡，是用集成电路芯片来储存电子货币并被顾客用来作为电子购物活动中常用的一种支付形式。使用电子钱包的顾客通常在银行里都是有账户的。在使用电子钱包时，将相关的应用软件安装到电子商务服务器上，利用电子钱包服务系统就可以把自己的各种电子货币或电子金融卡上的数据输入进去。电子钱包里可以装各种电子货币。

电子钱包是电子商务活动中网上购物顾客常用的一种支付工具，是在小额购物或购买小商品时常用的新式钱包。电子钱包一直是全世界各国开展电子商务活动中的热门话题，也是实现全球电子化交易和互联网交易的一种重要工具，全球已有很多国家正在建立电子钱包系统以便取代现金交易的模式。

使用电子钱包购物，通常需要在电子钱包服务系统中进行。电子商务活动中的电子钱包的软件通常都是免费提供的，可以直接使用与自己银行账号相连接的电子商务系统服务器上的电子钱包软件，也可以从互联网上直接调出来使用各种保密方式利用互联网上的电子钱包软件。目前，世界上有VISA cash和Mondex两大电子钱包服务系统，其他电子钱包服务系统包括HP公司的电子支付应用软件（VWALLET）、微软公司的电子钱包MS Wallet、IBM公司的Commerce Point Wallet软件、Master card cash、Euro Pay的Clip和比利时的Proton等。

四、我国电子支付立法现状

2005 年以来，随着我国《电子签名法》（解决了类似传统结算业务中签章的问题）的出台，电子支付的立法进程也随之加快。为规范电子支付业务，中国人民银行于 2005 年制定并颁布了《电子支付指引（第一号）》，该指引以银行与客户关系为主线，以规范电子支付、强化电子支付安全性为主要内容，将“以规范促发展、在规范中发展”作为基本原则，以相对灵活的形式全面规范电子支付行为。

为加强电子银行业务的风险管理，根据《中华人民共和国银行业监督管理法》《中华人民共和国商业银行法》《中华人民共和国外资金融机构管理条例》等法律法规，2005 年 1 月 10 日，中国银行业监督管理委员会颁布了《电子银行业务管理办法》。该办法对电子银行业务等进行界定，并对电子银行业务的申请与变更、风险管理、数据交换与转移管理、业务外包管理、跨境业务活动管理及监督管理予以明确的规范。

随着中国经济的快速发展和网络应用的不断成熟，电子商务产业已进入高速发展阶段，第三方支付业务更是快速发展。2010 年 6—9 月，随着中国人民银行关于《非金融机构支付服务管理办法》《非金融机构支付服务管理办法实施细则》的出台，第三方支付行业结束了原始成长期，被正式纳入了国家监管体系，并拥有合法身份。此后制定的相关法律条文也以此为基础，“宪法级别”的《非金融机构支付服务管理办法》至今仍发挥着深远的影响力。

2015 年 7 月，为鼓励金融创新，促进互联网金融健康发展，明确监管责任，规范市场秩序，中国人民银行、工业和信息化部、公安部、财政部、国家市场监督管理总局、国务院法制办、中国银行业监督管理委员会、中国证券监督管理委员会、中国保险监督管理委员会、国家互联网信息办公室联合印发了《关于促进互联网金融健康发展的指导意见》（银发〔2015〕221 号，以下简称《指导意见》）。该《指导意见》按照“鼓励创新、防范风险、趋利避害、健康发展”的总体要求，提出了一系列鼓励创新、支持互联网金融稳步发展的政策措施，积极鼓励互联网金融平台、产品和服务的创新，鼓励从业机构相互合作，拓宽从业机构融资渠道，坚持简政放权和落实、完善财税政策，推动信用基础设施建设和配套服务体系建设。

2016 年，中国人民银行发布了《非银行支付机构网络支付业务管理办法》（以下简称《办法》），自 2016 年 7 月 1 日起实施。《办法》是为规范非银行支付机构（以下简称支付机构）网络支付业务，防范支付风险，保护当事人合法权益，根据《中华人民共和国中国人民银行法》《非金融机构支付服务管理办法》等规定制定的。《办法》对网络支付进行了限额管理，规定每个客户的第三方支付账户每日累计金额不能超过 5000 元；对综合类支付账户、消费类支付账户，分别规定年累计 20 万元、10 万元限额。同时，其中第三方支付账户余额仅指存在于第三方支付公司的虚拟账户，《办法》对于第三方账户开立、转账都作出了严格的限制。未来支付机构的“互联网 +”道路将迎来一定考验，进而对互联网金融行业产生深远的影响。规范非银行支付机构网络支付业务，重在防范支付风险，明确金融牌照各自的定位。

从以上内容不难看出，我国金融电子化程度落后于其他国家，与此相关的立法也较落后。中国关于电子支付立法基本还是空白，亟待填补。支付产业遵行的主要是行政规章和规范性文件，如中国人民银行出台的《银行卡业务管理办法》（1999年）、《电子支付指引（第一号）》（2005年）、《非金融机构支付服务管理办法》（2011年）等。这些规章制度在电子支付发展之初起到了很好的促进和规范作用，但法律效力层级较低，已不能适应国内支付产业高速发展的需要。由于缺乏统一立法，电子支付领域的某些诉讼案件也出现过裁量标准不一、同案不同判的情况。

单元二　电子货币的法律制度

在电子商务活动未成为现今社会的主流商业模式之前，电子货币只能作为一种辅助性的手段。现有电子货币只是以既有货币为基础的电子化衍生物，所以不能作为一种完全独立的通货。

一、电子货币的法律性质问题

电子货币是经济时代中银行业务电子化、网络化的产物，代表了现代信用货币形式的发展方向，体现了现代支付手段的不断进化。虽然各国推行和研制的电子货币千差万别，但其基本形态是十分相似的，即电子货币的使用者以一定的现金或存款从发行者处兑换并获得代表相同金额的数据，并以可读写的电子信息方式储存起来。当使用者需清偿债务时，就可以通过某些电子化媒介或方法，将该电子数据直接转移给支付对象，这种电子数据便可称为电子货币。

电子货币具有如下特点。

1. 无形性

电子货币脱离了货币的传统形态，不再以实物、贵金属、纸币等可视、可触的形式出现，而是以现代电信技术手段、以电子数据形式来表现，通过计算机网络传递使用。从货币的发展历史来看，电子货币是一种有形货币到无形货币的飞跃。

2. 广泛性

电子货币不受金额、对象和区域等限制，且使用极为简便，可以广泛地使用在生产、交换、分配和消费等领域，并将储蓄、信贷和非现金结算等多种功能合为一体。

3. 储值性

电子货币的使用仍然以传统货币为基础，只不过它的表现形态和支付手段发生了变化，因此电子货币需要先储值、后使用。

4. 隐秘性

电子货币依托现代高新科学技术，资金的支付可以不留痕迹、不易察觉和秘密进行，因而电子货币具有隐秘性。这将给金融监管带来一系列的新问题，使传统的银行业务、货币发行的权威性、货币兑换等受到冲击。

思政课堂

习近平总书记在向第二届世界顶尖科学家论坛（2019）的致贺信中指出，“科学技术是人类的伟大创造性活动，发展科学技术必须具有全球视野、把握时代脉搏。中国愿同世界各国一道加强科学研究，密切科研协作，推动科技进步，应对时代挑战。”“中国高度重视科技前沿领域发展，致力于推动全球科技创新协作。中国将以更加开放的态度加强国际科技交流，依托世界顶尖科学家论坛等平台，推动中外科学家思想智慧和研究成果转化为经济社会发展的强大动力。”

（来源：人民网）

二、电子货币的发行问题

1. 发行的主体

根据《中华人民共和国中国人民银行法》的规定，人民币是我国的法定货币，人民币由中国人民银行统一印制、发行，其年度供应量由国务院批准。任何单位和个人不得印制、发售代币票券，以代替人民币在市场上流通。根据这些规定，显然，只有中国人民银行或经人民银行批准的金融机构，才有权发行电子货币。

2. 发行的管理

根据《中华人民共和国中国人民银行法》规定：中国人民银行依法对金融机构及其业务实施监督管理，维护金融业的合法、稳健运行；中国人民银行有权对金融机构的存款、贷款、结算、呆账等情况随时进行稽核、检查监督；中国人民银行有权对金融机构违反规定提高或者降低存款利率、贷款利率的行为进行检查监督。同时，对于获得批准发行电子货币的其他金融机构，发行电子货币后，中国人民银行有权对电子货币的运行实行严格的监督管理。

为保证电子货币的发行人保持必要的流动性和安全性，银行可以采取以下措施实施管理。

（1）向所有的电子货币发行人提出储备要求和充足资本要求。大多数国家对电子货币发行机构的法定准备金要求和最低资本要求与一般信用机构相同。

（2）建立电子货币系统统计和信息披露制度、现场和非现场检查制度及信息安全审核制度等。

（3）建立安全保证体系。在市场经济中，电子货币发行人运营失败的可能性不可能完全消除。为了维护消费者和商家的利益及其对电子货币的信心，目前，许多国家正考虑建立电子货币的担保、保险或者其他损失分担机制。其中，美国、德国、日本、加拿大和意大利等国家将电子货币纳入存款保险或者担保制度体系中。

3. 发行人的义务

电子货币的发行人和开发者在开发、发行电子货币之前，要对技术、安全性、业务前景等方面进行可行性论证和成本与收益的比较分析，在电子货币发行方案中要考虑防范问题，如洗钱等犯罪活动，并采取适当的操作程序，有效地控制操作风险。

为了保证在不利情况发生时仍然能够提供产品和服务，电子货币的发行人要实施应急措施和业务恢复计划。在实施时，应当考虑安全因素。而电子货币的发行机构还要有处理意外事故的紧急对策，以保证关键性操作的连续性。

电子货币的发行人必须向国家中央银行汇报货币政策要求的相关信息。电子货币发行者和技术开发者应澄清消费者、商家以及系统参与者的权利义务和各自承担的风险。在电子货币的交易中，货币发行者至少要告诉使用者可能发生的各种风险或者保险时被保险的范围。

小提示

对电子货币系统进行非法攻击或者未经授权的侵入，是威胁电子货币系统安全的一个主要问题。研究显示，内部攻击比外部攻击更容易损害系统，因为内部系统的使用者了解系统情况和进入方法。因此，电子货币的发行人必须具有良好的预防、侦查和预测手段，保护其系统不受内部和外部的滥用。

单元三　电子支付服务提供者的法律规定

随着电子商务的飞速发展，我国电子支付也呈现超常规发展的态势，电子支付的各方权利、义务关系及责任界定与承担日益复杂。因此，进一步规范电子支付，厘清电子支付法律关系已经迫在眉睫。

一、电子支付法律关系概述

1. 概念

电子支付法律关系指在电子商务活动中，由电子商务交易活动事实引起的，当事人双方在电子支付方面的权利与义务关系。

2. 特征

电子支付法律关系是在电子交易过程中形成的，因此，与一般意义上的民事法律关系相比，具有以下特点。

（1）电子支付法律关系是以电子商务法律规范为前提的

电子支付是电子商务活动的重要组成部分，而电子商务法律规范是调整一切电子商务活动的行为准则，没有电子商务法律规范的调整，电子支付法律关系就无法形成。

（2）电子支付法律关系是平等主体之间的电子商务关系

在电子支付法律关系中，虽然涉及多方主体，但各主体之间的法律地位是平等的，依法平等地享有权利并承担法定义务。

（3）电子支付法律关系是电子支付主体真实的意思表示

电子支付法律关系的成立要求电子支付当事人具有真实的意思表示，任何背离电子支付当事人真实意思的行为都不能形成电子支付法律关系。

（4）电子支付法律关系是由国家强制力予以保障的社会关系

电子支付法律关系虽然是由计算机及网络自动完成的，但其本质上是一种社会关系。因此，为保证国家的金融秩序，国家必须以法律的强制力来保证电子支付法律关系。

（5）电子支付法律关系是不同具体法律关系的组合

在一个完整的电子支付活动中，一般需要四方当事人的参加，即付款人、收款人、电子银行和电子认证服务机构。这些当事人之间的法律关系具体包括：①付款人与收款人之间由商品买卖合同所规定的债权债务关系；②付款人与电子银行之间的电子支付合同关系；③收款人与电子银行之间的一般金融服务合同关系；④付款人、收款人和电子银行与电子认证服务机构之间的电子证书服务合同关系。

二、电子支付法律关系的主体

电子支付法律关系的主体，即电子支付法律关系的当事人，是在电子商务法律关系中，依法享有商务交易结果的权利和承担电子支付义务的自然人、法人或其他组织。

电子支付法律关系的基本当事人为客户，即付款人和收款人，而付款人和收款人完成电子支付还必须有两个重要的第三人，即电子支付服务提供者和认证机构提供服务才能完成。因此，在电子支付实践中，电子支付法律关系的当事人可以分为用户、电子支付服务提供者和电子认证机构。

1. 电子支付用户

电子支付法律关系中的客户包括自然人、法人或非法人组织。电子支付的自然人指达到法定民事责任年龄，能够以自己的名义进行电子支付活动，依法享有电子支付权利、承担电子支付义务，能够发出电子资金或接收电子资金，并能够独立承担电子支付责任的公民。电子支付的法人指依法能够以自己的名义进行电子支付活动，享有电子支付权利，承担电子支付义务，能够发出电子资金或接收电子资金的国家机关、企事业单位、社会团体等。电子支付的非法人组织指在电子支付法律关系中，依法享有电子支付权利、承担电子支付义务但不具有法人资格的社会实体。

在电子支付法律实践中，电子支付法律关系中的客户具体包括付款人和收款人。

（1）付款人

在电子支付活动中付款人通常是买方或消费者。付款人与商家、银行间存在两个相互独立的合同关系：一是消费者与商家订立的买卖合同关系，二是消费者与银行间的金融服务合同关系。

（2）收款人

在电子支付活动中收款人通常是卖方或商家。同样也存在两个相互独立的合同关系：一是与消费者的买卖合同关系，二是与银行的金融服务合同关系。

2. 电子支付服务提供者

在电子支付系统中，参与电子支付活动的电子支付服务提供者可能是金融机构，也可能是第三方支付服务提供者。

电子支付服务提供者可同时提供收付款业务，完成信用中介、支付中介和结算中介等方面的金融服务。

3. 电子认证机构

电子认证机构是电子支付法律活动中的重要支付主体。电子认证机构指为电子签名人和电子签名依赖方提供电子认证服务的第三方机构。电子认证服务机构为参与电子商务各方的各种认证要求提供证书服务，以确认支付各方的真实身份。它不仅要对进行电子交易的买卖双方负责，还要对整个电子商务交易秩序负责。

小提示

买卖双方有义务接受认证机构的监督管理。在我国，电子认证机构是企业法人，其设立和经营不仅应符合《中华人民共和国公司法》的有关规定，还应符合特殊行业的基本要求。

三、电子支付法律关系主体的权利和义务

在电子支付中，各方当事人依法享有权利和承担义务。不过，金融类产品和服务，不属于电子支付法律关系的调整范围。

1. 电子支付用户的权利与义务

（1）自主约定价款给付方式的权利

《电子商务法》第五十三条规定：“电子商务当事人可以约定采用电子支付方式支付价款。”

（2）信息核对的义务

《电子商务法》第五十五条规定：“用户在发出支付指令前，应当核对支付指令

所包含的金额、收款人等完整信息。”

（3）妥善保管信息义务

《电子商务法》第五十七条规定：“用户应当妥善保管交易密码、电子签名数据等安全工具。用户发现安全工具遗失、被盗用或者未经授权的支付，应当及时通知电子支付服务提供者。”

2. 电子支付服务提供者的义务

在电子支付法律关系中，电子支付服务提供者通过履行自身的义务来维护用户的权利。

（1）告知和信息提供义务

①电子支付服务提供者为电子商务提供电子支付服务，应当遵守国家规定，告知用户电子支付服务的功能、使用方法、注意事项、相关风险和收费标准等事项，不得附加不合理交易条件。电子支付服务提供者应当确保电子支付指令的完整性、一致性、可跟踪稽核且不可篡改。

②电子支付服务提供者应当向用户免费提供对账服务以及最近三年的交易记录。

③电子支付服务提供者完成电子支付后，应当及时准确地向用户提供符合约定方式的确认支付的信息。

（2）赔偿责任

①电子支付服务提供者提供不符合国家有关支付安全管理要求的电子支付服务，造成用户损失的，应当承担赔偿责任。

②支付指令发生错误的，电子支付服务提供者应当及时查找原因，并采取相关措施予以纠正。造成用户损失的，电子支付服务提供者应当承担赔偿责任，但能够证明支付错误非自身原因造成的除外。

③未经授权的支付造成的损失，由电子支付服务提供者承担；电子支付服务提供者能够证明未经授权的支付是因用户的过错造成的，不承担责任。

④电子支付服务提供者发现支付指令未经授权，或者收到用户支付指令未经授权的通知时，应当立即采取措施防止损失扩大。电子支付服务提供者未及时采取措施导致损失扩大的，对损失扩大部分承担责任。

3. 电子认证服务机构的权利和义务

（1）电子认证服务机构的权利

电子认证服务机构的权利包括如下特点。

①审查申请者资料的权利。如果申请人为个人的，审查的内容包括申请人的姓名、身份证号码、联系电话、通信地址、邮政编码、电子邮箱等资料；如果申请人是单位，除对具体的申请人审查上述材料外，还要审查单位的名称、主页地址、营业执照号、工商税号、单位地址、单位电子邮箱、单位所属行业类别、机构代码、电话、传真等。

②发放电子证书的权利。《电子认证服务管理办法》第二十八条规定：“电子签名认证书应当准确载明下列内容：

（一）签发电子签名认证证书的电子认证服务机构名称。

（二）证书持有人名称。

（三）证书序列号。

（四）证书有效期。

（五）证书持有人的电子签名验证数据。

（六）电子认证服务机构的电子签名。

（七）工业和信息化部规定的其他内容。”

③撤销电子证书的权利。《电子认证服务管理办法》第二十九条规定：“有下列情况之一的，电子认证服务机构可以撤销其签发的电子签名认证证书：

（一）证书持有人申请撤销证书。

（二）证书持有人提供的信息不真实。

（三）证书持有人没有履行双方合同规定的义务。

（四）证书的安全性不能得到保证。

（五）法律、行政法规定的其他情况。”

④收取费用的权利。根据《电子认证服务管理办法》的规定，电子认证服务机构是企业法人，所以，电子认证服务机构向申请人提供电子认证服务后，有权向申请人收取相关的费用。

（2）电子认证服务机构的义务

电子认证服务机构的义务包括以下五点。

①信息披露义务。认证机构基于其本身的公信力及其信用服务，应当向全社会公开其从业资格等重要信息。《电子认证服务管理办法》第十二条规定：“取得认证资格的电子认证服务机构，在提供电子认证服务之前，应当通过互联网公布下列信息：

（一）机构名称和法定代表人。

（二）机构住所和联系办法。

（三）《电子认证服务许可证》编号。

（四）发证机关和发证日期。

（五）《电子认证服务许可证》有效期的起止时间。”

②保密义务。认证机构在承担信息披露义务的同时，对用户重要的信息应该承担保密的义务，以维护用户的合法权益。

③使用可信赖系统的义务。

④担保的义务。

认证机构一旦将证书颁发给用户，就承担着担保证书所述内容真实、准确的义务。担保义务不仅针对证书持有人，还包括证书信赖人。

⑤妥善保管自身密钥的义务。

四、电子支付各方承担法律责任的方式

民事责任方式，指违反约定或者法定义务的行为人承担民事责任的具体方式。

可以用于电子支付的民事责任方式为：返还财产、恢复原状、赔偿损失、支付违约金以及《民法典》第一百一十一条规定的“要求履行或者采取补救措施”。在电子支付法律关系中，由于电子支付参与主体的不同，可以从银行、用户和认证机构或其他参与主体这三个方面进行具体分析。

1. 认证机构承担责任的方式

银行采用数字证书或电子签名方式进行客户身份认证和交易授权的，提倡由合法的第三方认证机构提供认证服务。如果客户因依据该认证服务进行交易遭受损失，认证服务机构不能证明自己无过错，应依法承担相应的责任。

认证机构承担法律责任的方式有以下几种。

（1）赔偿损失

由于认证机构的过错而导致用户蒙受损失的，应当在合理的范围内，由认证机构予以赔偿。

（2）继续履行职责

认证机构出现CA系统和设备问题（停机、终止、信息丢失等），而导致认证操作出现问题、发布失效信息或证书发布不完善的，认证机构在修复CA系统和设备后，应立即发布正确的、有效的、完整的认证证书，以正确履行其与用户之间的合同。

（3）采取相应的补救措施

如果认证机构出现管理漏洞、CA方密钥泄露、用户注册信息泄露等问题，应立即采取有效措施，及时更正、修补出现问题的环节，避免引起用户进一步的损失。

2. 用户方应承担法律责任的方式

（1）及时通知，防止损失扩大

当用户发现银行执行指令出现错误，或用户发现认证机构发布的用户信息错误，或证书不完善时，应立即中止交易，并通知银行或认证机构修改错误。

（2）终止不当行为，采取挽救措施

当用户密钥丢失或泄露，或用户发现所发出的指令或所提供的信息错误时，应及时通知接收银行或认证机构，以使接收银行或认证机构采取相应的防范措施，防止网络入侵、冒领等事件，或者避免其他参与主体因使用错误证书而蒙受损失。

（3）弥补相应的损失

电子支付用户，如果因自身的过错而造成其他各参与方损失的，诸如密钥或个人信息泄露、非法使用证书而产生的损失，应当在合理的范围内予以赔偿。

3. 电子银行承担相应民事责任的方式

（1）偿还余额，补足差额

如果接收银行到位的资金金额小于支付指示所载数量，则接收银行有义务补足差额；如果接收银行到位的资金金额大于支付指示所载数量，则接收银行有权依照法律提供的其他方式从收益人处得到偿还。

（2）返回本金，支付利息

如果原资本金划拨未能及时到位，或者到位资金未能及时通知网上交易客户，银行有义务返还客户资金，并按照原定利率返还利息。

（3）赔偿相关损失

对由于银行的过错而造成客户的相关损失，在应当预见的范围内予以赔偿。

【知识拓展】

电子银行的法律责任

1. 存在安全隐患以及违规操作的法律责任

金融机构在提供电子银行服务时，因电子银行系统存在安全隐患、金融机构内部违规操作和其他非客户错误而造成损失的，金融机构应当承担相应责任。

因客户有意泄露交易密码，或者未按照服务协议尽到应尽的安全防范与保密义务造成损失的，金融机构可以根据服务协议的约定免于承担相应的责任，但法律法规另有规定的除外。

2. 擅自开办与变更业务的法律责任

金融机构未经批准擅自开办电子银行业务，或者未经批准增加或变更需要审批的电子银行业务类型，造成客户损失的，金融机构应承担全部责任。法律法规明确规定应由客户承担的责任除外。

3. 协助处理义务的法律责任

金融机构已经按照有关法律法规和行政规章的要求，尽到了电子银行风险管理和安全管理的相应职责，但因其他金融机构或者其他金融机构的外包服务商失职等造成客户损失的，由其他金融机构承担相应责任，提供电子银行服务的金融机构有义务协助其客户处理有关事宜。

4. 较大安全隐患的处理的法律责任

金融机构开展电子银行业务违反审慎经营规则但尚不构成违法违规，并导致电子银行系统存在较大安全隐患的，中国银保监会将责令限期改正；逾期未改正或者其安全隐患在短时间内难以解决的，中国银保监会可以区别情形，采取下列措施：

（1）暂停批准增加新的电子银行业务类型。

（2）责令金融机构限制发展新的电子银行客户。

（3）责令调整电子银行管理部门负责人。

（来源：广东省地方金融监督管理局网站 http://gdjr.gd.gov.cn/zcfg/xljb/gz/content/post_1114176.html）

课后思考

1. 什么是电子支付？
2. 电子支付有什么特点？
3. 你知道哪些电子支付工具？
4. 什么是电子支付法律关系？
5. 电子货币发行会面临哪些问题？

项目六

知识产权保护的法律法规

【知识导航】

在电子商务经营者开展经营活动过程中，涉及知识产权的保护至关重要。对于平台经营者，需要时刻关注并打击侵犯知识产权活动，保护消费者的合法权益。对于平台内经营者，既要关注防止侵犯他人知识产权，也要监控是否存在第三方侵权的情形。知识产权就如同是武士的“矛”和“盾”，既能够进攻他人，又可以保护自身。

【知识结构】

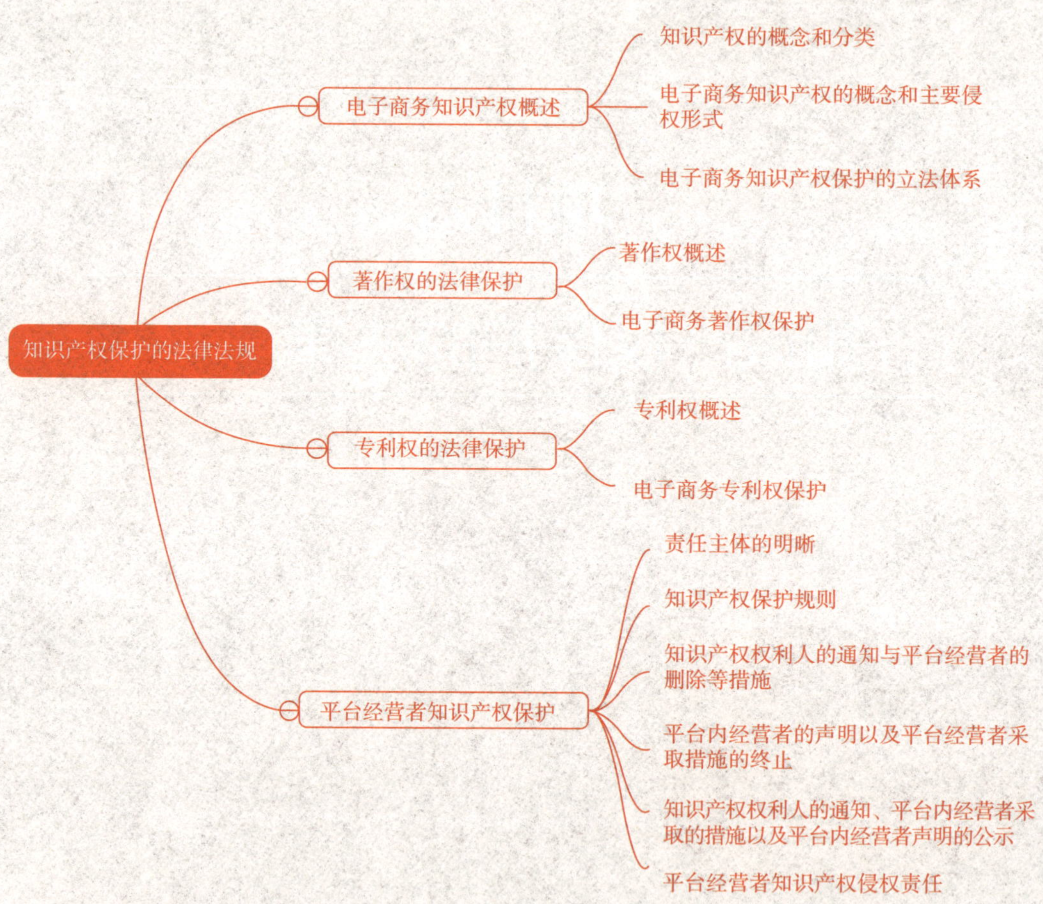

【学习目标】

◆ 知识目标

1. 了解知识产权的概念和分类，掌握电子商务知识产权的概念、主要侵权形式和电子商务知识产权保护的立法体系。

2. 了解著作权的基本知识，掌握电子商务著作权的保护。

3. 了解专利权的基本知识，掌握电子商务专利权的保护。

4. 了解电子商务经营者的定义和类型，掌握电子商务平台经营者的知识产权保护制度。

◆ **能力目标**

1. 能够区分著作权和专利权。

2. 能够正确保护知识产权。

◆ **素养目标**

通过本项目的学习，了解知识产权保护的法律法规的基本知识，增强法治观念，学会尊重他人知识产权和保护自身合法权益。

单元一 电子商务知识产权概述

电子商务具有广域性、即时性、虚拟性，容易滋生知识产权侵权行为，网络不是知识产权侵权的法外之地，对电子商务中知识产权侵权行为应“零容忍”，强化电子商务领域知识产权保护刻不容缓。

知识产权的概念和分类

一、知识产权的概念和分类

1. 知识产权的概念

知识产权，又称为智力成果权，指自然人、法人或非法人组织对其在科学技术和文学艺术等领域内，主要基于脑力劳动创造完成的智力成果所依法享有的专有权利。在英文中，知识财产与知识产权在某些情况下可互换使用，它既指有商业价值的智力创造产品（知识财产），也指法律赋予的，保护这些智力创造的权利（知识产权）。

知识产权是基于人类的智力成果而产生的法定权利，是有别于通常财产权的特殊私有权，是民事权利的重要组成部分。知识产权具有专有性、法定性、地域性、时间性等特征。

2. 知识产权的分类

如前所述，世界各国和各国际组织传统上将知识产权分为著作权和工业产权两大类。知识产权包含了新的设想、独创性的表现形式、具有显著性的名称和产品与众不同且富有价值的外观。

（1）著作权

著作权又称为版权，是作者因其文学、艺术和科学作品而产生的权利。著作权是一个广义的概念，包括著作权和邻接权（又称为相关权）。著作权包括文学、艺术和科学作品，如小说、诗歌和戏剧、电影、音乐作品、艺术作品（诸如绘图、绘画、摄影、雕塑及建筑设计）的作者对其所创作的作品所享有的专有权利。邻接权包括表演艺术家对其表演的权利、录音制品制作者对其录音制品的权利以及广播电视组织对其广播和电视节目的权利。

（2）工业产权

工业产权指除著作权之外的知识产权，传统上包括专利权和商标权。1979 年修正的《保护工业产权的巴黎公约》第一条第二款规定："工业产权的保护对象有专利、实用新型、外观设计、商标、服务标记、厂商名称、产地标记或原产地名称和制止不正当竞争。"为了进一步明确工业产权的保护对象的范围，该条第三款规定："对工业产权应作最广义的理解，不仅应适用于工业和商业本身，而且也应同样适用于农业和采掘业，适用于一切制成品或天然产品，例如：酒类、谷物、烟叶、水果、牲畜、矿产品、矿泉水、啤酒、花卉和谷类的粉。"由此可见，《保护工业产权的巴黎公约》对工业产权的保护范围是十分广泛的。

二、电子商务知识产权的概念和主要侵权形式

1. 电子商务知识产权的定义

由于计算机网络技术和数字技术的广泛应用，产生了电子商务这种商业模式。电子商务全方位地满足了人们的社会交往、购物、学习、消费、医疗等各种需求。电子商务为人们带来谈判、签约、订购商品等便利的同时，也必然带来知识产权问题。例如，在著作权领域，Internet 技术对著作权保护的客体、著作权权利内涵提出的新挑战；在专利领域，专利发明的性质在网络时代发生了巨大变化，Internet 上专利的电子申请方式成为新的法律问题；在商标领域，"Internet" 中的 "域名" 和商标的关系，国际上商标和 "域名" 的保护和侵权等。一方面，知识产权权利人非常关心其知识产权有没有被侵犯；另一方面，知识产权的受让人、使用人也迫切地想了解其获得的知识产权是否可靠，是否构成侵权。

电子商务知识产权主要是指网络环境下的知识产权，即网络知识产权，就是由数字网络发展引起的或与其相关的各种知识产权。在传统概念中，著作权包括版权和邻接权，工业产权包括专利、商标等。而网络知识产权除了传统知识产权的内涵外，还包括数据库、计算机软件、多媒体、网络域名、数字化作品、电子版权等，外延扩大了很多。

网络信息资源量大、数字化、网络化、更新快等特征决定了网络知识产权具有与传统知识产权完全不同的特点。知识产权突出的特点之一就是它的 "专有性"，而网络上的信息则是公开的、公用的，很难受到严格的控制。"地域性" 是知识产权的又一特点，而网络传输的特点则是 "无国界性"。

2. 电子商务领域知识产权侵权的主要形式

电子商务领域知识产权侵权的形式主要有以下五种。

（1）商标侵权

商标侵权即商标侵权行为，是指行为人未经商标权人许可，在相同或类似商品上使用与其注册商标相同或近似的商标，或者其他干涉、妨碍商标权人使用其注册商标，损害商标权人合法权益的行为。商标侵权是电子商务领域知识产权侵权的主要形式，包括：①未经商标注册人的许可，在同一种商品或者类似商品上使用与其注册商标相同或者近似的商标的；②销售侵犯注册商标专用权的商品的；③伪造、擅自制造他人注册商标标识或者销售伪造、擅自制造的注册商标标识的；④未经商标注册人同意，更换其注册商标并将该更换商标的商品又投入市场的。

（2）品牌侵权

品牌是给拥有者带来溢价、产生增值的一种无形资产。品牌的载体是用于与其他竞争者的产品或劳务相区分的名称、术语、象征、记号或者设计及其组合；增值的源泉来自消费者心目中形成的关于其载体的印象。品牌侵权突出表现在仿冒、损害品牌形象等方面。

（3）著作权侵权

著作权侵权是指一切违反著作权法，侵害著作权人享有的著作人身权、著作财产权等的行为。在电子商务活动中，著作权侵权有多种表现形式，包括：①未经许可将他人作品上传到互联网上，供互联网用户下载或浏览；②冒用作者姓名或篡改作品许可使用的条件；③擅自使用未经许可授权的广告图片和广告语；④电子商务平台销售盗版图书；⑤为互联网上非法复制、发行作品提供辅助性服务的行为。

（4）版权侵权

版权侵权主要是侵犯版权人的财产权利，如未经版权人同意，擅自以发行、复制、出租、展览、广播、表演等形式利用版权人的作品，传播作品，或者使用作品而不支付版权费等。网络版权侵权有多种表现形式，包括：①未经允许网站间相互转载版权作品；②非法破解技术措施的解密行为，使得保护版权的技术屏障失去作用；③企业从不同商务网站间的链接标志、链接行为、链接内容中获取经济利益也是版权侵权行为，会使相关企业受到经济损失。

（5）专利侵权

专利权是专利人利用其发明创造的独占权利。专利侵权是指未经专利权人许可，以生产经营为目的，实施了依法受保护的有效专利的违法行为。在电子商务中突出表现为企业未经权利人准许或授权，以电子商务方式销售其他企业的实用新型、外观设计产品，销售冒充专利技术、专利设计的产品。

三、电子商务知识产权保护的立法体系

1. 国际保护上电子商务知识产权的法律保护

知识产权法是高度国际化的法律体系，各国国内法对知识产权的规定几乎都是对知识产权国际公约的纳入或转化，因此国际公约是知识产权法的最重要渊源。

由世界知识产权组织（WIPO）管理的主要国际公约或条约有：《保护文学和

艺术作品的伯尔尼公约》《保护表演者、音像制品制作者和广播组织的罗马公约》《WIPO 版权条约》《WIPO 表演和录音制品条约》《保护工业产权的巴黎公约》《商标国际注册的马德里协定》《商标法条约》《专利合作条约》等。此外，由联合国教科文组织管理的《世界版权公约》也是著作权保护的重要国际公约。《TRIPS 协定》是目前世界范围内涉及范围最广、保护水平最高、制约力最强的知识产权国际公约，它为全体成员方规定了知识产权保护的最低标准，同时扩大了知识产权保护的范围。由于《TRIPS 协定》对所有 WTO 成员均具约束力，而且各成员必须对本区域内法加以调整以保证其区域内法符合《TRIPS 协定》规定的内容，因此该协定加速了知识产权国际保护统一化的进程。

在地区性国际条约中，欧共体和欧盟的各项指令为电子商务环境中知识产权的保护提供了重要的法律依据。以著作权法为例，欧共体和欧盟相继公布了《关于半导体产品布图法律保护的指令》《关于计算机程序法律保护的指令》《关于协调版权和相关权利适用于卫星广播和有线转播某些规则的指令》《关于数据库法律保护的指令》《关于协调信息社会中版权和相关权若干方面的指令》《关于保护原创艺术作品作者利益的转授权的指令》《关于知识产权执法的指令》等。

2. 我国电子商务知识产权保护的立法体系

我国知识产权法律制度初创于 20 世纪 80 年代，是在不断借鉴国际公约和其他国家在知识产权保护立法方面的先进经验的基础上建立起来的。我国针对知识产权保护的法律体系由《中华人民共和国宪法》、专门法律、行政法规、部门规章和地方性法规等几个部分组成。其中，专门法律主要包括《中华人民共和国商标法》《专利法》《著作权法》《反不正当竞争法》等。专门行政法规包括《商标法实施条例》《专利法实施细则》《著作权法实施条例》《知识产权海关保护条例》《计算机软件保护条例》《集成电路布图设计保护条例》等。专门行政规章包括《驰名商标认定和保护规定》《集体商标、证明商标注册和管理办法》《专利实施强制许可办法》等。此外，我国的《民法典》《刑法》《电子商务法》以及最高人民法院和最高人民检察院发布的有关司法解释中也包括了知识产权保护的专门规定。因此，我国已经建立了比较健全的知识产权保护法律体系，并得到了世界各国及国际组织的普遍认可。

单元二　著作权的法律保护

著作权是指法律赋予文学艺术、科学作品的作者对其创作的作品所享有的专有权利。著作权属于知识产权的范畴，随着网络科学技术的进步与发展，音像制品、计算机软件、信息网络传播、数据库等均属其保护对象。

一、著作权概述

1. 著作权法的概念

著作权法是指调整在著作权的产生、使用、保护过程中发生的各种社会关系的法律规范的总称。

我国的著作权法法律规范主要包括:《著作权法》《中华人民共和国著作权法实施条例》《著作权集体管理条例》《计算机软件保护条例》《信息网络传播权保护条例》《保护文学和艺术作品伯尔尼公约》《世界知识产权组织版权条约》《关于审理涉及计算机网络著作权纠纷案件适用法律若干问题的解释》《互联网著作权行政保护办法》。

2. 著作权的客体

《著作权法》保护的对象是作品。

根据我国《著作权法》第三条规定:"本法所称的作品，是指文学、艺术和科学领域内，具有独创性并能以某种有形形式复制的智力成果。

(一)文字作品;

(二)口述作品;

(三)音乐、戏剧、曲艺、舞蹈、杂技艺术作品;

(四)美术、建筑作品;

(五)摄影作品;

(六)电影作品和以类似摄制电影的方法创作的作品;

(七)工程设计图、产品设计图、地图、示意图等图形作品和模型作品;

(八)计算机软件;

(九)符合作品特征的其他智力成果。"

以上所述作品，利用数字化技术，将传统媒介上的作品原样移植到数字化媒介中，如将文章输入计算机中，将绘画、图纸等扫描到计算机中。这些作品被数字化后，并未改变作品的内容，改变的只是作品的存在形式。因此，数字化过程本身并不具有创造性，不产生新的作品，数字化作品的著作权仍由原作品的著作权人享有。

除了以上作品的数字化形式，还有凭借或者通过计算机完成的作品，即网络作品。根据最高人民法院《关于审理涉及计算机网络著作权纠纷案件适用法律若干问题的解释》第二条的规定，网络作品只要符合著作权法对作品的要求，即独创性、可复制性、合法性并且属于文学、艺术或科学领域，即著作权的保护对象。

3. 著作权的内容

《著作权法》第十条规定:"著作权包括下列人身权和财产权:

(一)发表权，即决定作品是否公之于众的权利;

（二）署名权，即表明作者身份，在作品上署名的权利；

（三）修改权，即修改或者授权他人修改作品的权利；

（四）保护作品完整权，即保护作品不受歪曲、篡改的权利；

（五）复制权，即以印刷、复印、拓印、录音、录像、翻录、翻拍等方式将作品制作一份或者多份的权利；

（六）发行权，即以出售或者赠予方式向公众提供作品的原件或者复制件的权利；

（七）出租权，即有偿许可他人临时使用视听作品、计算机软件的原件或者复制件的权利，计算机软件不是出租的主要标的除外；

（八）展览权，即公开陈列美术作品、摄影作品的原件或者复制件的权利；

（九）表演权，即公开表演作品，以及用各种手段公开播送作品的表演的权利；

（十）放映权，即通过放映机、幻灯机等技术设备公开再现美术、摄影、电影和以类似摄制电影的方法创作的作品等的权利；

（十一）广播权，即以有线或者无线方式公开广播或者传播作品，以及通过扩音器或者其他传送符号、声音、图像的类似工具向公众传播广播的作品的权利，但不包括本款第十二项规定的权利；

（十二）信息网络传播权，即以有线或者无线方式向公众提供作品，使公众可以在其个人选定的时间和地点获得作品的权利；

（十三）摄制权，即以摄制视听作品的方法将作品固定在载体上的权利；

（十四）改编权，即改编作品，创作出具有独创性的新作品的权利；

（十五）翻译权，即将作品从一种语言文字转换成另一种语言文字的权利；

（十六）汇编权，即将作品或者作品的片段通过选择或者编排，汇集成新作品的权利；

（十七）应当由著作权人享有的其他权利。”

4. 著作权的保护期

《著作权法》第二十二条规定：“作者的署名权、修改权、保护作品完整权的保护期不受限制。”第二十三条规定：“自然人的作品，其发表权、本法第十条第一款第五项至第十七项规定的权利的保护期为作者终生及其死亡后五十年，截止于作者死亡后第五十年的 12 月 31 日；如果是合作作品，截止于最后死亡的作者死亡后第五十年的 12 月 31 日。

法人或者非法人组织的作品、著作权（署名权除外）由法人或者非法人组织享有的职务作品，其发表权的保护期为五十年，截止于作品创作完成后第五十年的 12 月 31 日；本法第十条第一款第五项至第十七项规定的权利的保护期为五十年，截止于作品首次发表后第五十年的 12 月 31 日，但作品自创作完成后五十年内未发表的，本法不再保护。

视听作品，其发表权的保护期为五十年，截止于作品创作完成后第五十年的 12 月 31 日；本法第十条第一款第五项至第十七项规定的权利的保护期为五十年，截止于作品首次发表后第五十年的 12 月 31 日，但作品自创作完成后五十年内未发表的，本法不再保护。”

5. 著作权的限制

（1）网络著作权的合理使用，是指在法律规定的情形下，任何人可以依法自由使用享有著作权的作品，而不必征得著作权人的同意，也不必向其支付使用报酬的法律制度。《著作权法》第二十四条规定："在下列情况下使用作品，可以不经著作权人许可，不向其支付报酬，但应当指明作者姓名、作品名称，并且不得影响该作品正常使用，也不得不合理地损害著作权人的合法权益：

（一）为个人学习、研究或者欣赏，使用他人已经发表的作品；

（二）为介绍、评论某一作品或者说明某一问题，在作品中适当引用他人已经发表的作品；

（三）为报道时事新闻，在报纸、期刊、广播电台、电视台等媒体中不可避免地再现或者引用已经发表的作品；

（四）报纸、期刊、广播电台、电视台等媒体刊登或者播放其他报纸、期刊、广播电台、电视台等媒体已经发表的关于政治、经济、宗教问题的时事性文章，但作者声明不许刊登、播放的除外；

（五）报纸、期刊、广播电台、电视台等媒体刊登或者播放在公众集会上发表的讲话，但作者声明不许刊登、播放的除外；

（六）为学校课堂教学或者科学研究，翻译、改编、汇编、播放或者少量复制已经发表的作品，供教学或者科研人员使用，但不得出版发行；

（七）国家机关为执行公务在合理范围内使用已经发表的作品；

（八）图书馆、档案馆、纪念馆、博物馆、美术馆等为陈列或者保存版本的需要，复制本馆收藏的作品；

（九）免费表演已经发表的作品，该表演未向公众收取费用，也未向表演者支付报酬，且不以营利为目的；

（十）对设置或者陈列在室外公共场所的艺术作品进行临摹、绘画、摄影、录像；

（十一）将中国公民、法人或者其他非法人组织已经发表的以国家通用汉语言文字创作的作品翻译成少数民族语言文字作品在国内出版发行；

（十二）以阅读障碍者能够感知的无障碍方式向其提供已经发表的作品；

（十三）法律、行政法规规定的其他情形。"

（2）著作权的法定许可，是指依法规定，使用者在利用他人已经发表的作品时，可以不经著作权人的许可，但应向其支付报酬的制度。

《著作权法》第三十五条规定："作品刊登后，除著作权人声明不得转载、摘编的外，其他报刊可以转载或者作为文摘、资料刊登，但应当按照规定向著作权人支付报酬。"

《信息网络传播权保护条例》第六条规定："通过信息网络提供他人作品，属于下列情形的，可以不经著作权人许可，不向其支付报酬：

（一）为介绍、评论某一作品或者说明某一问题，在向公众提供的作品中适当引用已经发表的作品；

（二）为报道时事新闻，在向公众提供的作品中不可避免地再现或者引用已经发表的作品；

（三）为学校课堂教学或者科学研究，向少数教学、科研人员提供少量已经发表的作品；

（四）国家机关为执行公务，在合理范围内向公众提供已经发表的作品；

（五）将中国公民、法人或者其他组织已经发表的、以汉语言文字创作的作品翻译成的少数民族语言文字作品，向中国境内少数民族提供；

（六）不以营利为目的，以盲人能够感知的独特方式向盲人提供已经发表的文字作品；

（七）向公众提供在信息网络上已经发表的关于政治、经济问题的时事性文章；

（八）向公众提供在公众集会上发表的讲话。”

第七条规定：“图书馆、档案馆、纪念馆、博物馆、美术馆等可以不经著作权人许可，通过信息网络向本馆馆舍内服务对象提供本馆收藏的合法出版的数字作品和依法为陈列或者保存版本的需要以数字化形式复制的作品，不向其支付报酬，但不得直接或者间接获得经济利益。当事人另有约定的除外。”

第八条规定：“为通过信息网络实施九年制义务教育或者国家教育规划，可以不经著作权人许可，使用其已经发表作品的片段或者短小的文字作品、音乐作品或者单幅的美术作品、摄影作品制作课件，由制作课件或者依法取得课件的远程教育机构通过信息网络向注册学生提供，但应当向著作权人支付报酬。”

思政课堂

法律的权威源自人民内心拥护和真诚信仰。人民权益要靠法律保障，法律权威要靠人民维护。必须弘扬社会主义法治精神，建设社会主义法治文化，增强全社会厉行法治积极性和主动性，形成守法光荣、违法可耻社会氛围，使全体人民都成为社会主义法治的忠实崇尚者、自觉遵守者、坚定捍卫者。青年学生更要信仰法治，努力把法治精神、法治观念熔铸到头脑中，形成办事依法、遇事找法、解决问题用法、化解矛盾靠法的自觉习惯。

二、电子商务著作权保护

1. 网络作品享有著作权

著作权保护的对象是作品。传统意义上的作品是以文字为主要表现形式，而在网络时代，大量的作品凭借或者通过计算机网络完成，即网络作品。网络作品通过计算机技术使其数字化，无论是文学作品，还是影视、音乐作品，在互联网中都可以作为信息流通，但作品数字化只是作品的新的表现形式，并不能改变作者对其创作的作品享有的著作权。因此，以各种形式表现出来的网络作品可以依照《著作权法》的规定享有著作权。

2. 作品享有网络传播权

按照《著作权法》的规定，作者对其作品享有信息网络传播权。在网络环境下，作者享有将其作品通过网络进行传播并获取收益的权利，享有禁止他人未经其许可而将其作品利用网络进行传播、侵害其著作权的行为，任何人未经许可将他人的作品上网传播，是对著作权人合法权益的侵犯。

3. 网上作品的侵权形式

网络给作品提供了短时间内迅速、大范围传播的途径，也为作品侵权提供了巨大的空间。网络作品的著作权所有人最担心的是作品未经其许可被自由下载，并得不到任何报酬。作品一旦上网，著作权所有人很难控制作品的非法下载。作者能控制作品首次进入数据库并得到应有的报酬，但如果有人将作品再次在网上公开，就可能被人任意下载，令著作权所有人对作品完全失去控制，而网络作品又是在全球范围内传播的，所以对著作权所有人造成的损失有可能是巨大的。

网上作品的侵权行为主要有以下几种表现形式。

（1）利用他人享有著作权的作品在网上盈利。

（2）利用电子公告板。互联网上有许多分类专题供大家自由上传文字、图片、游戏、音乐等内容的电子公告板，人们可以从公告板上下载自己喜欢的内容。侵权者将作品上传到网站的电子公告板上，是一种侵权行为。

（3）利用电子邮件传播受《著作权法》保护的作品。互联网提供了一种高效快捷的通信工具，用电子邮件给一个人发邮件和向一万个人发邮件在时间上和操作上是完全一样的。例如，有些音乐迷和体育迷的团体，利用互联网互相传递交换热门的音乐和体育图片、游戏等软件；有人利用他人的作品建立起数据库，其他人可以利用网上的 FTR（文件传输协议）文件传输功能，从数据库中取走作品文件。

（4）建立个人网站公开发布他人享有著作权的作品。有些计算机发烧友和流行音乐迷热衷于建立专门供人下载和交换的热门软件或时下流行歌曲的“酷站”，以在“同行”圈子中显示资源的丰富，由于这类团体中的人数众多，使著作权人的损失很大。

4. 计算机软件的保护

计算机软件是指计算机程序及其有关文档。它是人类脑力劳动的智力成果，既具有极高的社会价值和经济价值，又具有易复制、易改编的特点，往往成为不法人员盗版和篡改利用的对象。我国《著作权法》将计算机软件列入《著作权法》保护的作品范围，同时鉴于计算机软件的特殊性，《著作权法》明确规定计算机软件的保护办法由国务院另行规定。据此，国务院发布计算机软件法律保护的基本依据是《计算机软件保护条例》。

计算机软件著作权归属于软件的开发者。计算机软件著作权保护期限为25年，截止于软件首次发表后第25年的12月31日。

计算机软件著作权的侵权行为及法律责任如下。

《计算机软件保护条例》第二十三条规定："除《中华人民共和国著作权法》或者本条例另有规定外，有下列侵权行为的，应当根据情况，承担停止侵害、消除影响、赔礼道歉、赔偿损失等民事责任：

（一）未经软件著作权人许可，发表或者登记其软件的；

（二）将他人软件作为自己的软件发表或者登记的；

（三）未经合作者许可，将与他人合作开发的软件作为自己单独完成的软件发表或者登记的；

（四）在他人软件上署名或者更改他人软件上的署名的；

（五）未经软件著作权人许可，修改、翻译其软件的；

（六）其他侵犯软件著作权的行为。"

第二十四条规定："除《中华人民共和国著作权法》、本条例或者其他法律、行政法规另有规定外，未经软件著作权人许可，有下列侵权行为的，应当根据情况，承担停止侵害、消除影响、赔礼道歉、赔偿损失等民事责任；同时损害社会公共利益的，由著作权行政管理部门责令停止侵权行为，没收违法所得，没收、销毁侵权复制品，可以并处罚款；情节严重的，著作权行政管理部门可以没收主要用于制作侵权复制品的材料、工具、设备等；触犯刑律的，依照刑法关于侵犯著作权罪、销售侵权复制品罪的规定，依法追究刑事责任：

（一）复制或者部分复制著作权人的软件的；

（二）向公众发行、出租、通过信息网络传播著作权人的软件的；

（三）故意避开或者破坏著作权人为保护其软件著作权而采取的技术措施的；

（四）故意删除或者改变软件权利管理电子信息的；

（五）转让或者许可他人行使著作权人的软件著作权的。

有前款第（一）项或者第（二）项行为的，可以并处每件100元或者货值金额5倍以下的罚款；有前款第（三）项、第（四）项或者第（五）项行为的，可以并处20万元以下的罚款。"

5. 数据库的保护

数据库是按照现代化检索形式组织并存储于计算机中的独立作品、数据或者其他材料的有序集合。数据库是电子商务的重要基础，从查询、采购、产品展示、订购到销售、储运等所有网上贸易活动都离不开数据库的支持，因此与数据库相关的知识产权保护问题也日益突出。

根据《保护文学和艺术作品伯尔尼公约》《与贸易有关的知识产权协议》《世界知识产权组织版权条约》的规定，数据库应当纳入《著作权法》的保护范围，但由于其保护范围狭小而显得十分脆弱。数据库的法律保护问题正随着互联网技术和电子商务的发展而变得十分重要。

数据库的知识产权保护在我国尚处于有待发展的阶段。我国现行《著作权法》并未明确将数据库列入著作权保护的客体。仅在《著作权法》第十五条规定："汇编若干作品、作品的片段或者不构成作品的数据或其他材料，对其内容的选择或者编排体现独创性的作品，为汇编作品，其著作权由汇编人享有，但行使著作权时，不得侵犯原作品的著作权。"因我国是《伯尔尼公约》成员国、世界贸易组织成员方、WCT缔约国，所以我国《著作权法》第十四条的规定与以上3个国际条约中关于"汇编"的规定是一致的，即体现独创性的数据库是作为汇编作品而受到《著作权法》的保护。

小提示

以著作权法保护数据库还存在许多困难和不足如下。

（1）保护范围仅限于独创性数据库，大量数据库由于其缺乏独创性而排除在著作权保护体系之外。

（2）《著作权法》只保护结构，不保护内容。对数据库的保护只是其作为汇编作品的整体，而不延及数据库的作品、信息、数据等，数据库内容就有可能在未经授权情况下通过电子方法被提取重新编排，进而产生一个内容相同的数据库而又没有侵犯原数据库的著作权。

总之，我国对数据库的保护尚未有一个系统、完整的方法。

单元三　专利权的法律保护

专利法是调整因确认和保护发明创造的专有权，以及在利用专有的发明创造过程中而产生的社会关系的法律规范的总称。

一、专利权概述

专利权的定义及特征

1. 专利权的定义

专利权是指政府有关部门向发明人授予的在一定期限内生产、销售或以其他方式使用发明的排他权利。专利分为发明、实用新型和外观设计三种。

2. 专利权的特征

专利权是一种无形财产。与有形财产相比，它有其独特的特点。

（1）专有性

专有性，也称独占性，指专利权人对其发明创造所享有的独占性的制造、使用、销售和进口的权利。也就是说，其他任何单位或个人未经专利权人许可不得进行为生产经营目的的制造、使用、销售和进口其专利产品，使用其专利方法，或者未经专利权人许可为生产经营目的的制造、使用、销售和进口依照其方法直接获得的产品。

否则，就是侵犯了专利权。

（2）地域性

地域性指一个国家依照其本国专利法授予的专利权，仅在该国法律管辖的范围内有效，对其他国家没有任何约束力，外国对其专利权不承担保护的义务。如果一项发明创造只在我国取得专利权，那么专利权人只在我国享有专有权或独占权。如果有人在其他国家和地区生产，使用或销售该发明创造，则不属于侵权行为。因此，明确专利权的地域性特点是很有意义的，这样，我国的单位或个人如果研制出有国际市场前景的发明创造，就不仅应及时申请国内专利，还应不失时机地在拥有良好市场前景的其他国家和地区申请专利，否则国外的市场就得不到保护。

（3）时间性

所谓时间性，指专利权人对其发明创造所拥有的专有权只在法律规定的时间内有效，期限届满后，专利权人对其发明创造就不再享有制造、使用、销售和进口的专有权。这样，原来受法律保护的发明创造就成了社会的公共财富，任何单位或个人都可以无偿地使用。

对于专利权的期限，各国专利法都有明确的规定，对发明专利权的保护期限自申请日起计算一般在 10~20 年不等；对于实用新型和外观设计专利权的期限，大部分国家规定为 5~10 年，我国现行专利法规定的发明专利、实用新型专利以及外观设计专利的保护期限自申请日起分别为 20 年、10 年和 10 年。

3. 专利权的内容

（1）专利权人的权利

①独占实施权。独占实施权包括两个方面。

a. 专利权人自己实施其专利的权利，即专利权人对其专利产品依法享有的进行制造、使用、销售、允许销售的专有权利，或者专利权人对其专利方法依法享有的专有使用权以及对依照该专利方法直接获得的产品的专有使用权和销售权。

b. 专利权人禁止他人实施其专利的特权。除《专利法》另有规定的以外，发明和实用新型专利权人有权禁止任何单位或者个人未经其许可实施其专利，即为生产经营目的制造、使用、销售、允许销售、进口其专利产品，或者使用其专利方法以及使用、销售、允许销售、进口依照该专利方法直接获得的产品；外观设计专利权人有权禁止任何单位或者个人未经其许可实施其专利，即为生产经营目的制造、销售、进口其外观设计专利产品。

②转让权。转让权是指专利权人将其获得的专利所有权转让给他人的权利。转让专利权的，当事人应当订立书面合同，并向国务院专利行政部门登记，由国务院专利行政部门予以公告。专利权的转让自登记之日起生效。中国单位或者个人向外国人转让专利权的，必须报国务院有关主管部门批准。

③许可实施权。许可实施权是指专利权人通过实施许可合同的方式，许可他人实施其专利并收取专利使用费的权利。

④标记权。标记权是指专利权人有权自行决定是否在其专利产品或者该产品的包装上标明专利标记和专利号。

⑤请求保护权。请求保护权是指当专利权人认为其专利权受到侵犯时，有权向人民法院起诉或请求专利管理部门处理以保护其专利权的权利。保护专利权是专利制度的核心，他人未经专利权人许可而实施其专利，侵犯专利权并引起纠纷的，专利权人可以直接向人民法院起诉，也可以请求管理专利工作的部门处理。

⑥放弃权。专利权人可以在专利权保护期限届满前的任何时候，以书面形式声明或以不缴纳年费的方式自动放弃其专利权。《专利法》规定："专利权人以书面声明放弃其专利权的，专利权在期限届满前终止的，由国务院专利行政部门登记和公告。"专利权人提出放弃专利权声明后，一经国务院专利行政部门登记和公告，其专利权即可终止。

小提示

放弃专利权时需要注意以下两点。

（1）在专利权由两个以上单位或个人共有时，必须经全体专利权人同意才能放弃。

（2）专利权人在已经与他人签订了专利实施许可合同许可他人实施其专利的情况下，放弃专利权时应当事先得到被许可人的同意，并且要根据合同的约定，赔偿被许可人由此造成的损失，否则专利权人不得随意放弃专利权。

⑦质押权。根据担保法，专利权人还享有将其专利权中的财产权进行出质的权利。

（2）专利权人的义务

依据《专利法》和相关国际条约的规定，专利权人应履行的义务包括如下两点。

①按规定缴纳专利年费的义务。专利年费又叫专利维持费。《专利法》规定，专利权人应当自被授予专利权的当年开始交纳年费。

②不得滥用专利权的义务。不得滥用专利权是指专利权人应当在法律所允许的范围内选择其利用专利权的方式并适度行使自己的权利，不得损害他人的知识产权和其他合法权益。

4. 专利权的保护期限、终止和无效宣告

（1）专利权保护期限

根据 1992 年 12 月 31 日以前的专利申请获得的专利权，发明专利权的保护期限为 15 年；实用新型专利权和外观设计专利权的保护期限为 5 年，期满前专利权人可申请续展 3 年。根据 1993 年 1 月 1 日以后的专利申请所获得的专利权，发明专利权的保护期限为 20 年；实用新型专利权和外观设计专利权的保护期限均为 10 年。

保护期限均自申请日起计算。此处所指的“申请日”，不包括优先权日。对于享有优先权的专利申请，其专利权的保护期限不是自优先权日起计算，而是自专利申请人向专利行政部门提交专利申请之日起计算。

（2）专利权的终止

专利权终止，是指专利权因某种法律事实的发生而导致其效力消灭的情形。专利权的终止有两种情形。

①因保护期限届满而终止，即专利因其保护期限届满而终止其效力。

②专利权在保护期限届满前终止。

在专利权保护期限届满前，专利权人以书面形式向国务院专利行政部门声明放弃专利权，《专利法》规定，专利权人以书面形式声明放弃专利权的，专利权在期限届满前终止；在专利权的保护期限内，专利权人没有按照法律的规定交纳年费，《专利法》规定，没有按照法律规定交纳年费的，专利权在期限届满前终止。

专利权在期限届满前终止的，由国务院专利行政部门在专利登记簿和专利公报上登记和公告。专利权终止日应为上一年度期满日。

（3）专利权的无效宣告

专利权无效宣告，是指自国务院专利行政部门公告授予专利权之日起，任何单位或个人认为该专利的授予不符合《专利法》规定条件的，可以向专利复审委员会提出宣告该专利无效的请求。专利复审委员会应对这种请求进行审查，作出维持专利权或宣告专利权无效的决定。

根据《专利法》及其实施细则的规定，请求宣告专利权无效的理由有如下几种。

①授予专利权的发明创造属于《专利法》第五条的规定，即违反国家法律、社会公德或者妨害公共利益。

②授予专利权的发明或者实用新型不具备《专利法》第二十二条关于新颖性、创造性和实用性的规定；授予专利权的外观设计不具备《专利法》第二十三条关于新颖性的规定。

③授予专利权的发明或者实用新型不符合《专利法》第二十六条第三款或者第四款的规定，即专利说明书没有作出清楚完整的说明致使所属技术领域的普通技术人员不能实施或者权利要求书得不到说明书的支持。

④发明或者实用新型专利申请文件的修改超出了原说明书和权利要求书记载的范围，外观设计专利申请文件的修改超出了原图片或者照片表示的范围。

⑤授予专利权的发明或者实用新型属于《专利法》第二十五条规定的不授予专利权的对象。

⑥授予专利权的发明创造不符合《中华人民共和国专利法实施细则》第二条对发明、实用新型或者外观设计所作的定义性规定。

⑦授予专利权的发明创造不符合《中华人民共和国专利法实施细则》第十二条第一款规定，就同样的发明创造只能授予一项授权。

⑧申请人主体不合格。

专利权无效宣告的程序包括以下三个方面。

①宣告专利权无效的请求时间及准则。自国家专利行政部门公告授予专利权之日起就可以提出宣告专利权无效的请求。实际上自授予专利权之日起之后的整个有效期内的任何时间，还包括专利权人放弃专利权之后或者专利权有效期终了之后都可以提出宣告专利权无效请求。

根据《中华人民共和国专利法实施细则》的规定请求宣告专利权无效应当向专利复审委员会提交无效宣告请求书，说明理由和提供必要的证明材料，所有提交的文件都必须一式两份，并且交纳请求的费用。

②请求宣告专利权无效的当事人。请求宣告专利权无效的当事人即请求人和被请求人。对于请求人，《专利法》规定得比较广泛，即任何单位或者个人都可以提出无效宣告请求。被请求人是专利权人，严格说来应当是专利登记簿上的专利权人，因为专利权可以转让，应以登记簿上最后的专利权人作为被请求人。

③宣告专利权无效案件的审理。专利复审委员会收到宣告专利权无效的请求书（包括请求的理由、范围和证据）之后，便进入审查阶段，审理过程包括形式审查、合议审理和作出决定三个阶段。

a. 形式审查主要是对提出无效宣告请求的有效性进行审查。经过审查，对于符合条件的无效宣告请求应予受理并发出受理通知书；无效宣告请求书需要补正或陈述意见的，请求人应限期补正或陈述意见；逾期不补正或陈述意见之后仍然不符合要求的，专利复审委员会将不予受理并发出不予受理的通知书。

b. 合议审理是在形式审查合格的基础上，专利复审委员会指定成立合议组对案件进行审理，合议组可根据案件实际情况，进行书面审理，或以书面审理和口头审理相结合的形式进行。

c. 经过审理，专利复审委员会作出决定，其结果有三种情况：一是无效宣告请求理由成立，宣告专利权无效；二是无效宣告请求理由部分成立，维持专利权部分有效，宣告专利权部分无效；三是驳回无效宣告请求，维持专利权继续有效。上述决定都要通知请求人和专利权人。对专利复审委员会的决定不服的，可以自收到通知之日起 3 个月内向人民法院起诉。人民法院应当通知无效宣告程序的对方当事人作为第三人参加诉讼。当事人逾期不起诉的，专利复审委员会对无效宣告请求的审查决定自作出之日起即发生法律效力。宣告专利权无效的决定，由国务院专利行政部门登记和公告。

专利权无效宣告产生法律效力后，会发生下述法律后果。

①专利复审委员会或者人民法院作出宣告专利全部无效或者部分无效的决定或判决生效后，被宣告无效的专利权的全部或者部分视为自始即不存在。

②专利复审委员会作出维持专利权的决定而当事人服从或逾期不起诉以及当事人在法定期间内起诉并经人民法院作出判决而产生法律效力后，任何人不得以同样的理由再对该项专利权提出无效宣告请求。

③专利复审委员会或者人民法院作出的宣告专利权全部无效、部分无效的决定或者判决发生法律效力后，不仅对双方当事人具有法律约束力，而且对任何第三人和一般公众都具有约束力，具体表现如下。

a. 自此以后，任何第三人都可以自由使用该项被宣告专利权无效的发明创造。

b. 就该项被宣告无效专利权所订立的实施许可合同也随之终止，被许可人便可以停止支付使用费。但是在此之前已经支付的使用费不必退还，如果因此给被许可人造成损失的，专利权人应赔偿被许可人的损失。

5. 专利权的限制

专利权的限制是指《专利法》规定的，允许第三人在某些特殊情况下可以不经专利权人许可而实施其专利，且其实施行为并不构成侵权的一种法律制度。

（1）专利权限制的种类

强制许可也称非自愿许可，是指国务院专利行政部门根据具体情况，不经专利权人同意，通过行政程序授权他人实施发明或者实用新型专利的一种法律制度。强制许可分为以下三种类型。

①合理条件的强制许可。根据《专利法》第五十三条规定，具备实施条件的单位以合理的条件请求发明或者实用新型专利权人许可实施其专利，而未能在合理长的时间内获得这种许可时，国务院专利行政部门根据该单位的申请，可以给予实施该发明专利或者实用新型专利的强制许可。该法条规定的就是合理条件的强制许可。适用这种强制许可应当具备以下条件：申请实施强制许可的人只能是单位，不能是个人；申请实施强制许可的时间必须在自授予专利权之日起满 3 年后；申请实施强制许可的对象只能是发明专利或实用新型专利，不能是外观设计专利；申请人在向国务院专利行政部门提出实施这种强制许可申请时，必须提供相关的证据以证明其具备实施的条件并且已以合理条件在合理长的时间内未能与专利权人达成实施许可协议。

②国家强制许可。根据《专利法》第五十四条规定，在国家出现紧急状态或者非常情况时，或者为了公共利益的目的，国务院专利行政部门可以给予实施发明专利或者实用新型专利的强制许可。

③依存专利强制许可。根据《专利法》第五十六条的规定，一项取得专利权的发明或者实用新型比在前已经取得专利权的发明或者实用新型具有显著经济意义的重大技术进步，而其实施又有赖于前一专利实施的，国务院专利行政部门根据后一专利的专利权人的申请，可以给予实施前一发明或者实用新型的强制许可。同时，前一专利权人有权在合理的条件下，取得使用后一专利中的发明或者实用新型的强制许可。

申请人向国务院专利行政部门提出实施发明或者实用新型专利的强制许可时，应当提出未能以合理条件与专利权人签订实施许可合同的证明。只有在申请人与专利权人进行了正常谈判，以合理的条件却没有获得正常的实施许可的情况下，申请人才能向国务院专利行政部门提出强制许可的请求。

国务院专利行政部门作出的给予实施强制许可的决定，应当及时通知专利权人，并予以登记和公告。给予实施强制许可的决定，应当根据强制许可的理由规定实施的范围和时间。强制许可的理由消除并不再发生时，国务院专利行政部门应当根据专利权人的请求，经审查后作出终止实施强制许可的决定。

取得实施强制许可的单位或者个人所获得的实施权，是普通实施权，不享有独占的实施权；而且只能由强制许可实施人自己实施，不得再许可任何第三人实施。取得实施强制许可的单位或者个人应当向专利人支付合理的使用费。

（2）不视为侵犯专利权的行为

根据《专利法》第七十五条的规定，下列情形不被视为侵犯专利权：

①先用权人的实施。《专利法》规定，在专利申请日以前已经制造相同产品或者已经作好制造、使用的必要准备，并且仅在原有范围内继续制造、使用的，不视为侵权。先用权的成立条件包括：

a. 实施行为人在他人取得专利权的专利申请日以前已经制造相同产品、使用相同方法或者已经作好制造、使用的必要准备；

b. 实施行为人所实施的发明创造、行为人自行研究开发或者设计出来的或者是通过合法的受让方式取得的；

c. 在他人就相同的发明创造取得专利权之后，实施行为人只能在原有范围内制造或者使用。

②专利权的用尽。专利权人自己制造、进口或者许可他人制造、进口的专利产品或者依照专利方法直接获得的产品售出后，任何人使用、许诺销售或者销售该产品的，不再需要得到专利权人的许可或者授权，不构成侵权。这意味着，专利权人只对专利产品的首次销售享有专有权，对已被首次销售的专利产品不具有再销售或者使用的控制权或支配权。

③为科学研究和实验目的的使用。专为科学研究和实验目的而使用专利产品或者专利方法的，不构成专利侵权。

④临时过境。临时通过我国领陆、领水或领空的外国的海陆空运输工具为其自身需要而使用在我国享有专利权的机械装置和零部件的，无须得到我国专利权人许可，不构成侵权。

（3）国家计划许可

根据《专利法》第四十九条的规定，对国家利益或者公共利益具有重大意义的国有企事业单位的发明专利，国务院有关主管部门和省级人民政府经国务院批准，可以决定在批准的范围内推广应用，允许指定的单位实施，由实施单位按照国家规定向专利权人支付使用费。对于中国集体所有制单位和个人的发明专利，参照前述规定办理。

对于外国专利权人的专利，不适用这种国家计划许可。

6. 专利的实施许可

专利的实施许可，是指专利人通过专利实施许可合同授权其他单位或个人实施其取得专利权的发明创造。实施许可权是专利权人享有的一项重要权利。专利权人被称为让与人或者许可方，对方被称为受让人或者被许可方。专利实施许可合同，即专利许可证贸易合同，是指许可方和被许可方就实施专利的方式、期限、地域范围等有关事项达成的协议。

（1）专利实施许可合同的主要内容

专利实施许可合同的主要条款一般包括以下几方面：①专利技术的内容和专利的实施方式；②实施许可合同的种类；③实施许可合同的有效期限和地域范围；④技术指导和技术服务条款；⑤专利权瑕疵担保和保证条款；⑥专利许可使用费用及其支付方式；⑦违约责任以及违约金或者赔偿损失额的计算方法。

除了上述内容外，还可以就当事人双方认为必要的其他事项进行约定，如不可抗力条款、专利技术改进成果的归属、争议的解决办法、关键名词和术语的解释。

（2）专利实施许可合同的种类

①普通实施许可合同。按照普通实施许可合同，合同的被许可方根据许可方的

授权在合同约定的时间和地域范围内，按合同约定的使用方式实施该专利，同时专利权人保留了自己在同一地域和时间实施该专利以及许可第三人实施该专利的权利。

②独家实施许可合同。依照这类合同，被许可方在约定的时间和地域范围内以合同约定的使用方式享有对专利的排他性实施权。在合同约定的时间和地域范围内，专利权人不得再许可任何第三人以此相同的方式实施该项专利，但专利权人可自行实施。

③独占实施许可合同。独占实施许可合同是指专利权人许可被许可方在合同约定的时间和地域范围内，以合同约定的使用方式对专利进行独占性实施，从而排斥包括专利权人在内的一切人实施该项专利。

④相互交换实施许可合同。相互交换实施许可合同是指许可方与被许可方就相互允许使用彼此的专利而订立的协议，也称为交叉实施许可合同。

⑤分实施许可合同。分实施许可合同是相对于基本的实施许可合同而言的，在专利实施许可合同中，如果许可方允许被许可方就同一专利再与第三人订立许可合同，由第三人在合同约定的期限和地域范围内实施该项专利，则被许可人与第三人签订的后一种实施许可合同就是分实施许可合同。分实施许可合同只能从属于基本的实施许可合同，不得有任何超越行为。

7. 专利侵权行为及其责任

专利侵权行为，也称侵犯专利权的行为，是指在专利权的有效期限内，任何他人在未经专利权人许可，也没有其他法定事由的情况下，擅自以营利为目的实施专利的行为。

（1）专利侵权行为的主要类型

专利侵权行为的主要类型如下：①制造专利产品的行为；②故意使用发明或实用新型专利产品的行为，许诺销售、销售专利产品的行为；③使用专利方法以及使用、许诺销售、销售依照专利方法直接获得的产品的行为；④进口专利产品或进口依照专利方法直接获得的产品的行为；⑤假冒他人专利的行为；⑥冒充专利的行为。

（2）专利侵权行为的判定

判断侵权与否的依据就是专利权的保护范围，即发明创造专利权的法律效力范围。就发明专利权或者实用新型专利权而言，其效力范围就是专利权所保护的技术特征，主要以权利要求书的内容为准，同时可以参照附图及说明书的内容；就外观设计专利权而言，其效力范围就是专利权所保护的新设计，主要以表示在图片或者照片中的该外观设计专利产品为准。

①相同侵权的判定。被指控侵权的产品或方法包含了专利独立权利要求中的全部必要技术特征，则可判为相同侵权。

②等同侵权的判定。当被控侵权的产品或方法中的某一个或几个技术特征与专利保护范围内的相应技术特征有所不同时，需要进行是否等同侵权的判定，即判断被控侵权的产品或方法与专利技术中的有关技术特征之间是否等价或等同。其主要侵权形式有以下三种。

a. 等价替换

等价替换是指以基本相同的方式或手段（等价手段）替换属于专利保护的部分必要技术特征，完成相同的功能，产生实质上相同的效果，构成侵权。

b. 省略权利要求中的个别技术特征

被指控侵权的产品或方法中缺少权利要求书中记载的某个技术特征时，就要进一步分析该被省略的技术特征，在权利要求中是否为必要技术特征。如果省略的是必要技术特征，则不构成侵权；如果省略的是非必要技术特征，则构成侵权。

c. 增加权利要求中的技术特征

第三者为了逃避侵权责任，在原专利技术的基础上增加一个或几个无足轻重的技术特征。根据《专利法》的规定，只要被控侵权的产品或方法中包含了全部原专利权利要求中的技术特征，就构成了侵权。

③外观设计专利侵权判定。根据《专利法》规定，外观设计专利保护范围是以表示在图片或者照片中的该产品的造型、图案、色彩或者其结合。判定外观设计专利侵权应以其保护范围为准。

④由于实用新型专利权是未经实质审查就授权的，因此在判定实用新型专利侵权时，必须注意下面问题。

a. 同一发明创造被重复授权

由于对实用新型专利申请不进行实质审查，因此有可能发生多个专利权人拥有一项申请内容相同的专利权的情况，即所谓重复授权。《专利法》规定：“两个以上的申请人分别就同样的发明创造申请专利的，专利权授予最先申请的人。”因此，当多个拥有相同内容专利权人之间发生侵权纠纷时，应当首先根据专利法的“先申请原则”，通过无效宣告程序，由专利复审委员会解决重复授权问题，然后再恢复侵权诉讼。

b. 权利要求的保护范围过宽

由于实用新型专利权的授权没有经过实质审查，有可能被授权的权利要求书要求的保护范围过宽。在这种情况下，被控侵权方应当通过无效宣告程序，请求专利复审委员会重新划定专利的保护范围。

（3）侵权行为人的法律责任

根据《专利法》及其有关法律的规定，侵权行为人应当承担的法律责任包括行政责任、民事责任与刑事责任。

①行政责任。对专利侵权行为，管理专利工作的部门有权责令侵权行为人停止侵权行为、责令改正、罚款等，管理专利工作的部门应当事人的请求，还可以就侵犯专利权的赔偿数额进行调解。

②民事责任

a. 停止侵权

停止侵权，是指专利侵权行为人应当根据管理专利工作的部门的处理决定或者人民法院的裁判，立即停止正在实施的专利侵权行为。

b. 赔偿损失

侵犯专利权的赔偿数额，按照专利权人因被侵权所受到的损失或者侵权人获得的利益确定；被侵权人所受到的损失或侵权人获得的利益难以确定的，可以参照该专利许可使用费的倍数合理确定。

c. 消除影响

在侵权行为人实施侵权行为给专利产品在市场上的商誉造成损害时，侵权行为人就应当采用适当的方式承担消除影响的法律责任，承认自己的侵权行为，以达到消除对专利产品造成的不良影响。

③刑事责任。依照《专利法》和《刑法》的规定，假冒他人专利，情节严重的，应对直接责任人员追究刑事责任。

二、电子商务专利权保护

1. 电子商务中的专利权

（1）电子商务专利的开发和利用

电子商务经营主体在从事各类经营活动、参与市场竞争的过程中，不可避免地会涉及自身专利技术的开发和利用。一方面，随着竞争的加剧，知识产权成为企业核心的竞争力，电子商务经营主体自身的专利技术开发和利用也会更加突出。因此，专利技术开发和利用成为电子商务经营主体重要的活动内容，电子商务活动与专利技术、专利权的关系将日益密切。另一方面，电子商务经营主体为节约开发成本，可以通过专利受让和专利许可的方式取得专利权或者专利技术的使用权，成为电子商务经营主体和电子商务活动涉及专利权的一种方式。

（2）电子商务专利侵权

在对他人的专利技术、专利方法的应用过程中，电子商务经营主体可能会侵犯他人的专利权，成为专利权的侵权主体。例如，未经专利权人的许可而使用权利人的专利技术、专利方法的行为，就是侵犯他人专利权的行为。

2. 电子商务专利权保护

自 2009 年以来，电子商务领域发生了许多专利侵权案件，这些侵权案例使得电子商务专利立法的完善迫在眉睫。

电子商务中可获得专利权的客体如下。

（1）电子商务技术

电子商务技术包括计算机基础技术、通信基础技术、数据处理基础技术以及经营系统、基础结构技术等。这些技术领域的专利都是通过一定的载体来获取专利权的，其特性可参见传统专利权的特点，权利的保护也可参见传统专利权保护的依据。

（2）商业方法系统

商业方法是指从事商业经营的方法，包括提供商品及服务的方法、市场营销方法、交易方法、产品的利用方法等。商业方法被授予专利权后被称为商业方法专利。商业方法专利的应用主要分布在客户端和网络服务器端的应用层。商业方法目前在一些国家的法律体系中有相应的立法保护，但一直是国际上争议的热点课题。

现阶段，我国专利保护最权威、最系统的法律为《专利法》，其中关于商业方法专利的保护没有给出明确的规定。

单元四　平台经营者知识产权保护

为了加强对电子商务中知识产权的法律保护，《电子商务法》要求所有电子商务经营者均应履行保护知识产权的义务，界定了电子商务中的主体，规定了电子商务平台经营者的知识产权保护制度，其他电子商务经营者则应适用《著作权法》《商标法》《专利法》等一般性的知识产权法律规定。

思政课堂

习近平总书记在庆祝中国共产主义青年团成立100周年大会上的讲话中指出，希望共青团自觉担当尽责，始终成为组织中国青年永久奋斗的先锋力量。

奋斗是青春最亮丽的底色，行动是青年最有效的磨砺。有责任有担当，青春才会闪光。

电子商务平台经营者的知识产权保护制度的具体内容如下。

一、责任主体的明晰

近年来，“微商”“代购”等入门门槛很低，缺乏有效监管，导致假货横行。为了明确电子商务中知识产权保护的主体责任，根据《电子商务法》第十条规定，电子商务经营者应当依法以办理市场主体登记为原则，以特定零星小额交易活动主体不登记为例外。绝大多数电子商务经营者被纳入了登记与有效监管的范畴，消费者、知识产权人得以清晰、简便地确认当事人的信息，维权路径得以疏通。

二、知识产权保护规则

《电子商务法》第四十一条规定：“电子商务平台经营者应当建立知识产权保护规则，与知识产权权利人加强合作，依法保护知识产权。”

1. 建立知识产权保护规则

电子商务平台经营者必须建立知识产权保护规则，其根本目的是履行知识产权保护的法定义务。电子商务平台的知识产权保护规则必须符合相关知识产权法律、法规的规定，不得降低法定的知识产权保护水平或者为知识产权保护设置不合理的条件或者障碍。规则内容并非简单地重复有关法律规定或者要求，而是将法律规范应用于平台环境，并使之具体化、细致化。

知识产权保护规则应当包含平台内经营者知识产权保护义务、知识产权权利人发出通知的内容与程序、平台经营者实施措施的内容与程序、平台内经营者提交声明的内容与程序、各方法律责任与相关争议解决机制等内容，并在平台上公示。平台经营者还应当建立有关的自动信息系统，接收、转递、处理来自知识产权人的通知与平台内经营者的声明。有关自动信息系统的使用步骤、注意事项、下载方法等，也应当在规则中明示。平台经营者还可以在知识产权保护规则中；规定知识产权人恶意通知、损害平台内经营者的合法权益、扰乱正常经营活动的，应当承担加倍赔偿责任。

2. 与知识产权人等各方加强合作

电子商务平台经营者应当与知识产权人加强合作，包括平台之外的知识产权人。

电子商务平台经营者应当依法给予平台内外的知识产权人同等的待遇，不应歧视平台外的知识产权人或者为其权利保护设置障碍，对侵害知识产权的行为均应及时采取措施，不得偏私。

电子商务平台经营者不仅应与知识产权人加强合作，还应与平台内经营者、消费者等其他利益相关方合作，要与相关执法机构加强合作，积极配合有关的执法活动。

三、知识产权权利人的通知与平台经营者的删除等措施

1. 平台经营者采取治理措施

《电子商务法》第四十二条第一款规定了知识产权权利人的通知与平台经营者的必要措施，即“知识产权权利人认为其知识产权受到侵害的，有权通知电子商务平台经营者采取删除、屏蔽、断开链接、终止交易和服务等必要措施。通知应当包括构成侵权的初步证据”。

知识产权权利人发出通知是电子商务平台治理措施的第一步。知识产权权利人应当对其通知的真实性负责，并提供侵权的初步证据，包括身份证明、权利证明与所主张的侵权事实。电子商务平台经营者接到知识产权权利人通知后，依据表面证据的认定方法，能够初步认定通知的真实性与主张的合法性的，应当依照通知要求对平台内相关经营者采取必要措施，并将该通知转送平台内经营者。未及时采取必要措施的，对损害的扩大部分与平台内经营者承担连带责任。

2. 知识产权人恶意通知

根据《电子商务法》第四十二条第三款的规定，知识产权权利人发出错误通知，给平台内经营者造成损害的，依法承担民事责任；如果知识产权权利人恶意发出错误通知，造成平台内经营者损失的，应加倍承担赔偿责任。加重责任的规定防止知识产权权利人扰乱市场竞争秩序，强化知识产权权利人发出通知的责任感，有利于减少恶意通知、不实通知。

四、平台内经营者的声明以及平台经营者采取措施的终止

《电子商务法》第四十三条规定：“平台内经营者接到转送的通知后，可以向电子商务平台经营者提交不存在侵权行为的声明。声明应当包括不存在侵权行为的初步证据。电子商务平台经营者接到声明后，应当将该声明转送发出通知的知识产权权利人，并告知其可以向有关主管部门投诉或者向人民法院起诉。电子商务平台经营者在转送声明到达知识产权权利人后十五日内，未收到权利人已经投诉或者起诉通知的，应当及时终止所采取的措施。”

五、知识产权权利人的通知、平台内经营者采取的措施以及平台内经营者声明的公示

《电子商务法》第四十四条规定：“电子商务平台经营者应当及时公示收到的本法第四十二条、第四十三条规定的通知、声明及处理结果。”

六、平台经营者知识产权侵权责任

《电子商务法》第四十五条规定：“电子商务平台经营者知道或者应当知道平台内经营者侵犯知识产权的，应当采取删除、屏蔽、断开链接、终止交易和服务等必要措施；未采取必要措施的，与侵权人承担连带责任。”

【知识拓展】

《电子商务法》对知识产权法的影响

电子商务中的知识产权尚未得到充分保护，尤其是在电子商务交易中。当平台经营者被动应对时，经营者很难保护知识产权。电子商务法消除了知识产权漏洞，增加了经营者的知识产权保护义务。

1. 保护知识产权首次成为经营者积极义务

《电子商务法》第四十一条规定：“电子商务平台经营者应当建立知识产权保护

规则，与知识产权权利人加强合作，依法保护知识产权。"《电子商务法》还规定电子商务经营者在从事商业活动时有建立保护知识产权的义务政策。这在立法上尚属首次使知识产权保护的法律义务成为经营者的积极义务。在知识产权法当中，只要求了经营者的消极保护义务，也就是要求经营者不主动侵犯知识产权。《电子商务法》第 5 条和第 41 条目前对经营者的知识产权进行了保护。经营者不仅需要做到不侵犯知识产权，还必须积极支持和保护知识产权。这也意味着电子商务经营者必须与知识产权所有者合作，建立适当的制度来保护其知识产权，并主动保护其权利不受侵犯。

2. 自营业务与他营业务区分

《电子商务法》明确了平台经营者标记自营业务的责任。这一条是针对平台经营者自营转变为直接经营者承担民事责任的规定。也就是说，如果平台经营者在进行经营活动产生侵权行为时，权利人可以依据自走商标起诉平台经营者。另外，一旦出现与现实不符的情况，由于平台经营者从中获利进一步侵犯了知识产权持有者的利益，平台经营者也有责任。这一条为权利人明确侵权者提供了便利。

3. 首次明确竞价排名为广告

《电子商务法》要求广告经营者、出版商等电子商务平台经营者保护知识产权。其在制作和发布进行竞价排名的关键词广告的过程中，需要确保付费广告主拥有知识产权，并对广告主真实身份信息进行保存。这一条，对知识产权中的商标权进行了保护，避免了假冒的产品售卖。

（资料来源：https://www.fx361.com/page/2022/0108/9313217.shtml，有改动）

课后思考

1. 知识产权的概念是什么？
2. 简述电子商务领域知识产权侵权的主要形式。
3. 什么是著作权？
4. 电子商务中可获得专利权的客体有哪些？
5. 简述平台经营者的知识产权保护规则。

项目七

安全交易的法律法规

【知识导航】

以互联网为主的计算机网络正在以惊人的速度发展，它不仅提高了人们的工作效率，还改变着人们的生产和生活方式。计算机网络能够取得如此大的成功，在很大程度上得益于网络所具有的开放性和匿名性等特征。但是，正是互联网的这些特征使网络不可避免地存在着各种安全威胁和隐患。网络一旦出现安全问题，轻者可能使个人遭受损失、企业运行瘫痪，重者可能使整个社会陷入混乱状态。因此，电子商务安全已经成为电子商务交易和发展的关键问题。

【知识结构】

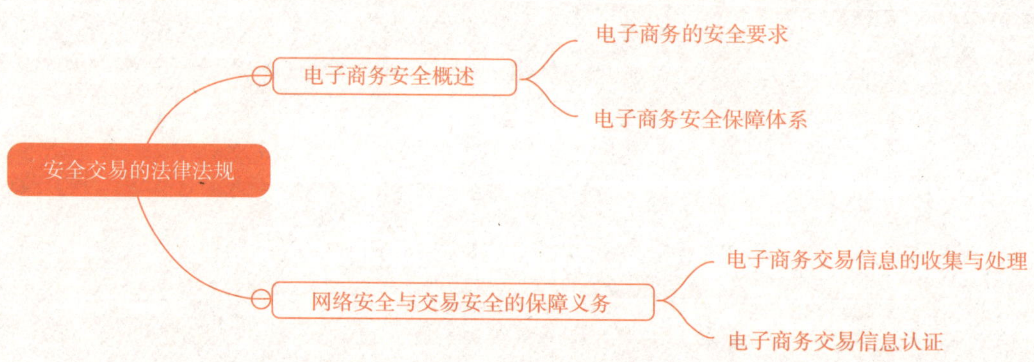

【学习目标】

◆ 知识目标

1. 了解电子商务的安全要求，掌握电子商务安全保障体系。
2. 掌握电子商务交易信息的收集、处理和认证。

◆ 能力目标

1. 能够识别不同的电子商务安全威胁。
2. 能够正确保障网络安全与交易安全。

◆ 素养目标

通过本项目的学习，了解安全交易法律法规的基本知识，运用辩证的思维看待电子商务技术进步，培养全面思考的能力。

单元一　电子商务安全概述

电子商务是一个非常复杂的系统，它涉及网络服务提供商、个人购买者、企业、政府部门、银行及金融机构等方面的因素。拥有如此复杂关系的电子商务比传统的商业活动更需要安全保障。

一、电子商务的安全要求

电子商务的所有活动都需要安全体系的有力支持，电子商务需要安全的环境。那么，安全的电子商务环境都包含哪些内容呢？安全的电子商务环境包括精心规划的管理体系、严密的技术措施、完善的法律系统。电子商务的安全不仅涉及技术问题，还涉及复杂的管理和法律问题。本单元根据电子商务中涉及的各个组成部分和技术，把电子商务的安全要求划分为电子商务交易方自身网络安全、电子交易数据的传输安全两个方面。

1. 电子商务交易方自身网络安全

商业企业一旦把主机或内部网连接到互联网上，就面临着很多安全威胁。由于企业内部的计算机暴露给互联网上成千上万的使用者，在保证合法用户正常使用的同时，系统可能遭到身份不明人物的多种攻击。例如，黑客可借助工具软件拦截或猜测合法用户的账户和密码，伪装成合法用户进入系统进行破坏。因此，系统必须具有以下安全保障措施。

（1）保证硬件资源的安全

系统应采取有效措施保证硬件资源的可用性。例如，硬盘或网络连接设施不会在遭受攻击时瘫痪，要具备防御攻击以及发生灾难时迅速恢复的能力；要加强主机本身的安全管理，及时安装补丁程序，减少漏洞；要用各种系统漏洞检测软件定期对网络系统进行扫描分析，找出可能存在的安全隐患，并及时加以修补；从路由器到用户各级建立完善的访问控制措施，安装防火墙，加强授权管理和认证。

（2）保护软件和数据库资源的安全

对于重要的软件和数据库，首先应建立备份，其次应该保证软件和数据资源不被滥用和破坏，不会受到病毒的侵袭。例如，利用 RAID5（Redundant Array of Independent Disks，独立磁盘冗余阵列）等数据存储技术加强数据备份和恢复功能；对敏感的设备和数据采取必要的物理或逻辑隔离措施；对在公共网络上传输的敏感信息进行高强度的数据加密；安装防病毒软件，加强内部网的整体防病毒功能。

（3）保证内部系统的门户安全

企业必须明确规定哪些人员可以进入和使用系统以及具有何种权限，内部人员可以使用哪些互联网服务；建立详细的安全审计日志，以便检测并跟踪入侵攻击等。企业不仅要在管理上制定严格的规范，还要在技术手段上给予全面保障。

思政课堂

2022 年 9 月 6 日，中央全面深化改革委员会第二十七次会议审议通过了《关于健全社会主义市场经济条件下关键核心技术攻关新型举国体制的意见》。习近平总书记强调："要发挥我国社会主义制度能够集中力量办大事的显著优势，强化党和国家对重大科技创新的领导，充分发挥市场机制作用，围绕国家战略需求，优化配置创新资源，强化国家战略科技力量，大幅提升科技攻关体系化能力，在若干重要领域形成竞争优势、赢得战略主动。"

2. 电子交易数据的传输安全

对于参与电子商务的各方来说，每一次交易都涉及在互联网上传输数据，包括客户的信息、订单的信息、付款的信息等，所有这些信息都涉及交易各方的机密，因此数据与信息的安全传输是电子商务交易安全的重要保障，一般包括以下几个方面。

（1）交易数据和信息的保密性

电子商务需要在网络上进行大量的数据和信息传递，在网上传递各种敏感信息。例如客户的姓名或信用卡账号及密码，一旦被人非法截获或盗用，势必会给交易双方带来巨大的损失，因此必须采取有效的安全措施保证电子交易的数据不会被人非法获取或滥用。

（2）交易数据和信息的完整性

由于数据传输过程中信息的丢失、重复或信息传送的次序会导致交易各方所持有信息的差异，恶意竞争者会利用篡改和冒名顶替等手段来破坏信息的完整性，因而在数据和信息到达目的地时，要有一定的技术手段来保证所得到的数据和信息与原始发出的数据和信息是一致的。

（3）交易各方身份的可认证性

由于电子商务交易系统的特殊性，企业或个人的交易通常都是在虚拟的网络环境中进行的，所以对个人或企业实体进行身份确认成了电子商务中很重要的一环。对个人或企业实体的身份进行鉴别，为身份的真实性提供了保证，即交易双方能够在相互不见面的情况下确认对方的身份。这意味着当某人或实体声称具有某个特定的身份时，鉴别服务将提供一种方法来验证其声明的正确性。

（4）交易本身的不可抵赖性

在传统的交易中，双方通过在交易合同、契约或贸易单据等书面文件上签名或盖章来鉴别贸易伙伴，确定合同、契约、单据的可靠性并预防抵赖行为的发生。这就是人们常说的“白纸黑字”。在无纸化的电子商务方式下，通过签名和盖章进行鉴别是不可能的。因此，要在交易信息的传输过程中为参与交易的个人、企业或国家提供可靠的标识。不可抵赖性可通过对发送的消息进行数字签名来实现。

（5）审查能力

审查能力要求电子商务系统根据保密性和完整性的要求，利用电子商务交易系统日志文件对数据结果进行审查和追踪。

二、电子商务安全保障体系

电子商务安全的保障需要方方面面的参与和努力。电子商务的安全保障要从四个方面来综合考虑，即战略措施、管理措施、法律措施和技术措施。

1. 国家战略上的安全保障

国家战略是电子商务安全最重要的保证。近年来，国内网络安全事件频繁发生，我国政府的信息安全防护意识逐渐加强，政策支持力度不断上升。相关支持政策的出台速度明显加快，包括《中华人民共和国网络安全法》《国家网络空间安全战略》《战略性新兴产业重点产品和服务指导目录》在内的多项重磅政策法规密集出台，加速推动了信息安全产品需求释放。从政策趋势来看，未来政府对信息安全建设的支持力度有望持续提升。

2. 管理上的安全保障

（1）高层管理要对电子商务安全给予高度重视，促成管理人员同相关的技术人员一起制定企业内部、外部网络安全规划和标准，在规划中应该指出企业信息安全在近期和未来一段时间内要达到什么级别和标准以及预备投入的资源等。

（2）在规划和标准的指导下要制定详细的安全行为规范，包括各种软硬件设备使用和维护权限的管理办法、网络系统登录和使用的安全管理办法、数据维护和备份的管理规定等。

（3）要特别注意安全条例的执行，即有了规定就一定要执行。只有在管理上制定明确的目标和标准，技术人员才能更好地提供安全上的技术支持。

3. 法律上的安全保障

电子商务不同于传统商务，如电子交易如何认证，电子欺诈如何避免和惩治等，不仅是技术问题，而且涉及法律领域。电子商务就像在现实世界之外又建立了一个虚拟世界，在这个虚拟世界里，更需要完善的法律体系来维持秩序。目前多个国家和地区已经开始制定电子商务法律法规。

电子商务仅靠单一的技术手段来保证是不够的，还必须依靠法律手段、行政手段和技术手段的完美结合来保护参与电子商务各方的利益。这就需要在企业和企业之间、政府和企业之间、企业和消费者之间、政府和政府之间明确各自需要履行的法律义务和责任。

4. 技术上的安全保障

电子商务中涉及的安全技术很多，其中有一些已经获得了广泛的认可和应用。维护企业内部网安全的技术包括用户密码和权限管理技术、防火墙技术、虚拟专用网（VPN）技术、网络杀毒技术等；实现交易数据在互联网上安全传输的技术包括数据加密、数字签名、区块链技术等，其中为了识别用户在现实世界中的真实身份，还涉及认证机构。另外，为了维护电子交易中最为关键的资金流动，特别是信用卡支付的安全，还要涉及两个应用广泛的协议，即SL协议和SET协议。

小提示

虚拟专用网被定义为通过一个公用网络（通常是因特网）建立一个临时的、安全的连接，是一条穿过混乱的公用网络的安全、稳定的隧道。虚拟专用网是对企业内部网的扩展。VPN主要指的是依靠ISP（互联网服务提供商）和NSP（网络业务提供商），在公用网络中建立专用的数据通信网络的技术。

单元二　网络安全与交易安全的保障义务

国家保护合法的电子商务交易信息收集、整理、流转、存储和利用活动，并对电子商务交易信息安全保障实行分等级保护制度。

一、电子商务交易信息的收集与处理

1. 电子商务交易信息的收集

《中华人民共和国网络安全法》第四十一条规定："网络运营者收集、使用个人信息，应当遵循合法、正当、必要的原则，公开收集和使用规则，明示收集、使用信息的目的、方式和范围，并经被收集者同意。网络运营者不得收集与其提供的服务无关的个人信息，不得违反法律、行政法规的规定和双方的约定收集、使用个人信息，并应当依照法律、行政法规的规定和与用户的约定，处理其保存的个人信息。"

所以，信息采集人在收集、生成电子商务交易信息时，应事前告知信息提供人收集信息的目的、范围、用途，以及信息使用、管理与删除规则。禁止采用盗窃、欺诈、胁迫、非法访问或其他未经信息提供人合理授权的手段获取电子商务交易信息。信息提供人有权决定是否提供信息以及提供信息的范围。

对信息收集行为进行规范，对数据采集进行合理限制，意在对信息收集过度的状况进行规范。信息采集人可以根据公示的规则对所收集或生成的交易信息进行处理，但不得对信息提供人造成损害，也不得侵害他人权益或公众利益。信息提供人有权查询所提供的个人信息和交易过程中生成的电子商务交易信息；信息提供人有权要求更正或者删除已提供的个人信息，但双方另有约定的除外。所查询的交易信息可作为证据使用。

2. 电子商务交易信息的处理

电子商务经营者应当采取数据备份、数字认证、故障恢复等技术手段确保原始数据的真实性、网络交易数据和资料的完整性与安全性。

电子商务交易信息的备份与存储应与信息的收集、整理、流转同步规划、同步建设、同步运行。

《金融机构客户身份识别和客户身份资料及交易记录保存管理办法》第二十九条规定："金融机构应当按照下列期限保存客户身份资料和交易记录：

（一）客户身份资料，自业务关系结束当年或者一次性交易记账当年计起至少保存5年；

（二）交易记录，自交易记账当年计起至少保存5年。"

小提示

中国人民银行（The People's Bank of China，PBC）（简称"央行"），是中华人民共和国的中央银行，是国务院组成部门，为正部级。

1948年12月1日，以华北银行为基础，合并北海银行、西北农民银行，在河北省石家庄市组建了中国人民银行。1983年9月，国务院决定中国人民银行专门行使中国国家中央银行职能。1995年3月18日，第八届全国人民代表大会第三次会议通过了《中华人民共和国中国人民银行法》，至此，中国人民银行作为中央银行以法律形式被确定下来。

国内贸易行业标准《电子合同在线订立流程规范》（SB/T 11009—2013）第八条合同保存期限中规定："自合同订立或存储之日起，电子合同的保存期限不应少于5年，合同当事人另有约定的除外。"

《电子商务法》第三十一条规定："电子商务平台经营者应当记录、保存平台上发布的商品和服务信息、交易信息，并确保信息的完整性、保密性、可用性。商品和服务信息、交易信息保存时间自交易完成之日起不少于三年；法律、行政法规另有规定的，依照其规定。"第八十条规定："电子商务平台经营者有下列行为之一的，由有关主管部门责令限期改正；逾期不改正的，处二万元以上十万元以下的罚款；情节严重的，责令停业整顿，并处十万元以上五十万元以下的罚款：

（一）不履行本法第二十七条规定的核验、登记义务的；

（二）不按照本法第二十八条规定向市场监督管理部门、税务部门报送有关信息的；

（三）不按照本法第二十九条规定对违法情形采取必要的处置措施，或者未向有关主管部门报告的；

（四）不履行本法第三十一条规定的商品和服务信息、交易信息保存义务的。

法律、行政法规对前款规定的违法行为的处罚另有规定的，依照其规定。”

二、电子商务交易信息认证

1. 电子商务交易信息认证的基本方法

（1）身份信息认证

身份信息认证包括识别和鉴别两个过程。身份识别（identification）是指定用户向系统出示自己的身份证明的过程；身份鉴别（authentication）是系统查核用户身份证明的过程。

身份信息认证的主要目的有三个：一是确保交易者是交易者本人，而不是其他人，避免与虚假的交易者进行交易；二是防止交易者的不正当竞争行为，监控交易者违反商业道德，利用制度漏洞，实施欺诈、恶意透支、销售假冒伪劣商品等行为；三是访问控制，拒绝非法用户访问系统资源，限定合法用户只能访问系统授权和指定的资源。

目前，用户身份信息认证主要通过以下三种基本方式或其组合方式来实现。

①用户通过某个秘密信息，如用户通过自己的口令访问系统资源。

②用户知道某个秘密信息，并且利用包含这一秘密信息的载体，如利用物理介质卡片，访问系统资源。

③用户利用自身所具有的某些生物学特征，如指纹、声音、DNA、视网膜等访问系统资源。

2018年4月17日，由公安部第一研究所可信身份认证平台（CTID）认证的“居民身份证网上功能凭证”（以下简称“网证”）首次亮相支付宝，并正式在浙江衢州、浙江杭州、福建福州三个城市的多个场景同时试点。

“网证”即电子版身份证，是基于居民身份证、采用活体人脸识别技术的可信身份认证，是将公民个人身份，通过人脸识别的生物技术手段比对后，在手机应用上生成的电子证件。广州的“微信身份证”、武汉的“电子证照卡包”、支付宝的电子身份证，都属于“网证”的范畴。

（2）电子合同信息认证

电子合同信息认证主要通过电子签名进行。私钥是指电子签名的制作数据与其持有人对应联系的活动，公钥是指电子签名的验证数据。认证机构可执行四项职能，即发放证书、废除证书、管理证书、查询证书。电子认证证书是指公钥＋持有人信息＋认证机构的信息＋认证机构的签名。整个文件加密、传输和认证的步骤如下。

①在发送方网站上，将要传送的信息通过哈希函数变换为预先设定长度的信息摘要。

②利用发送方的私钥给信息摘要加密，结果是数字签字。

③将数字签字和发送方的认证证书附在原始信息上打包，使用算法生成的对称密钥在发送方的计算机上为信息包加密，得到加密信息。

④用预先收到的接收方的公钥为对称密钥加密，得到数字信封。

⑤加密信息和数字信封合成一个新的信息包，通过互联网将加密信息和数字信封传到接收方的计算机上。

⑥用接收方的私钥解密数字信封，得到对称密钥。

⑦用还原的对称密钥解密加密信息，得到原始信息、数字签字和发送方的认证证书。

⑧用发送方公钥（置于发送方的认证证书中）解密数字签字，得到信息摘要M1。

⑨将收到的原始信息通过哈希函数变换为信息摘要 M2。

⑩将第⑧步和第⑨步得到的信息摘要进行比较，以确认信息的完整性。

（3）辅助认证方法

①时间戳。在电子商务交易中，时间是十分重要的信息。与书面文件类似，文件签署的日期也是防止电子文件被伪造和篡改的关键性内容。时间戳是一个经加密后形成的凭证文档，它包括需加时间戳的文件的摘要、数字时间戳服务（DTS）收到文件的日期和时间、DTS 的数字签字三部分。DTS 是网上电子商务安全服务项目之一，它能提供电子文件的日期和时间信息的安全保护。

②易损水印。易损水印主要用于完整性保护，这种水印是在内容数据中嵌入不可见的信息。当内容发生改变时，这些水印信息会发生相应的改变，从而可以鉴定原始数据是否被篡改。

思政课堂

习近平总书记主持召开中央全面深化改革委员会第二十七次会议上强调："健全关键核心技术攻关新型举国体制，要把政府、市场、社会有机结合起来，科学统筹、集中力量、优化机制、协同攻关。要加强战略谋划和系统布局，坚持国家战略目标导向，瞄准事关我国产业、经济和国家安全的若干重点领域及重大任务，明确主攻方向和核心技术突破口，重点研发具有先发优势的关键技术和引领未来发展的基础前沿技术。要加强党中央集中统一领导，建立权威的决策指挥体系。要构建协同攻关的组织运行机制，高效配置科技力量和创新资源，强化跨领域跨学科协同攻关，形成关键核心技术攻关强大合力。要推动有效市场和有为政府更好结合，强化企业技术创新主体地位，加快转变政府科技管理职能，营造良好创新生态，激发创新主体活力。"

2. 电子商务交易信息认证的要求

电子认证服务提供者应当对使用电子签名开展交易的自然人、法人或者其他组织进行实名认证，对被认证的电子交易相关方的真实性负责，并为所收集的信息保密。

《第三方电子合同服务平台功能建设规范》（GB/T 36320—2018）对第三方电子

合同服务平台提出了要求："为确保电子合同的真实性、有效性以及完整性，应提供离线或在线两种方式对电子合同中的电子签名、数字认证、电子合同内容、电子合同缔约人信息、电子合同缔约相对人等进行验证。"

目前，电子商务交易平台大部分都没有按照《中华人民共和国电子签名法》的规定使用电子签名，主要是基于成本的考虑和用户使用的便捷性。但出于安全性考虑，电子商务交易平台应要求提示使用但不是强制当事人使用电子签名。

对于认证的责任的规定，主要是考虑现状除了依法设立的认证机构外，还存在大量的商业机构和行业协会在对电子商务企业进行认证，对此，目前法律缺乏有效的管理。

【知识拓展】

电子商务交易信息的特征

相对于传统的商务信息，电子商务交易信息具有以下显著的特点。

1. 时效性

传统的商务信息，由于传递速度慢、传递渠道不畅，因而经常导致"信息获得了但也失效了"的局面。电子商务交易信息更新及时，传递速度快，只要信息收集者及时发现信息，就可以保证信息的时效性。

2. 易统计性

每一笔电子商务交易都会在交易平台有记录，因此，统计起来非常方便。由此可以收集大量的数据用于顾客行为的分析，但也容易挖掘企业的决策行为和顾客的消费习惯与隐私。经过分析处理的信息一旦泄露，很可能会给电子商务参与者造成较大的损害。

3. 便于存储

现代经济生活的信息量非常大，如果仍然使用传统的信息载体，存储起来难度相当大。在电子商务条件下，交易者可以方便地将电子商务交易信息存储在自己的计算机中，便于管理和保存。

（来源：https://www.yebaike.com/22/772085.html，有改动）

课后思考

1. 电子商务网络系统的安全威胁有哪些？
2. 简述电子商务安全保障体系。
3. 电子商务交易信息的收集有哪些规定？
4. 什么是身份信息认证？
5. 简述电子商务交易信息认证的要求。

项目八

税收的法律法规

【知识导航】

电子商务以其高科技性、无形性和交易虚拟化等特性，令传统的纳税主体、客体的认定以及纳税环节、地点等基本概念均陷入困境。同时，电子商务也加大了税收征管和稽查的难度，对常设机构概念提出了挑战，各国家税收管辖权受到了严重冲击。

【知识结构】

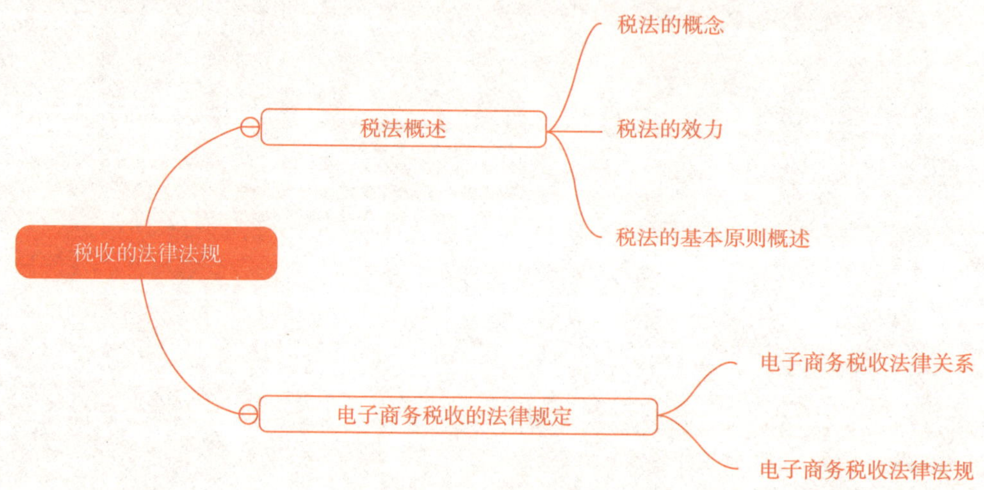

【学习目标】

◆ 知识目标

1. 了解税收的定义、特征和税法的基本知识，掌握电子商务税收的概念和分类。
2. 掌握电子商务税收法律关系和相关法律法规。

◆ 能力目标

1. 能够区分税收和电子商务税收的不同。
2. 能够识别不同的电子商务税收法律关系。

◆ 素养目标

通过本项目的学习，了解税收的法律法规的基本知识，理解税收的重要意义，积极合法纳税。

单元一　税法概述

税收是指国家为了向社会提供公共产品、满足社会共同需要、参与社会产品的分配，按照法律的规定，强制、无偿取得财政收入的一种规范形式。税收是一种非常重要的政策工具。

一、税法的概念

税法是国家权力机关及其授权的行政机关，制定的调整税收关系的法律规范的总称。税法的调整对象就是税收关系，是指税法主体在各种税收活动过程中形成的社会关系的总和。按照是否属于税收征纳关系的标准，可以将税收关系简单地分为税收征纳关系和其他税收关系。

小提示

税法不是单纯意义上的实体法或程序法，而是实体性法律规范和程序性法律规范的统一体。税法的特征如下。

（1）税收立法权限的多层次性和表现形式的多样性。

（2）税收法规结构的规范性。

（3）税法的相对稳定性和适当灵活性。

（4）实体性规范和程序性规范的统一性。

二、税法的效力

1. 税法的对人效力

税法的对人效力是指受税法规范和约束的纳税人的范围，包括纳税个人和纳税单位。税法的对人效力涉及一国的税收管辖权问题。一般而言，一个主权国家主要参照下列原则来确定本国的税收管辖权。

（1）属地主义原则，即以纳税人的纳税行为是否发生在本国领域内作为是否征税的标准，而不论纳税人是本国人还是外国人。

（2）属人主义原则，即以纳税人是否具有本国国籍为标准，确定是否征税，而不论纳税人的纳税行为是发生在本国领域之内还是之外。

（3）折中主义原则，是兼顾属地主义原则和属人主义原则的一种结合性原则。

2. 税法的空间效力

税法的空间效力是指税法的法律强制力所能达到的地域范围，一般分为中央税法的空间效力和地方税法的空间效力。

（1）中央税法的空间效力。所谓中央税法，是指由全国人民代表大会及其常委会制定的税收法律和由国务院及其有关职能部门制定的普遍有效的税收行政法规。

（2）地方税法的空间效力，是指地方性税收法规仅在本地方行政管辖区域内有效。

当然，根据国际公约或者双边协定以及我国有关法律，虽在我国领域范围内但享有税收豁免权的区域除外，如外国使馆区等。

3. 税法的时间效力

税法的时间效力是指税法生效和失效的时间，以及是否具有溯及既往的效力。在我国，税法实施的时间有以下几种情况：①实施时间滞后于公布时间；②实施时间和公布时间一致；③实施在前，公布在后。前两种情况普遍存在，后一种情况较为特殊，一般不予采纳。

税法的失效主要有以下几种情况：①客观废止，即旧的税法规范由于失去其存在的客观条件而当然废止；②规定废止，即新税法规范明文规定在新法生效力原则，新税法或修改过的税法实施，旧税法就自行废止，而不再在新法条文中明文规定旧法的无效；③抵触废止，即新税法确认与其相抵触的部分税法规范被废止。

税法的溯及力是税法效力问题的一个非常重要的方面。各国有关法律溯及力的规定较为复杂，概括起来有从旧原则、从新原则、从旧兼从轻原则、从新兼从轻原则等基本原则，而这四个基本原则在我国税法中均有所体现。但是，一般而言，税收实体法都采取从旧原则，禁止其具有溯及既往的效力；税收程序法均采取从新原则。

三、税法的基本原则概述

所谓税法的基本原则，是指一国调整税收关系的基本规律的抽象和概括，是贯穿税法的立法、执法、司法和守法全过程的具有普遍性指导意义的法律准则。

1. 税收法定原则

税收法定是税法至为重要的基本原则，或称税法的最高法律原则，它是民主和法治原则等现代宪法原则在税法上的体现，对保障人权、维护国家利益和社会公益举足轻重。正因为如此，各国宪法一般也多对其加以规定。我国宪法既未对财政税收制度作专门的规定，也未对税收立法权作专门的规定，仅是在公民的基本义务方面规定“公民有依照法律纳税的义务”，故而税收法定主义在宪法上未得到明确的肯定。

税收法定原则的内容，国内学者一般认为由以下三项具体原则组成：课税要素法定原则、课税要素明确原则、征税合法性原则。

2. 税收公平原则

在现代各国的税收法律关系中，纳税人的地位是平等的，因此，税收负担在国民之间的分配也必须公平合理。有学者认为，税收公平原则是近代平等性的政治和宪法原则在税收法律制度中的具体体现。至于何谓公平，不同历史时期的学者的认识也是处于不断发展之中的。在抛弃绝对公平地按人头或其他定额标准征税的主张后，税收学界对公平原则的理解主要有两派：一种是受益说，另一种是负担能力说。

在受益说中，水平公平是指凡自政府得到相同利益者应负担相同的税收，垂直公平是指凡自政府所得利益不同者应负担不同的税收。

负担能力说的代表人是穆勒和皮古，他们引入相对牺牲的概念，认为凡具有相同纳税能力者应负担相同的税收，不同纳税能力者应负担不同的税收。这个观点被税法学界和税收立法者引进税法的观念中，并发展成税法上体现税收公平原则的量能课税原则。

所谓税收负担能力，是指各纳税人的经济负担能力，其基础有所得税、财产税和消费税三种。

思政课堂

公平正义，是五千年中华文明积淀传承的精神基因。公平正义犹如阳光和空气，是美好生活不可或缺的基本意涵。体现公平正义社会主义核心价值观，标注着公民内心的价值坐标，影响着人们的获得感、幸福感、安全感。青年学生要在生活中自觉践行和维护公平正义。

3. 税收效率原则

在一般含义上，税收效率原则要求以最小的费用获取最大的税收收入，并利用税收的经济调控作用最大限度地促进经济的发展，或者最大限度地减轻税收对经济发展的妨碍。它包括税收行政效率和税收经济效率两个方面。

税收的行政效率可以从征税费用和纳税费用方面来考察。

征税费用是指税务部门在征税过程中所发生的各种费用。这些费用占所征税额的比重即征税效率。征税效率的高低和税务人员本身的工作效率是密切相关的。而且对不同的税种，其征税效率也存在很大的差异。

纳税费用是纳税人依法办理纳税事务所发生的费用。相对于征税费用，纳税费用的计算比较困难，如将纳税申报的时间折算成货币，这本身就不是一件容易的事。

由于征税使纳税人忧虑不安，实际上付出了心理费用。因此，有人把纳税费用称为税收隐蔽费用。从数量方面看，穆斯格雷夫认为，纳税费用通常要大于征税费用。

税收的经济效率的主旨在于如何通过优化税制，尽可能减少税收对社会经济的不良影响，或者最大限度地促进社会经济良性发展。处在不同历史时期和不同经济体制背景下的学者对这个问题有着不同的答案。

4. 税收社会政策原则

税收社会政策原则是指税法是国家用以推行各种社会政策，主要是经济政策的重要手段之一，其实质就是税收的经济基本职能的法律原则化。这一原则主要是资本主义从自由竞争阶段进入垄断阶段以后才提出并随即为各国普遍奉行的税法基本原则。

税收社会政策原则确立以后，税法的其他基本原则，特别是税收公平主义原则，受到了一定程度的制约和影响。如何衡量税收公平，不仅要看各纳税人的负担能力，还要考虑社会全局和整体利益。税收社会政策原则的确定及其对税收公平主义原则的影响，是税法基本原则在现代以来发生的重大变化之一。

单元二　电子商务税收的法律规定

电子商务税收法律法规分为电子商务税收实体法律法规与电子商务税收程序法律法规。电子商务税收实体法律法规包括流转税法律法规、所得税法律法规及印花税法律法规；电子商务税收程序法律法规包括税收确定法律法规、税款征收法律法规、税务检查法律法规和税务救济解决法律法规。

电子商务税收法律关系

一、电子商务税收法律关系

电子商务税收法律关系是指由税法调整而形成的，在电子商务税收活动中税收法律关系主体之间发生的、具有权利和义务内容的社会关系。电子商务税收法律关系包括法律关系主体、法律关系客体及法律关系内容。

1. 电子商务税收法律关系主体

电子商务税收法律关系主体包括征税主体与纳税主体。征税主体取决于电子商务交易的税收管辖权，包括税务机关与海关。纳税主体包括电子商务的经营者、消费者及电子商务平台经营者。

2. 电子商务税收法律关系客体

电子商务税收法律关系客体包括有形产品、无形产品（非实体商品的虚拟化物品即数字化商品，是电子商务特有的，具有虚拟性）。

3. 电子商务税收法律关系内容

电子商务税收法律关系内容即主体的权利和义务。电子商务税收征纳双方所享有的权利和义务，与传统税收征纳主体的权利和义务没有区别。电子商务纳税主体除履行《中华人民共和国税收征收管理法》(以下简称《税收征收管理法》)规定的义务，还应根据电子商务特性履行电子纳税申报、在网站首页公示税收登记号、接受电子税务监管等特殊义务。

二、电子商务税收法律法规

1. 电子商务流转税法律法规

(1) 电子商务增值税法律法规

电子商务增值税的特殊性在于商品在流转过程中采取的是电子商务方式交易而非传统实物交易，但交易方式变化并不影响增值税对商品增值额征税的本质属性，因此，电子商务增值税法律制度沿用现有的增值税法律制度。《中华人民共和国增值税暂行条例》是增值税的基本法。2016 年 5 月 1 日起我国全面推开“营改增”试点，同时适用《财政部　税务总局关于全面推开营业税改征增值税试点的通知》(财税〔2016〕36 号)。

自 2016 年 5 月 1 日起试点，其附件《销售服务、无形资产、不动产注释》规定销售服务中的现代服务包括信息技术服务。信息技术服务中的信息系统增值服务，是指利用信息系统资源为用户附加提供的信息技术服务，包括数据处理、分析和整合、数据库管理、数据备份、数据存储、容灾服务、电子商务平台等。因此，电子商务平台按照现代服务征收增值税。

2007 年 9 月 3 日发布的《财政部　税务总局关于调整音像制品和电子出版物进口环节增值税税率的通知》(财关税〔2007〕65 号)规定，自 2007 年 9 月 15 日起将音像制品和电子出版物的进口环节增值税率由 17% 下调至 13%。自 2019 年 4 月 1 日起，增值税的基本税率由 16% 下调至 13%，而 2007 年音像制品和电子出版物进口环节的增值税率就已降至 13%。

2013 年 12 月 30 日发布的，2014 年 1 月 1 日起执行的《财政部　税务总局关于跨境电子商务零售出口税收政策的通知》(财税〔2013〕96 号)规定：退(免)税、免税政策的电子商务出口企业，是指自建跨境电子商务销售平台的电子商务出口企业和利用第三方跨境电子商务平台开展电子商务出口的企业。除财政部、国家税务总局明确不予出口退(免)税的货物，电子商务出口企业出口货物，同时符合规定的四项条件，适用增值税退(免)税政策。不符合规定条件的电子商务出口企业出口货物，同时符合规定的三项条件，适用增值税免税政策。

财政部、国家税务总局、商务部、海关总署于 2018 年 9 月 28 日联合发布的，2018 年 10 月 1 日起执行的《关于跨境电子商务综合试验区零售出口货物税收政策的通知》(财税〔2018〕103 号)规定以下政策。对综合试验区电子商务出口企业出口未取得有效进货凭证的货物，同时符合下列条件的，试行增值税、消费税免税政策：一是电子商务出口企业在综合试验区注册，并在注册地跨境电子商务线上综合服务平台登记出口日期、货物名称、计量单位、数量、单价、金额；二是出口货物通过综合试验区所在地海关办理电子商务出口申报手续；三是出口货物不属于财政部和国家税务总局根据国务院决定明确取消出口退（免）税的货物。

（2）电子商务消费税法律制度

消费税是在增值税基础上针对15个特定商品加征的一种税。《中华人民共和国消费税暂行条例》是消费税的基本法律。电子商务交易对象如果属于消费税税目，依法对其征收消费税。

《关于跨境电子商务零售出口税收政策的通知》《关于跨境电子商务综合试验区零售出口货物税收政策的通知》均规定了对电子商务出口企业出口货物免征消费税的条件，其条件与免征增值税相同。

财政部、海关总署、国家税务总局于2016年3月24日联合发布的，自2016年4月8日起执行的《关于跨境电子商务零售进口税收政策的通知》（财关税〔2016〕18号）规定，B2C即企业对消费者模式的进口消费税政策与增值税的相同。2019年1月1日起执行的《关于完善跨境电子商务零售进口税收政策的通知》（财关税〔2018〕49号）规定进口消费税政策与增值税的相同。

（3）电子商务关税法律制度

《中华人民共和国进出口关税条例》是关税的基本法律，跨境电子商务零售进口涉及征收进口关税。

《关于跨境电子商务零售进口税收政策的通知》（财关税〔2016〕18号）规定了B2C即企业对消费者模式的进口税收政策。一是跨境电子商务零售进口商品按照货物征收关税，购买跨境电子商务零售进口商品的个人作为纳税义务人，以实际交易价格（包括货物零售价格、运费和保险费）作为完税价格，电子商务企业、电子商务交易平台企业或物流企业可作为代收代缴义务人。二是明确跨境电子商务零售进口税收政策的适用范围。三是跨境电子商务零售进口商品的单次交易限值为人民币2000元，个人年度交易限值为人民币20000元。在限值以内进口的跨境电子商务零售进口商品，关税率暂设为0%。超过单次限值、累加后超过个人年度限值的单次交易，以及完税价格超过2000元限值的单个不可分割商品，均按照一般贸易方式全额征税。四是跨境电子商务零售进口商品自海关放行之日起30日内退货的，可申请退税，并相应调整个人年度交易总额。

《关于完善跨境电子商务零售进口税收政策的通知》（财关税〔2018〕49号）规定：将跨境电子商务零售进口商品的单次交易限值由人民币2000元提高至5000元，年度交易限值由人民币20000元提高至26000元。完税价格超过5000元单次交易限值低于26000元年度交易限值，且订单下仅一件商品时，可以自跨境电商零售渠道进口，按照货物税率全额征收关税，交易额计入年度交易总额，但年度交易总额超过年度交易限值的，应按一般贸易管理。

2. 电子商务所得税法律法规

（1）电子商务企业所得税法律法规

《中华人民共和国企业所得税法》是企业所得税的基本法律。电子商务交易双方如果是企业所得税纳税人，应沿用现有的企业所得税法律制度。

国家税务总局于 2019 年 10 月 26 日发布的，自 2020 年 1 月 1 日起施行的《关于跨境电子商务综合试验区零售出口企业所得税核定征收有关问题的公告》是为支持跨境电商新业态发展，推动外贸模式创新，有效配合《关于跨境电子商务综合试验区零售出口货物税收政策的通知》（财税〔2018〕103 号）落实工作，配合落实“无票免税”政策而出台的更便利于企业的所得税核定征收办法，其能促进跨境电子商务企业更好地开展出口业务。其从核定征收范围、条件、方式、程序、优惠政策等方面对综合试验区内跨境电子商务企业核定征收企业所得税相关事项进行了规定，旨在为综合试验区内跨境电商企业提供更为便利的操作办法。

（2）电子商务个人所得税法律法规

《中华人民共和国个人所得税法》是个人所得税的基本法律。电子商务经营者包括自然人、法人和非法人组织。如果电子商务经营者是自然人，其通过电子商务交易取得的纯所得，应依法缴纳个人所得税。电子商务经营者如果是个人独资企业业主、合伙企业的自然人及个体工商户，其通过电子商务交易取得的纯所得，也应依法缴纳个人所得税。

国务院于 2018 年 12 月 13 日发布的，自 2019 年 1 月 1 日起施行的《国务院关于印发个人所得税专项附加扣除暂行办法的通知》（国发〔2018〕41 号）规定了个人所得税的综合所得专项附加扣除具体办法。2019 年 12 月 7 日，《财政部　税务总局关于个人所得税综合所得汇算清缴涉及有关政策问题的公告》，规定了个人所得税综合所得汇算清缴相关内容。

3. 电子商务印花税法律法规

《中华人民共和国印花税法》是印花税的基本法律。电子商务交易双方若存在书立应税凭证、进行证券交易的行为应依法缴纳印花税。

《中华人民共和国印花税法》第十二条的（八）规定：下列凭证免征印花税：个人与电子商务经营者订立的电子订单。因此，电子商务经营者和个人订立的电子订单免征印花税。个人在电子商务经营者下单后，发票要求开给企业，虽然是企业采购和取得发票，但是因为印花税的纳税义务是在书立时确认的，所以也应属于免税订单，不应按发票确认。但如果用户账号是企业账户，在货运 App 上提交订单，则不属于免征印花税的订单，需要按运输合同双方缴纳印花税。此外，企业账户在线上提交订单即视为合同书立。

4. 电子商务税收确定法律法规

（1）电子商务税务登记法律法规

《税收征收管理法》第二章第一节是税务登记。国家税务总局于 2003 年 1 月 20 日发布的，自 2004 年 2 月 1 日起施行的《税务登记管理办法》（国家税务总局令第 7 号）是税务登记的直接法律规范。2006 年 3 月 16 日国家税务总局发布《国家税务总局关于完善税务登记管理若干问题的通知》（国税发〔2006〕37 号）。2007 年 5 月 18 日国家税务总局发布《国家税务总局关于进一步加强个体工商户税务登记管理的通知》（国税函〔2007〕505 号）。

电子商务税收登记的主体是电子商务经营者，包括电子商务平台经营者、平台内经营者以及通过自建网站、其他网络服务销售商品或者提供服务的电子商务经营者。《电子商务法》第十一条规定："电子商务经营者应当依法履行纳税义务，并依法享受税收优惠。依照前款规定不需要办理市场主体登记的电子商务经营者在首次纳税义务发生后，应当依照税收征收管理法律、行政法规的规定申请办理税务登记，并如实申报纳税。"

（2）电子商务账簿凭证管理法律法规

为保证纳税人真实记录其经营活动，客观反映有关纳税的信息资料，防止纳税人伪造、变造、隐匿、擅自销毁账簿和记账凭证，《税收征收管理法》第二章中第二节规定了账簿、凭证管理的相关内容。《中华人民共和国会计法》《中华人民共和国会计法实施细则》第二章均是会计核算，规定了会计账簿、会计凭证、财务会计报告和其他会计资料。

纳税人、扣缴义务人会计制度健全，能够通过计算机正确、完整地计算其收入和所得或者代扣代缴、代收代缴税款情况的，其计算机输出的完整的书面会计记录，可视同会计账簿。纳税人使用计算机记账的，应当在使用前将会计电算化系统的会计核算软件、使用说明书及有关资料报送主管税务机关备案。纳税人建立的会计电算化系统应当符合国家有关规定，并能正确、完整地核算其收入或者所得。

（3）电子商务纳税申报法律法规

电子商务纳税申报是指经税务机关批准的纳税人通过电话语音、电子数据交换和网络传输等形式办理的纳税申报。

《税收征收管理法》第二章中第三节规定了纳税申报的相关内容，《中华人民共和国税收征收管理法实施细则》第四章规定了纳税申报，纳税人采用电子方式办理纳税申报的，应当按照税务机关规定的期限和要求保存有关资料，并定期书面报送主管税务机关。《国家税务总局关于发布〈网上纳税申报软件管理规范（试行）〉的公告》规定了加强网上纳税申报软件的管理，优化纳税服务，确保纳税人申报的电子涉税数据准确、完整、安全。2015年9月，国家税务总局印发的《"互联网+税务"行动计划》提出："为纳税人提供便捷高效的网上申报纳税平台，实现申报纳税网上办理全覆盖和资料网上采集全覆盖。借助银行等金融机构的第三方信息，探索自然人实名认证、在线开户，逐步通过互联网实现面向自然人的个人所得税、车船税申报纳税等业务。"

（4）电子商务发票管理法律法规

电子发票是指单位和个人在购销商品、提供或者接受服务，以及从事其他经营活动中，按照税务机关要求的格式，使用税务机关确定的开票软件开具的电子收付款凭证。电子商务因其无纸化而使用电子发票。

《税收征收管理法》第二章中第二节账簿、凭证管理规定了发票制度。为了加强发票管理和财务监督，保障国家税收，维护经济秩序，根据《税收征收管理法》，1993年12月23日，财政部发布并施行了《中华人民共和国发票管理办法》（国函〔1993〕174号）。该办法是发票管理的直接法律依据。2015年1月26日，国家税务总局发布《国家税务总局关于推行通过增值税电子发票系统开具的增值税电子普通发票有关问题的公告》(国家税务总局公告 2015 年第 84 号)。2017 年 3 月 21 日，国家税务总局发布《国家税务总局关于进一步做好增值税电子普通发票推行工作的指导意见》(税总发〔2017〕31 号)。2018 年 7 月 23 日，国家税务总局发布《国家税务总局关于增值税电子普通发票使用有关事项的公告》(国家税务总局公告 2018 年第 41 号)。《电子商务法》第十四条规定:“电子商务经营者销售商品或者提供服务应当依法出具纸质发票或者电子发票等购货凭证或者服务单据。电子发票与纸质发票具有同等法律效力。”2019 年 7 月 2 日,《国家税务总局关于发布〈企业自建和第三方电子发票服务平台建设标准规范〉的通知》(税总发〔2019〕84 号)，明确了电子发票服务平台的业务功能及服务、技术、安全、运维等保测评等要求，自 2019 年 6 月 30 日起实施。2020 年 12 月 20 日，国家税务总局发布的《国家税务总局关于在新办纳税人中实行增值税专用发票电子化有关事项的公告》(国家税务总局公告 2020 年第 2 号)，对增值税专用发票的电子化及其管理进行规范。

5. 电子商务税款征收法律法规

税款征收是国家税务机关依照税收法律法规将纳税人应缴纳的税款组织征收入库的一系列活动的总称。税款征收是税收征收管理工作的中心环节，它既是纳税人依法履行纳税义务的重要体现，也是税收征收管理工作的目的和归宿。电子商务作为交易方式并不改变税款征收方式，因此应遵循税款征收基本制度。

《税收征收管理法》第三章税款征收包括：税款征收方式、应纳税额的核定及调整、应纳税款的缴纳和入库等税款征收的基本制度；纳税担保、税收保全、税收强制执行、税收代位权与撤销权、税收优先权、欠税清缴等税款征收的保障制度；税收减免、多缴税款的退还、未缴或少缴税款的补缴和追征等税款入库制度。《中华人民共和国税收征收管理法实施细则》第四十条规定:“税务机关应当根据方便、快捷、安全的原则，积极推广使用支票、银行卡、电子结算方式缴纳税款。”国家税务总局于 2005 年 5 月 24 日发布，自 2005 年 7 月 1 日起施行的《纳税担保试行办法》(国家税务总局令第 11 号)。2007 年 3 月 5 日，国家税务总局发布《国家税务总局关于税务机关实施税收保全措施有关问题的通知》(国税发〔2007〕24 号)。2011 年 1 月 12 日，国家税务总局发布《国家税务总局关于严格执行税款退库办理制度的通知》(国税函〔2011〕19 号)。国家税务总局于 2014 年 3 月 25 日发布，自 2014 年 9 月 1 日起施行的《税款缴库退库工作规程》(国家税务总局令 2014 年第 31 号)。《“互联网 + 税务”行动计划》提出：明确电子数据的法律效力和配套规章，探索纳税人缴税和退税新模式，修订配套规章和制度，保障纳税人涉税事项备案、审批、缴税等全程无纸化。

6. 电子商务税务检查法律法规

税务检查是税务机关根据税收法律、行政法规的规定对纳税人、扣缴义务人履行纳税义务和扣缴义务的情况进行监督、审查与处理的总称。电子商务企业与传统企业并无本质的区别，只是销售载体不同，电子商务税务检查程序依照《税收征收管理法》的规定进行。

《税收征收管理法》第四章税务检查、《中华人民共和国税收征收管理法实施细则》第六章税务检查，规定了税务机关享有账证检查、场地检查、责成提供资料、询问、交通邮政检查、存款账户检查等检查权；履行出示税务检查证和税务检查通知书、保密、回避等义务。纳税人及扣缴义务人有拒绝非法检查权与保密权；接受检查、如实反映情况、提供有关资料等义务。电子商务的数字化、无纸化、跨省区甚至跨境结算的交易方式，给税务检查定性带来困难。无纸化网上交易，交易合同、订单销售票据等都以加密的电子票据形式存在，使以发票、凭证、账簿和报表为依据的税务检查失去了最直接的凭证依据。计算机网络加密系统给税务检查设置了防护屏障。以往税务机关通过查阅银行账户收支情况得到纳税人有关交易数据，以此判断其申报的收入情况是否属实，而电子货币的结合使用，使这种监督机制的作用明显降低。

7. 电子商务税务救济法律法规

税务救济是国家机关为排除税务具体行政行为对税收相对人合法权益的侵害，通过解决税收争议，制止和矫正违法或不当的税收行政侵权行为，从而使税收相对人的合法权益获得补救的法律制度的总称。税务救济方式包括税务行政复议、税务行政诉讼及税务行政赔偿。电子商务只是交易方式，并不改变税务救济程序，因此，电子商务税务救济程序包括电子商务税务行政复议、电子商务税务行政诉讼及电子商务税务行政赔偿。

（1）电子商务税务行政复议法律法规

税务行政复议是指当事人不服税务机关及其工作人员作出的税务具体行政行为，认为税务具体行政行为侵犯其合法权益，依法向上一级税务机关提出申请，复议机关经审理对原税务机关具体行政行为依法作出维持、变更、撤销等决定的活动。税务行政复议的目的是发挥行政复议解决税务行政争议的作用，保护公民、法人和其他组织的合法权益，监督和保障税务机关依法行使职权。

《中华人民共和国行政复议法》是税务行政复议基本法，《税务行政复议规则》是税务行政复议特别法。其主要内容包括：①救济主体。公民、法人和其他组织认为税务机关的具体行政行为侵犯其合法权益，可以书面或口头向税务行政复议机关申请行政复议。②救济途径。对各级税务局的具体行政行为不服的，向其上一级税务局申请行政复议；对税务所（分局）、各级税务局的稽查局的具体行政行为不服的，向其所属税务局申请行政复议。③救济期限。申请人可以在自知道税务机关作出具体行政行为之日起六十日内提出行政复议申请。

（2）电子商务税务行政诉讼法律法规

税务行政诉讼是指纳税人认为征税机关的具体行政行为侵犯了其合法权益，向法院提起行政诉讼并由法院作出裁决的诉讼制度，其既包括纳税人对法院直接起诉，也包括纳税人对征税行为提起行政复议后，对行政复议结果不服向法院提起的诉讼。税务行政诉讼的原告是税收相对人，包括纳税人、扣缴义务人及其他税收相对人。被告是作出具体行政行为的税务机关。税务行政诉讼的对象只能是税务机关作出的税务具体行政行为。对于税务机关作出的抽象行政行为、内部行政行为和国家行为不得提起税收行政诉讼。

《中华人民共和国行政诉讼法》是税务行政诉讼基本法，《税收征管法》是税务行政诉讼特别法。主要内容包括：①救济主体。公民、法人或者其他组织认为税务机关和税务工作人员的行政行为侵犯其合法权益，有权按照《中华人民共和国行政诉讼法》向人民法院提起行政诉讼。②救济途径。申请人对征税行为不服的，应当先向行政复议机关申请行政复议；对行政复议决定不服的，可以向人民法院提起行政诉讼。申请人对征税行为以外的其他具体行政行为不服的，可以申请行政复议，也可以直接向人民法院提起行政诉讼。③救济期限。公民、法人或者其他组织直接向人民法院提起诉讼的，应当自知道或者应当知道作出行政行为之日起六个月内提出。法律另有规定的除外。公民、法人或者其他组织不服复议决定的，可以在自收到复议决定书之日起十五日内向人民法院提起诉讼。复议机关逾期不作出决定的，申请人可以在自复议期满之日起十五日内向人民法院提起诉讼。法律另有规定的除外。

（3）电子商务税务行政赔偿法律法规

税务行政赔偿是指税务机关和税务机关工作人员违法行使税收征管职权，对纳税人合法权益造成损害的，由国家承担赔偿责任，并由致害的税务机关具体履行义务的法律救济制度。税务行政赔偿的侵权主体是行使国家税收征管职权的税务机关及其工作人员，税务机关及其工作人员行使税收征管职权的行为违法，存在合法权益受到损害的事实，违法行为与损害后果有因果关系。

《中华人民共和国国家赔偿法》是税务行政赔偿的基本法。其主要内容包括：①救济主体。税务机关及其工作人员、受税务机关委托的组织或个人违法行使职权侵犯公民、法人和其他组织的合法权益造成损害的，受害的公民、法人和其他组织有权要求赔偿。②救济途径。赔偿请求人可以采取书面形式或口头形式自行向作为赔偿义务机关的税务机关提起行政赔偿申请，也可以委托他人提起行政赔偿申请。③救济期限。赔偿请求人请求国家赔偿的时效为两年，自其知道或者应当知道国家机关及其工作人员行使职权时的行为侵犯其人身权、财产权之日起计算，但被羁押等限制人身自由期间不计算在内。在申请行政复议或提起行政诉讼时一并提出赔偿请求的，适用行政复议法、行政诉讼法有关时效的规定。

小提示

《中华人民共和国行政复议法》是为了防止和纠正违法的或者不当的具体行政行为，保护公民、法人和其他组织的合法权益，保障和监督行政机关依法行使职权，根据宪法，制定本法。本法由第九届全国人民代表大会常务委员会第九次会议于1999年4月29日通过，自1999年10月1日起施行。当前版本为2017年9月1日第十二届全国人民代表大会常务委员会第二十九次会议修正。2022年10月27日，《中华人民共和国行政复议法（修订草案）》首次提请全国人大常委会会议审议。

【知识拓展】

课税的理论依据

纳税人为什么必须缴纳税金，即课税依据的问题。自17世纪以来，西方许多经济学家从不同的角度进行了讨论，从而形成了有关课税依据的理论。

1. 公需说

公需说也称公共福利说，起源于17世纪德国官房学派。公需说从国家职能出发，认为国家职能在于满足公共需要，增进公共福利，为此需要支出费用。税收就是实现这种职能的物质条件，国家及公共团体是为了充实公共需要才要求人民纳税的。

2. 交换说

交换说也称买卖交易说、均等说、利益说或代价说，始于18世纪资本主义经济发展初期，由于国家契约主义发展而逐渐形成。

交换说以自由主义的国家学说和个人主义为基础，认为国家和个人是各自独立平等的实体，因国家的活动而使人民受益，人民就应当向国家提供金钱，税收就是这两者的交换。

3. 义务说

义务说起源于19世纪英国所倡导的税收牺牲学说，经德国社会政策学派瓦格纳进一步完善，强调国家的权力。为了实现其职能，国家必须强制课征税收，否则个人生活就无法想象。对于纳税人来说，纳税是强制义务。

4. 经济调节说

经济调节说是西方资本主义发展到国家垄断阶段以后产生的、以凯恩斯主义为代表的理论观点。该学说认为，西方社会的市场经济机制失灵，不能实现资源的有效配置、社会财富的公平分配和经济的稳定与增长，因此需要社会政策予以矫正。税收是国家政策的重要手段，是完善市场机制、调节国民经济运行的重要工具之一。因此，税收除实施聚集财政收入等基本职能外，还对国家有效调整资源配置，实现资源有效利用，调节国民收入与财富的分配，增进社会的福利，刺激有效需求，调节社会总供求及产业结构、地区平衡、促进经济稳定增长等宏观经济政策目标发挥作用。

（来源：https://wiki.mbalib.com/wiki/%E7%A8%8E%E6%B3%95，有改动）

课后思考

1. 税收的特征是什么？
2. 简述电子商务与税收的关系。
3. 电子商务税收法律关系主体是什么？
4. 简述电子商务关税法律制度。
5. 简述电子商务印花税法律法规。

项目九

争议解决的法律法规

【知识导航】

在电子商务环境下，网络空间的全球性和不确定性，使网络行为与传统管辖之间的关系变得模糊和不确定，给传统的司法管辖权理论带来了极大的冲击和挑战。电子商务纠纷解决程序法上的主要问题包括诉讼管辖、法律适用、电子证据、在线争议解决方式等。电子商务纠纷除了可以在原有法律救济体制内寻求解决外，业内人士还积极寻找适合电子商务或网络特点的新形式的纠纷解决方式——在线纠纷解决机制。

【知识结构】

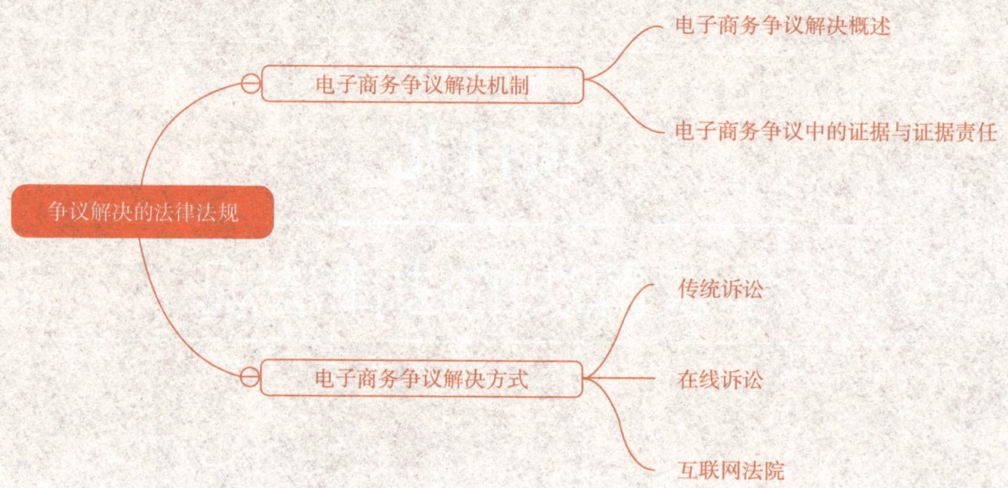

【学习目标】

◆ 知识目标

1. 了解电子商务争议解决的基本知识，掌握电子商务争议中的证据、证据责任。
2. 掌握电子商务争议解决方式。

◆ 能力目标

1. 能够区分不同的电子商务争议解决方式。
2. 能够正确处理电子商务争议。

◆ 素养目标

通过本项目的学习，了解争议解决的法律法规的基本知识，增强对依法治国的认识，培养运用法律手段解决商务争议。

单元一　电子商务争议解决机制

近年来，我国电子商务得到了长足的发展，不过，电子商务的发展必然带来相应的纠纷，而在对这类纠纷进行处理的时候，不仅需要相应的实体法，还需要相应的程序法。

一、电子商务争议解决概述

1. 电子商务发展带来的纠纷

电子商务交易方式的优越性彰显无遗——便捷、高效和成本低廉。但是人们在轻松享受这种交易的同时，发现虚假广告、网络欺诈、域名争议、侵犯著作权、损害名誉权和隐私权的纠纷充斥着媒体版面和周围的生活。电子商务中骤然增多的形形色色的争议、纠纷若得不到及时解决将大大损害人们对电子商务的信心，成为制约电子商务发展的瓶颈之一。如何及时、有效地解决这些争议，增强人们对电子商务的信心，促进电子商务的健康发展，是企业、政府共同关心的话题。

根据《2020 年（上）中国电子商务用户体验与投诉监测报告》显示，2020 年上半年，国内网购依旧为电子商务行业投诉“重灾区”，占比为 58.09%。商家与平台间的纠纷其次，占比为 1.72%，跨境网购排名紧跟其后，占比为 8.0%。广东省、江苏省、浙江省、山东省、上海市、北京市为投诉用户最密集的地区，与当地的网购消费热度有直接联系，占比达到 46.22%。同比上一年上半年期间，河北省、辽宁省跻身投诉用户最多地区前十名。福建省、湖北省却掉出前十名，现分别排名第 11、12 位。排名前三的用户投诉金额区间分布在 100 ~ 500 元、1000 ~ 5000 元、0 ~ 100 元的占比分别为 26.22%、21.02%、18.35%。投诉的男性、女性占比分别为 44.814%、55.144%。在 6 月期间，因“6・18”大促的到来，优惠力度大，刺激了经济消费市场，男女网购之间比例差距缩小。2020 年上半年受疫情影响，直播带货、地摊经济成冲破经济增长困局的“黑马”。异军突起的直播带货，的确为我国经济的发展以及脱贫攻坚按下“快进键”。但也因直播平台在内容审核机制、监督管理上不够完善，让不少商家以及带货主播“钻空子”，出现商品与实际宣传不符（虚假宣传）、商品性能被夸大、全网最低价不实、商品质量难保障、假冒伪劣商品层出不穷、售后服务不到位等问题，严重侵害了消费者的合法权益。

从以上数据中我们不难看出，时下我国电子商务争议不仅包括经营者之间的争议、经营者和消费者之间的争议、经营者和其他主体（如知识产权人）之间的争议，还包括平台内经营者或者其他主体与平台经营者之间的争议。

2. 我国《电子商务法》中关于纠纷解决的规定

《电子商务法》兼容传统和新型争议解决方式，第六十条规定："电子商务争议可以通过协商和解，请求消费者组织、行业协会或者其他依法成立的调解组织调解，向有关部门投诉，提请仲裁，或者提起诉讼等方式解决。"在此规定中，虽没有规定所列举的争议解决方式必须在线运行，但是最高人民法院已经提出创新在线纠纷解决方式、推广现代信息技术在多元化纠纷解决机制中运用的要求。第六十三条规定："电子商务平台经营者可以建立在线争议解决机制，制定并公示争议解决规则，根据自愿原则，公平、公正地解决当事人的争议。"这项规定的在线解决机制是电子商务争议解决的创新和重要补充，并具有自愿性、中立性和在线性三个突出特征。

（1）商品、服务质量担保机制和先行赔偿责任

国家鼓励电子商务平台经营者建立有利于电子商务发展和消费者权益保护的商品、服务质量担保机制。

电子商务平台经营者与平台内经营者协议设立消费者权益保证金的，双方应当就消费者权益保证金的提取数额、管理、使用和退还办法等作出明确约定。

消费者要求电子商务平台经营者承担先行赔偿责任以及电子商务平台经营者赔偿后向平台内经营者的追偿，适用《消费者权益保护法》的有关规定。

（2）电子商务经营者的投诉举报机制

针对实践中消费者投诉举报困难的问题，《电子商务法》第五十九条规定："电子商务经营者应当建立便捷、有效的投诉、举报机制，公开投诉、举报方式等信息，及时受理并处理投诉、举报。"

（3）电子商务争议的解决方式

电子商务争议可以通过以下方式予以解决：协商和解，请求消费者组织、行业协会或者其他依法成立的调解组织调解，向有关部门投诉，提请仲裁，提起诉讼等。

（4）协助维权义务

当消费者在电子商务平台购买商品或者接受服务与平台内经营者发生争议时，电子商务平台经营者应当积极协助消费者维护合法权益。

（5）电子商务经营者提供原始合同和交易记录的义务

在电子商务争议处理中，电子商务经营者应当提供原始合同和交易记录。因电子商务经营者丢失、伪造、篡改、销毁、隐匿或者拒绝提供前述资料，致使人民法院、仲裁机构或者有关机关无法查明事实的，电子商务经营者应当承担相应的法律责任。

（6）电子商务平台在线争议解决机制

电子商务平台经营者可以建立在线争议解决机制，制定并公示争议解决规则，根据自愿原则，公平、公正地解决当事人的争议。

电子商务争议中的证据与证据责任

二、电子商务争议中的证据与证据责任

计算机"芯片"的产生，宣告了信息时代的来临。计算机和网

络技术的巨大变革，突破了信息固定与传递的传统模式，进而改变了信息取得的方式、买卖的方式、交易和交往的方式。由于计算机及其网络大行其道，网上购物、网上挂号、网上咨询、网上订票、网上通信等电子商务行为的促进，证据的形式正在发生着深刻变化。

1. 证据的概念及分类

所谓证据，指用以证明某一事物客观存在或某一主张成立的有关事实材料。证据可分为一般证据和诉讼证据。诉讼证据有三个最基本的特征，即客观性、关联性和合法性。

2. 电子证据

（1）电子证据的概念

电子证据，也称为电子数据，是指通过电子邮件、电子数据交换、网上聊天记录、博客、微博客、手机短信、电子签名、域名等形成或者存储在电子介质中的信息。

（2）电子证据的内容

根据2019年修改后的《最高人民法院关于民事诉讼证据的若干规定》第十四条的规定，电子数据包括下列信息、电子文件：

①网页、博客、微博客等网络平台发布的信息。

②手机短信、电子邮件、即时通信、通信群组等网络应用服务的通信信息。

③用户注册信息、身份认证信息、电子交易记录、通信记录、登录日志等信息。

④文档、图片、音频、视频、数字证书、计算机程序等电子文件。

⑤其他以数字化形式存储、处理、传输的能够证明案件事实的信息。

思政课堂

习近平总书记在《求是》杂志上发表的文章《加快建设科技强国，实现高水平科技自立自强》中指出，科技事业在党和人民事业中始终具有十分重要的战略地位、发挥了十分重要的战略作用。我国科技实力正在从量的积累迈向质的飞跃、从点的突破迈向系统能力提升。立足新发展阶段、贯彻新发展理念、构建新发展格局、推动高质量发展，必须面向世界科技前沿、面向经济主战场、面向国家重大需求、面向人民生命健康，深入实施科教兴国战略、人才强国战略、创新驱动发展战略，完善国家创新体系，加快建设科技强国，实现高水平科技自立自强。

（来源：光明网）

3. 电子证据的调查收集及真实性判定

当事人以电子数据作为证据的，应当提供原件。电子数据的制作者制作的与原件一致的副本，或者直接来源于电子数据的打印件，或其他可以显示、识别的输出介质，被视为电子数据的原件。

（1）人民法院调查收集视听资料、电子数据，应当要求被调查人提供原始载体

提供原始载体确有困难的，可以提供复制件。提供复制件的，人民法院应当在调查笔录中说明其来源和制作经过。人民法院对视听资料、电子数据采取证据保全措施的，适用前款规定。

（2）电子证据真实性的判定

对于电子数据的真实性，应当结合下列因素综合判断：

①电子数据的生成、存储、传输所依赖的计算机系统的硬件、软件环境是否完整、可靠。

②电子数据的生成、存储、传输所依赖的计算机系统的硬件、软件环境是否处于正常运行的状态，或者其不处于正常运行状态时对电子数据的生成、存储、传输是否有影响。

③电子数据的生成、存储、传输所依赖的计算机系统的硬件、软件环境是否具备有效防止出错的监测与核查手段。

④电子数据是否被完整地保存、传输、提取，保存、传输、提取的方法是否可靠。

⑤电子数据是否在正常的往来活动中形成和存储。

⑥保存、传输、提取电子数据的主体是否适当。

⑦影响电子数据完整性和可靠性的其他因素。

4. 电子商务争议中的证据责任

在电子商务纠纷中，举证是个难题，证据不好保存，也不便让当事人采取律师见证、公证机关公证、外交机构认证、市场监督管理部门鉴证以及利用先进的电子设备制成视听资料等方式保存证据。

为了最大限度地保护电子商务消费者的合法权益，《电子商务法》第六十二条规定："在电子商务争议处理中，电子商务经营者应当提供原始合同和交易记录。因电子商务经营者丢失、伪造、篡改、销毁、隐匿或者拒绝提供前述资料，致使人民法院、仲裁机构或者有关机关无法查明事实的，电子商务经营者应当承担相应的法律责任。"

也就是说，当消费者与电子商务经营者发生纠纷时，是由电子商务经营者提供交易证据。这可以避免一些消费者因各种原因无法提供有关证据，造成投诉困难的局面。

单元二　电子商务争议解决方式

基于网络空间的特性，电子商务与传统民商事活动有着很大的差别，由此决定了电子商务案件诉讼管辖与传统民商事案件的诉讼管辖存在很大的不同。传统诉讼

管辖的理论已不能完全有效地应对电子商务案件诉讼面临的问题。线上诉讼和互联网法院成为解决电子商务诉讼问题的有效方法。

一、传统诉讼

电子商务诉讼属于经济诉讼，经济诉讼一般适用于民事诉讼法。

1. 民事诉讼法基本制度

（1）公开审判制度，指人民法院的审判活动除合议庭评议案件外，还应向群众和社会公开的制度。所谓公开，主要体现在两点：一是向群众公开，即允许群众旁听法院对案件的审判；二是向社会公开，即允许新闻记者对案件审理的情况进行报道，将案情公布于众。依照法律的规定，除不予公开和可以不公开审理的案件外，一律依法公开审理。

（2）合议制度是相对于独任制度而言的，指由三名以上单数审判人员组成合议庭对民事案件进行审理的制度。

（3）回避制度，指审判人员和其他有关人员遇到法律规定不宜参加案件审理的情形时，退出案件审理活动的制度。

（4）两审终审制度，指一个民事案件经过两级法院的审判，案件的审判即宣告终结的制度。根据该制度，一个民事案件经第一审人民法院审判后，当事人如果不服，有权依法向上一级人民法院提出上诉，上一级人民法院对上诉案件审理后作出的判决和裁定，是终审判决、裁定，当事人不得再提起上诉。

2. 民事诉讼管辖

民事诉讼管辖指各级法院之间和同级法院之间受理第一审民事案件的分工和权限。诉讼管辖是一国民事诉讼法的重要内容。我国的民事诉讼管辖分为级别管辖和地域管辖。

级别管辖指各级法院之间受理第一审民事案件的分工和权限。通常，基层人民法院管辖第一审民事案件，但重大涉外案件、在本辖区有重大影响的案件和最高人民法院确定由中级人民法院管辖的案件由中级人民法院受理。高级人民法院管辖在本辖区有重大影响的第一审民事案件。在全国有重大影响的案件，被认为应当由最高人民法院审理的案件作为最高人民法院管辖的第一审民事案件。我国对民事案件实行两审终审制。

地域管辖指同级人民法院间在各自辖区受理第一审民事案件的分工和权限。在地域管辖问题上一般采用“原告就被告”的原则，即通常由被告住所地人民法院管辖，被告住所地与经常居住地不一致的，由经常居住地人民法院管辖。

3. 第一审普通程序

第一审普通程序是人民法院审理第一审民事案件所适用的最基本的程序。它具体包括起诉、受理、审理前的准备、开庭审理。

（1）起诉

起诉必须具备的条件是：①原告是与本案有直接利害关系的公民、法人或其他组织，有明确的被告；②有具体的诉讼请求和事实、理由；③属于人民法院受理民事诉讼的范围和受诉人民法院管辖。

（2）受理

①人民法院收到民事诉状或者口头起诉，经审查，符合起诉条件的，应当在七日内立案，并及时通知当事人。

②认为不符合起诉条件的，应当在七日内裁定不予受理。

③原告对裁定不服的，可以提起上诉。

（3）审理前的准备

审理前的准备主要有以下几项：①送达起诉状副本并提出答辩状；②告知当事人诉讼权利义务及合议庭组成人员；③审阅诉讼材料，调查收集必要的证据；④追加当事人。

（4）开庭审理

开庭审理主要包括开庭准备、法庭调查、法庭辩论和评议及宣判。

二、在线诉讼

近年来，人民法院充分运用信息化成果，不断推进智慧法院建设，促使互联网与司法深度融合。各地法院积极转变工作方式，纷纷推行在线诉讼，掌上立案、远程调解、隔空开庭、云端执行等线上司法服务模式得到了发展。

1. 在线诉讼的概念

在线诉讼指依托中国移动微法院、诉讼服务网、“12368 诉讼服务热线”等在线诉讼平台，全面开展的网上立案、调解、证据交换、庭审、宣判、送达等在线诉讼活动。在线诉讼能够有效满足人民群众的司法需求，确保人民法院审判工作平稳有序地运行。

2. 是否采用在线诉讼适用尊重当事人意愿原则

采取人民法院推进在线诉讼，既要充分考虑案件类型、难易程度、轻重缓急等因素，又要切实维护当事人的合法诉讼权益，尊重当事人对案件办理模式的选择权，全面告知其在线诉讼的权利义务和法律后果。当事人同意案件在线办理的，应当在信息系统确认、留痕，确保相关诉讼活动的法律效力。当事人不同意案件在线办理，依法申请延期审理的，人民法院应当准许，不得强制适用在线诉讼。案件符合诉讼法律关于中止审理有关规定的，人民法院可以中止诉讼。

各级人民法院在线办理案件，要确保各方诉讼参与人的身份的真实性，通过证件证照比对、生物特征识别、实名手机号码关联等方式在线完成身份认证，提供给各方诉讼参与人诉讼平台专用账号，实现“人、案、账号”匹配一致。

3. 在线诉讼的立案环节

当事人及其诉讼代理人通过在线方式提交立案申请的，人民法院应当在收到起诉材料后七日内进行审核，符合法律规定起诉条件的，应当登记立案；若提交材料不符合要求的，人民法院应当通过在线诉讼平台及时要求补正，并一次性告知其应当补正的内容和期限，逾期未补正的，起诉材料作退回处理；不符合起诉条件，经人民法院释明后，原告坚持继续起诉的，裁定或者决定不予受理、不予立案。

当事人及其诉讼代理人在线提交立案材料确有困难的，可以选择就近的一家法院提交立案材料。相关人民法院应当按照跨域立案的工作机制和程序，及时办理立案手续。

4. 在线诉讼的庭审环节

采取在线庭审时，应综合考虑技术条件、案件情况和当事人意愿等因素。民商事、行政案件一般均可以采取在线方式开庭，但案件存在双方当事人不同意在线庭审、不具备在线庭审技术条件、须现场查明身份、核对原件、查验实物等情形的，不适用在线庭审。刑事案件可以采取远程视频方式讯问被告人、宣告判决、审理减刑、假释案件等。对适用简易程序、速裁程序的简单刑事案件、认罪认罚从宽案件的刑事案件，可以探索采取远程视频方式开庭。

在线庭审活动应当遵循诉讼法律及司法解释的相关规定，充分保障当事人申请回避、举证、质证、陈述、辩论等诉讼权利。在线庭审应当以在线视频方式进行，不得采取书面或者语音方式。

当事人明确同意在线庭审，但不按时参加或者庭审中擅自退出的，除经查明确属网络故障、设备损坏、电力中断或者不可抗力等原因外，可以认定为“拒不到庭”和“中途退庭”，分别按照诉讼法律及相关司法解释的规定处理。

人民法院应当积极运用语音识别技术同步生成庭审电子笔录，由审判人员、法官助理、书记员、当事人及其他诉讼参与人等在线确认，确保在线庭审活动效力。在线庭审过程中，应当按照《最高人民法院关于人民法院庭审录音录像的若干规定》，全程录音录像并存储归档。

5. 送达环节

人民法院可以采取电子送达。经受送达人同意，可以通过中国移动微法院、中国审判流程信息公开网、全国统一送达平台、传真、电子邮件、即时通信账号等电子方式送达诉讼文书和当事人提交的证据材料。

6. 人民法院应保证全方位诉讼服务

人民法院推进一站式多元解决纠纷机制和一站式诉讼服务中心建设，升级在线诉讼服务平台，拓展在线诉讼服务功能，为当事人和社会公众在线提供诉讼咨询、交费退费、信息查询、联系法官、申诉信访、举报投诉等全方位诉讼服务，保障当事人足不出户即可获取司法信息、办理诉讼事项，切实减少人员出行和聚集，服务于疫情防控工作。

7. 在线诉讼的发展方向

依托互联网法院的司法实践，最高人民法院还将进一步理顺诉讼流程，明确操作规范，在2020年底前出台适用于全国法院的在线诉讼司法解释。研究制定电子诉讼平台技术标准和数据安全标准，加大诉讼统一平台的建设和监督管理力度。指导互联网法院加强与政府机关、互联网企业交流合作，打通数据共享渠道，建立数据共享平台，实现内外网数据安全交互。积极协调相关部门在人员编制、机构设置、技术支持、专门人才培养等方面的配套支持，推动互联网法院建设迭代升级。

小提示

电子商务纠纷协商和解的原则如下。

（1）协作原则

消费者与电子商务经营者在融洽的气氛中，在互相谅解的基础上，本着实事求是、团结协作的精神，自愿达成协议，避免只从自己利益出发，坚持己见，互不相让。

（2）平等原则

消费者和电子商务经营者应在平等前提下自行协商解决消费者权益争议。绝不允许任何一方凭借某种势力以强凌弱、以大压小，享有特权，获得不平等的利益。

（3）行政不干预原则。

消费者和电子商务经营者的纠纷协商和解，应建立在双方互相谅解的基础上，行政部门不予干预。

三、互联网法院

互联网法院是新生事物，我国在这方面进行了有益的探索，2018年9月3日，最高人民法院审判委员会第1747次会议审议通过了《最高人民法院关于互联网法院审理案件若干问题的规定》，该规定成了规范互联网法院诉讼活动、保护当事人及其他诉讼参与人合法权益、确保公正高效审理案件的主要依据。

1. 互联网法院的含义及其发展状况

互联网法院指采取在线方式审理案件，案件的受理、送达、调解、证据交换、庭前准备、庭审、宣判等诉讼环节一般应当在线上法院完成。当然，根据当事人申请或者案件审理需要，互联网法院可以决定在线下完成部分诉讼环节。

2017年8月，最高人民法院在杭州设立了全球首家互联网法院。2018年9月，又先后增设北京、广州互联网法院。三家互联网法院设立以来，审理了一大批具有重大影响的案件，探索了一系列“网上案件网上审理”的审判工作机制。互联网法院主要集中管辖全市辖区内特定类型涉互联网第一审案件，探索建立与互联网时代相适应的审判模式，推动起诉、调解、立案、庭审、判决、执行等诉讼环节全程网络化。一方面，创新顺应互联网审判的程序规则，建立全类型案件标准化、智能化审理模式；另一方面适应信息化时代要求，发挥跨地域审理优势，方便当事人参与诉讼。

思政课堂

习近平总书记在中国共产党第二十次全国代表大会上的报告中强调，要坚持创新在我国现代化建设全局中的核心地位。完善党中央对科技工作统一领导的体制，健全新型举国体制，强化国家战略科技力量，优化配置创新资源，优化国家科研机构、高水平研究型大学、科技领军企业定位和布局，形成国家实验室体系，统筹推进国际科技创新中心、区域科技创新中心建设，加强科技基础能力建设，强化科技战略咨询，提升国家创新体系整体效能。深化科技体制改革，深化科技评价改革，加大多元化科技投入，加强知识产权法治保障，形成支持全面创新的基础制度。培育创新文化，弘扬科学家精神，涵养优良学风，营造创新氛围。扩大国际科技交流合作，加强国际化科研环境建设，形成具有全球竞争力的开放创新生态。

（来源：二十大报告）

2. 互联网法院的管辖范围

互联网法院的管辖范围包括以下内容。

（1）通过电子商务平台签订或者履行网络购物合同而产生的纠纷。

（2）签订、履行行为均在互联网上完成的网络服务合同纠纷。

（3）签订、履行行为均在互联网上完成的金融借款合同纠纷、小额借款合同纠纷。

（4）在互联网上首次发表作品的著作权或者邻接权权属纠纷。

（5）在互联网上侵害在线发表或者传播作品的著作权或者邻接权而产生的纠纷。

（6）互联网域名权属、侵权及合同纠纷。

（7）在互联网上侵害他人人身权、财产权等民事权益而产生的纠纷。

（8）通过电子商务平台购买的产品，因存在产品缺陷，侵害他人人身权、财产权益而产生的产品责任纠纷。

（9）检察机关提起的互联网公益诉讼案件。

（10）因行政机关进行互联网信息服务管理、互联网商品交易及有关服务管理等行政行为而产生的行政纠纷。

（11）上级人民法院指定管辖的其他互联网民事、行政案件。

3. 互联网法院的互联网诉讼平台建设

互联网法院应当建设互联网诉讼平台（以下简称诉讼平台），作为法院办理案件和当事人及其他诉讼参与人实施诉讼行为的专用平台。通过诉讼平台作出的诉讼行为，具有法律效力。

互联网法院审理案件所需涉案数据，电子商务平台经营者、网络服务提供商、相关国家机关应当提供，并有序接入诉讼平台，由互联网法院在线核实、实时固定、安全管理。诉讼平台对涉案数据的存储和使用，应当符合《中华人民共和国网络安全法》等法律法规的规定。

当事人及其他诉讼参与人使用诉讼平台实施诉讼行为的，应当通过证件证照比对、生物特征识别或者国家统一身份认证平台认证等在线方式完成身份认证，并取得登录诉讼平台的专用账号。使用专用账号登录诉讼平台所作出的行为，视为被认证人本人行为，但因诉讼平台技术原因导致系统错误，或者被认证人能够证明诉讼平台账号被盗用的除外。

4. 互联网法院诉讼流程

（1）案件受理

互联网法院在线接收原告提交的起诉材料，并于收到材料后七日内，在线处理以下。

①符合起诉条件的，登记立案并送达案件受理通知书、诉讼费交纳通知书、举证通知书等诉讼文书。

②提交材料不符合要求的，及时发出补正通知，并于收到补正材料后次日重新起算受理时间；原告未在指定期限内按要求补正的，起诉材料作退回处理。

③不符合起诉条件的，经释明后，原告无异议的，起诉材料作退回处理；原告坚持继续起诉的，依法作出不予受理裁定。

（2）开庭前的准备

互联网法院受理案件后，可以通过原告提供的手机号码、传真、电子邮箱、即时通信账号等，通知被告、第三人通过诉讼平台进行案件关联和身份验证。

被告、第三人应当通过诉讼平台了解案件信息，接收和提交诉讼材料，实施诉讼行为。

互联网法院组织在线证据交换的，当事人应当将在线电子数据上传、导入诉讼平台，或者将线下证据通过扫描、翻拍、转录等方式进行电子化处理后上传至诉讼平台进行举证，或者运用已经导入诉讼平台的电子数据证明自己的主张。

（3）开庭审理

互联网法院采取在线视频方式开庭。存在确需当庭查明身份、核对原件、查验实物等特殊情形的，互联网法院可以决定在线下开庭，但其他诉讼环节仍应当在线完成。

互联网法院根据在线庭审特点，适用《中华人民共和国人民法院法庭规则》的有关规定。除经查明确属网络故障、设备损坏、电力中断或者不可抗力等原因外，当事人不按时参加在线庭审的，视为“拒不到庭”，庭审中擅自退出的，视为“中途退庭”，分别按照《中华人民共和国民事诉讼法》《中华人民共和国行政诉讼法》及相关司法解释的规定处理。

（4）判决文书以及送达

经当事人同意，互联网法院应当通过中国审判流程信息公开网、诉讼平台、手机短信、传真、电子邮件、即时通信账号等电子方式送达诉讼文书及当事人提交的证据材料等。

当事人未明确表示同意，但已经约定发生纠纷时在诉讼中适用电子送达的，或者通过回复收悉、作出相应诉讼行为等方式接受已经完成的电子送达，并且未明确表示不同意电子送达的，可以视为同意电子送达。

经告知当事人权利和义务，并征得其同意，互联网法院可以电子送达裁判文书。当事人提出需要纸质版裁判文书的，互联网法院应当提供。

互联网法院向受送达人主动提供或者确认的电子地址进行送达的，送达信息到达受送达人特定系统时，即为送达。

（5）上诉

当事人对互联网法院审理的案件提起上诉的，第二审法院原则上采取在线方式审理。第二审法院在线审理规则参照适用《最高人民法院关于互联网法院审理案件若干问题的规定》。

当事人对北京互联网法院作出的判决、裁定提起上诉的案件，由北京市第四中级人民法院审理，但互联网著作权属纠纷和侵权纠纷、互联网域名纠纷的上诉案件，由北京知识产权法院审理。

当事人对广州互联网法院作出的判决、裁定提起上诉的案件，由广州市中级人民法院审理，但互联网著作权权属纠纷和侵权纠纷、互联网域名纠纷的上诉案件，由广州知识产权法院审理。

当事人对杭州互联网法院作出的判决、裁定提起上诉的案件，由杭州市中级人民法院审理。

【知识拓展】

电子商务纠纷的特点

(1) 民商事活动的发生可能不依附于任何有形的实体，而是通过计算机之间按照网络协议所进行的数码交换活动所完成的。

(2) 法律行为的发生没有任何地理因素上的联系，而是由网络地址及域名予以特定化的。

(3) 法律行为的活动形式与传统的媒介毫无关联，其所涉及的范围通过虚拟空间遍及全世界。

(4) 人们可在任何地理位置上进行电子商务活动，因此法律行为的主体具有随意性和流动性。

(5) 国际互联网的全球性和无国界性，使电子商务案件大都含有涉外因素。

(6) 司法管辖权问题的复杂化是电子商务案件很显著的一个特征。网络空间的特性导致电子商务案件中合同签订地、合同履行地、侵权行为地等难以确定，这样就容易造成多个国家（地区）同时对一个案件拥有司法管辖权。各国出于对本国国家、社会和国民利益进行保护的考虑，都尽可能地扩大本国法院的司法管辖权，这样就不可避免地造成司法管辖权的冲突。

（来源：https://www.64365.com/zs/1555824.aspx）

课后思考

1. 简述我国《电子商务法》中关于纠纷解决的规定。
2. 什么是电子证据？
3. 简述在线诉讼的概念。
4. 互联网法院的管辖范围包括什么？

项目十

快递物流的法律法规

【知识导航】

运输、仓储、搬运装卸、包装、流通加工、配送以及相关的物流信息构成了物流系统。随着现代化水平的提高，物流业从传统的仓储、运输等功能性环节朝着系统化、综合化的方向发展，其以整体经济效益为追求目标，受到交通、内贸、外贸等部门的影响，因此，必须要建立健全相关的法律法规。

【知识结构】

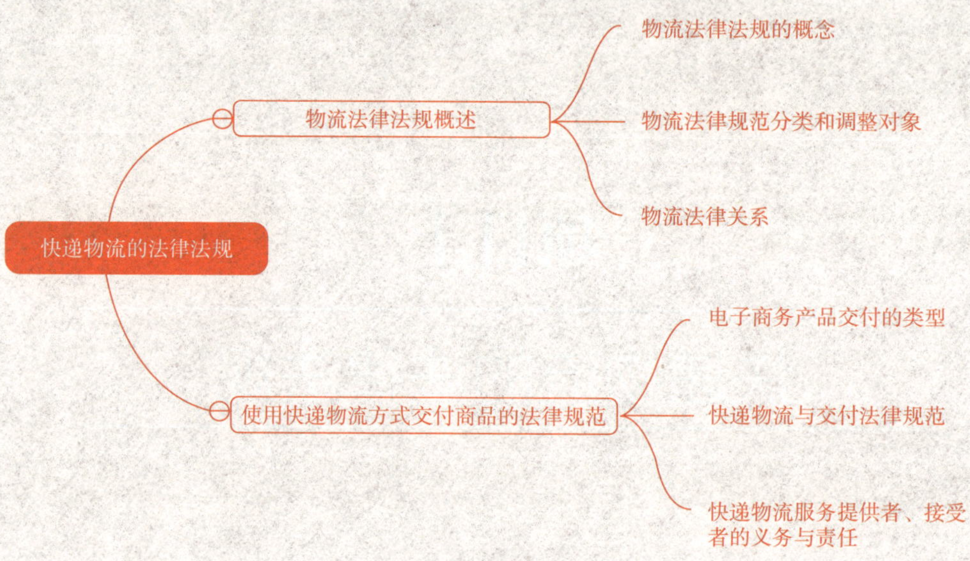

【学习目标】

◆ 知识目标

1. 了解物流及物流法律规范的基本知识，掌握物流法律规范分类、调整对象和物流法律关系。

2. 了解电子商务产品交付的类型，掌握快递物流与交付法律规范，快递物流服务提供者、接受者的义务与责任。

◆ 能力目标

1. 能够区分不同的物流法律关系主体。

2. 能够区分快递物流服务提供者、接受者的义务与责任。

◆ 素养目标

通过本项目的学习，了解快递物流的法律法规的基本知识，积极履行法定责任和义务，增强对物流法律规范的理解和认识。

单元一　物流法律法规概述

物流业是融合运输业、仓储业、货代业和信息业等的复合型服务产业，是国民经济的重要组成部分，涉及领域广，吸纳就业人数多，促进生产、拉动消费作用大，在促进产业结构调整、转变经济发展方式和增强国民经济竞争力等方面发挥着重要作用。

一、物流法律法规的概念

物流法律法规指调整物流活动中产生的以及与物流活动相关的社会关系的法律规范的总和。到目前为止，我国还没有一部统一的物流法，所有与物流相关的法律规范，即物流法律规范，分散于各个部门法之中。

物流法律关系，是以物流主体的权利与义务为内容的法律关系。物流法律关系由主体要素、内容要素与客体要素组成。

二、物流法律规范分类和调整对象

1. 物流法律规范分类

按调整方式的不同进行分类，物流法律规范可以分为管制法规与交易法规。管制法规中大部分为经济法规；交易法规主要为民事商事法律规范，即平等主体之间自由的财产流转法。

从法律效力角度来讲，可以将当前的物流法律规范分为三种：一是国家制定的与物流相关的法律规范，如铁路法、海商法等；二是涉及物流与公路、海港、航道相关的管理条例等行政法规，主要包括公路、水路、铁路、航空货物运输合同的实施细则，航道管理条例，海港管理的暂行条例，公路管理条例，联合运输问题的暂行规定，等等；三是由中央各部委颁布的与物流有关的规章制度，如货物搬运的规定、商品包装的暂行规定、商业运输管理办法、国际铁路货物联运的规定、铁路运输管理办法等。

从我国物流相关的法律法规现状的角度来看，其弥补了过去的“法律空白”，大大提升了法律的效率，对物流业的高速有序发展起到了重要的作用。

2. 物流法律规范的调整对象

法律规范的调整对象是指某一法律部门所调整的特定的社会关系，它是划分法律部门的基本依据和出发点，不同的法律部门有不同的调整对象。物流法的调整对象，是指物流法作为特殊的法律规范体系对现实生活发生作用的范围。

物流法的调整对象是由物流活动产生并与物流活动有关的社会关系。依据物流法所调整的社会关系性质的不同，作为其调整对象的社会关系主要包括两个部分：一是物流活动当事人之间的关系；二是国家行政主体与物流活动当事人之间的关系。同时，它覆盖了以下三种关系。

（1）政府对物流市场的宏观调控关系。

（2）政府对物流经营主体的监管关系。

（3）物流作业过程中发生的物流主体之间的特定社会关系。

三、物流法律关系

1. 物流法律关系的主体

物流法律关系的主体是物流法律关系中权利和义务的承担者，包括权利主体和义务主体。

（1）自然人

自然人包括本国公民、外国人和无国籍人。自然人具有主体资格，可以作为物流法律关系的主体。但由于物流是商业活动，并且法律对一些物流行业的主体有特殊规定，因此自然人要成为物流服务的提供者将受到很大限制，在一些情况下可以通过接受物流服务成为物流法律关系的主体。

（2）法人

法人是指具有民事权利能力和民事行为能力，依法享有民事权利和承担民事义务的组织。

（3）其他组织

其他组织是指合法成立、具有一定组织机构和财产，但不具备法人资格，不能独立承担民事责任的组织，具体包括以下几类组织。

①依法登记领取营业执照的个体工商户、个人独资企业、合伙组织。

②依法登记领取营业执照的合伙型联营企业。

③依法登记领取我国营业执照的中外合作经营企业、外资企业。

④经民政部门批准登记领取社会团体登记证的社会团体。

⑤依法设立并领取营业执照的法人分支机构。

⑥经核准登记领取营业执照的乡镇、街道、村办企业。

2. 物流法律关系的客体

物流法律关系的客体是物流法律关系的主体享有的权利和承担的义务所共同指向的对象。通常为物、行为和智力成果，如运输公司的运送行为、工商行政管理部门对设立物流企业的审核批准行为等。

3. 物流法律关系的内容

物流法律关系的内容是指物流法律关系主体在物流活动中享有的权利和承担的义务。其中，权利是指权利主体能够凭借法律的强制力或合同的约束力，在法定限度内自主为或不为一定行为，以及要求义务主体为或不为一定行为，以实现其实际利益的可能性。义务是指义务主体依照法律规定或应权利主体的要求必须为或不为一定行为，以协助或不妨碍权利主体实现其利益的必要性。

4. 物流法律关系的发生、变更和终止

物流法律关系的发生，又称法律关系的设立，是指因某种物流法律事实的存在而在物流主体之间形成了权利和义务关系。物流法律关系发生的原因首先取决于某种物流法律事实的存在。物流法律事实是指由《民法典》规定的，引起物流法律关系发生、变更和消灭的事实或客观现象，分为事件和行为两大类，其依赖于法律规定和合同约定而存在。

物流法律关系的变更，是指某种物流法律事实的出现使物流主体之间已经发生的物流法律关系的某一要素发生改变。变更的原因是法律规定或者合同约定的某种物流法律事实的出现。

物流法律关系的终止，是指某种物流法律事实的出现导致已存在的物流法律关系归于消灭。终止的原因是出现了某种规定或约定的物流法律事实，其法律后果是原本存在的某种物流法律关系不复存在。

思政课堂

习近平总书记在十九届中央政治局第三十五次集体学习时的讲话中强调："法治兴则民族兴，法治强则国家强。当前，我国正处在实现中华民族伟大复兴的关键时期，世界百年未有之大变局加速演进，改革发展稳定任务艰巨繁重，对外开放深入推进，需要更好发挥法治固根本、稳预期、利长远的作用。"

（来源：新华网）

单元二　使用快递物流方式交付商品的法律规范

根据交通运输部《快递市场管理办法》（交通运输部令 2013 年第 1 号）第三条规定："本办法所称快递，是指在承诺的时限内快速完成的寄递活动。寄递，是指将信件、包裹、印刷品等物品按照封装上的名址递送给特定个人或者单位的活动，包

括收寄、分拣、运输、投递等环节。”

电子商务产品的交付类型

一、电子商务产品交付的类型

电子商务交易的产品主要包括实物产品、信息产品和服务产品三种类型。电子商务产品交付是指利用物流、快递和网络传输等手段将产品由电子商务经营者转移到电子商务购买者手中的过程。电子商务当事人可以约定采用快递物流方式交付商品。

1 实物产品交付

在实体市场中，服务产品作为商品同其他商品相交换，遵循商品交换中的一般规律，接受市场的调节。服务业经营者接受服务产品信息后，通过部分设备、原材料、工具等生产手段的储备，等到消费者到来后，完成服务产品的实物提供。

实物产品交付相关法律规定如下。

（1）合同标的为交付商品并采用快递物流方式交付的，收货人签收时间为交付时间。合同当事人对交付方式、交付时间另有约定的，从其约定。

（2）网站经营者委托电子商务物流企业作为承运人交付标的物的，承运人在根据运单指令将货物运送到指定收货地点时，经收货人或其授权人签字确认的，或以其他方式表明收货人签收的，即视为履行完交付义务。

（3）实物产品交付，特别是网络零售产品的交付，常常引起客户与网站经营者和承运人之间的矛盾。解决这些矛盾的方法，需要明确网站经营者、承运人和客户之间的责任和义务。随着业务模式的不断创新，如智能储物柜的出现，需要考虑电子签名确认或其他方式确认收货人签收。

2. 信息产品交付

从狭义上说，信息产品是经过具有一定科学知识和工作经验的信息人员对科技成果或知识进行劳动加工而成的劳动产品。从广义上说，信息产品是由信息技术产业的信息产品和信息服务业提供的劳务组成的。从本质上说，任何可以被数字化的事物都是信息，如数据库内容、软件、电影、音乐、股票指数、电子音像制品、网页内容、电子邮件等都是信息产品。这些产品都是能够被数字化或数字模拟化的。

最高人民法院《关于审理买卖合同纠纷案件适用法律问题的解释》首先规定了电子信息产品的交付方式：一是交付权利凭证，二是以在线网络传输的方式接收或者下载该信息产品。

无实物载体的电子信息产品具有显著区别于传统买卖合同标的物的特征，如不以实物承载为必要、使用后无损耗、其本身易于复制并可迅速传播等。因此，对于标的物是无实物载体的信息产品买卖合同而言，其法律规定具有一定的特殊性。

买受人获得电子信息产品的密码，即属于得到了交付权利凭证；买受人以在线网络传输的方式接收或者下载这种信息产品，也视为收到约定的电子信息产品。

信息产品交付相关法律规定如下。

（1）信息产品是电子商务交易中的一种特殊商品，其交付的条件和收到的条件都没有明确的法律规定。因此，需要明确经营者履行交付义务的条件和用户收到信息产品的条件。

（2）电子商务合同的标的为在线提供数字产品的，以承担交付义务的一方当事人将数字产品发送至对方当事人指定的特定系统并且能够检索识别的时间为交付时间。

（3）电子商务合同当事人对商品、服务和数字产品的交付方式、交付时间另有约定的，从其约定。

（4）在线信息服务交易的经营者交付了用户账号与密码，即视为履行了交付义务。

（5）接收信息产品的用户应当通过安装、试用或浏览该信息，以确定所接收信息产品是否为所订购产品和是否符合合同规定。未在接收之时起合理期间提出异议的，即视为用户收到合同约定的信息产品，用户确有证据证明该信息产品不符合合同约定的除外。

（6）电子商务合同标的为采用在线传输方式交付的，合同标的进入对方当事人指定的特定系统并且能够检索识别的时间为交付时间。

3. 服务产品交付

服务产品是指不具有实体，而以各种劳动形式表现出来的无形产品，如信息咨询、法律服务、金融服务等。

在实体社会中，服务产品可以分为以设备为基础的服务产品和以人为基础的服务产品两部分。服务提供者通过由人力、物力和环境所组成的结构系统来销售和交付能被消费者购买与实际接收及消费的“功能和作用”。

在互联网环境下，服务产品的形成又分为两个阶段：第一阶段，通过网络浏览、网络订购、网络下单、网络支付形成服务产品的订单信息；第二阶段，通过实体社会服务系统实际完成服务产品的交付。随着科学技术的进步和社会经济的发展，服务产品在社会总产品中的比重不断增大，人们对物质财富的观念也在逐渐改变，承认服务产品的物质性的人越来越多。

对于经营者利用网络向消费者提供服务的交易，消费者接受经营者提供的服务后，生成电子或实物凭证，即视为经营者已经履行了交付义务。

在网络市场中，服务产品的交付有自己特定的含义。以云计算服务为例，包括计算即服务（CompaaS）、数据储存即服务（DSaaS）、基础设施即服务（IaaS）、网络即服务（NaaS）、平台即服务（PaaS）和软件即服务（SaaS）等数种典型的云服务模式。下面仅以其中几例进行说明。

（1）IaaS 的交付

IaaS 的交付是围绕虚拟机、存储、网络等比较通用的基本资源，提供弹性、高可用性的互联网服务的各种组件。服务提供商需要保障这些服务的服务级别协议，并根据资源的实际使用进行计费，而用户则根据需要，进行成本、可用性、性能等方面的权衡选择。

（2）PaaS 的交付

PaaS 为用户提供一个可以部署并执行代码的环境、一些可以调用的 API 以及一些可用服务。PaaS 可以让开发者直接打造出富有弹性的服务而无须任何运维工作，可以说它是比 IaaS 更高层次的云服务。PaaS 交付的内容是可以执行代码的运行时环境，常用的环境是 web 开发中比较常用的平台或框架的语言解释器（如 Java 等），并配合一些受限制的库或 API。此外，PaaS 交付内容一般还包括消息列队、数据存储、数据库、缓存等附加服务等。

（3）SaaS 的交付

SaaS 交付的内容形式很多，通常是通过 web 的交付，展现在桌面、手机、平板等不同终端上。商业化的 SaaS 以面向企业的服务为主，面向制造业、贸易公司、专业批发、零售、社会服务业等行业，为客户提供不同的云应用服务，主要包括：企业内部的管理应用服务，涉及财务、进销存、CRM 等软件及服务；电子商务应用服务，涉及企业建站、网络营销、电商交易等软件及服务。在 SaaS 的交付过程中，服务平台将指定服务分发到指定的销售渠道，如服务提供商自己的应用商店、应用中心及第三方合作渠道销售网站等；用户在各个渠道中可以查看到指定的 SaaS，并了解 SaaS 相关介绍信息，如服务级别、服务功能、服务费用等。然后，用户可以选择适合自己的 SaaS，并以“时长+用户数”等方式进行使用、购买服务，用户购买服务后，可以在指定的系统中查看和使用自己开通的服务。

产品交付相关法律规定如下。

（1）服务产品的交付也是电子商务遇到的一个新问题。电子商务网站提供了诸如旅游、餐饮、租车等服务信息产品，而获得这些产品的最终交付是旅游、餐饮、租车实体企业、网站经营者与用户之间的服务，限于获得相关实体企业的信息，所以，经营者或第三方交易平台利用网络征得消费者服务意愿后，经营者应根据消费者的需求意愿提供服务，并生成电子凭证，表示自己已经履行了交付义务。

（2）电子合同合同标的为提供服务的，生成的电子凭证或者实物凭证中载明的时间为交付时间；前述凭证没有载明时间或者载明时间与实际提供服务的时间不一致的，则以实际提供服务的时间为交付时间。

小提示

快递是电子商务 B2C、C2C 产业链的重要组成部分，发挥着至关重要的作用。在 B2C、C2C 产业链中，快递配送是实现网络购物交易的关键组成环节，是信息流、商流和资金流最终实现的根本保证。只有通过快递网络配送，将商品或服务真正转移到消费者手中，商务活动才真正完成。快递实际上是以商流的后续者和服务者的姿态出现的。因此，快递配送服务的好坏能够直接影响消费者的网购行为，进而影响整个网络购物的发展。

二、快递物流与交付法律规范

1. 安全要求

（1）收寄验视制度的建立与执行

快递物流服务提供者应当建立并严格实施作业技术规范，确保作业过程的安全性。快递物流服务提供者在揽收电子商务交易物品时应当履行查验义务，不得违法揽收国家规定的禁止和限制寄递、运输的物品。

物流作为电子商务三个主要环节中的一环，安全问题贯穿电子商务的始终。《中华人民共和国邮政法》《物流中心作业通用规范》（GB/T 22126—2008）、《第三方物流服务质量及测评》（GB/T 24359—2021）等均对物流作业的安全问题作出了相应的规定和标准。安全要求所涉及的电子商务物流业务的企业，包括为 B2B、B2C 和 C2C 提供物流服务的所有企业。这些企业都需要按照有关法律法规的要求，建立物流作业规范，保证作业安全。

《中华人民共和国邮政法》第七十五条规定："邮政企业、快递企业不建立或者不执行收件验视制度，或者违反法律、行政法规以及国务院和国务院有关部门关于禁止寄递或者限制寄递物品的规定收寄邮件、快件的，对邮政企业直接负责的主管人员和其他直接责任人员给予处分；对快递企业，邮政管理部门可以责令停业整顿直至吊销其快递业务经营许可证。"

邮政管理部门应当监督指导提供寄递服务的企业（以下简称"寄递企业"）落实收寄验视制度，督促寄递企业加强寄递安全管理；监督指导寄递企业加强对从业人员的安全教育和培训；依法对寄递企业实施安全监督检查，查处违法收寄禁寄物品行为。

小提示

禁止寄递物品（以下简称"禁寄物品"）主要包括以下几种。

（1）危害国家安全、扰乱社会秩序、破坏社会稳定的各类物品。

（2）危及寄递安全的爆炸性、易燃性、腐蚀性、毒害性、感染性、放射性等各类物品。

（3）法律、行政法规以及国务院和国务院有关部门规定禁止寄递的其他物品。

（2）寄递企业安全义务与责任

①寄递企业应当建立健全安全教育培训制度，增强从业人员对禁寄物品的防范意识，提高从业人员的辨识知识和处置能力。未经安全教育和培训的从业人员不得上岗作业。

②寄递企业应当严格执行收寄验视制度，依法当场验视用户交寄的物品是否属于禁寄物品，以及物品的名称、性质、数量等是否与寄递详情单所填写的内容一致，防止禁寄物品进入寄递渠道。

③寄递企业应当制定禁寄物品处置预案，根据情况变化及时修订，并向邮政管理部门备案。在寄递过程中发现禁寄物品的，应当按照预案规定妥善处置。

④寄递企业完成收寄后发现禁寄物品或者疑似禁寄物品的，应当停止发运，立即报告事发地邮政管理部门，并按下列规定处理。

a. 发现各类枪支（含仿制品、主要零部件）、弹药、管制器具等物品的，应当立即报告公安机关。

b. 发现各类毒品、易制毒化学品的，应当立即报告公安机关。

c. 发现各类爆炸品、易燃易爆等危险物品的，应当立即疏散人员、隔离现场，同时报告公安机关。

d. 发现各类放射性、毒害性、腐蚀性、感染性等危险物品的，应当立即疏散人员、隔离现场，同时视情况报告公安、环境保护、卫生防疫、安全生产监督管理等部门。

e. 发现各类危害国家安全和社会稳定的非法出版物、印刷品、音像制品等宣传品的，应当及时报告国家安全、公安、新闻出版等部门。

f. 发现各类伪造或者变造的货币、证件、印章及假冒侵权等物品的，应当及时报告公安、工商行政管理等部门。

g. 发现各类禁止寄递的珍贵、濒危野生动物及其制品的，应当及时报告公安、野生动物行政主管等部门。

h. 发现各类禁止进出境物品的，应当及时报告海关、国家安全、出入境检验检疫等部门。

i. 发现使用非机要渠道寄递涉及国家秘密的文件、资料及其他物品的，应当及时报告国家安全机关。

j. 发现各类间谍专用器材或者疑似间谍专用器材的，应当及时报告国家安全机关。

k. 发现其他禁寄物品或者疑似禁寄物品的，应当依法报告相关政府部门处理。

邮政管理部门接到寄递企业发现禁寄物品的报告后，应当按规定向上级部门报告，并视情况联合公安、国家安全、卫生防疫、海关、检验检疫、新闻出版、工商行政管理、安全生产监督管理、野生动物行政主管等部门相互配合、依法处置。

寄递企业违法收寄禁寄物品的，邮政管理部门依照《中华人民共和国邮政法》《中华人民共和国反恐怖主义法》等法律、行政法规的规定予以处罚。寄递企业发生违规收寄行为，且造成严重后果的，将可能面临最高罚款 50 万元的行政处罚。

用户违反《禁止寄递物品管理规定》，在邮件、快件内夹带禁寄物品，将禁寄物品匿报或者谎报为其他物品交寄，造成人身伤害或者财产损失的，依法承担赔偿责任；构成犯罪的，依法追究刑事责任；尚不构成犯罪的，依照《中华人民共和国治安管理处罚法》及有关法律、行政法规的规定处罚。

快递物流服务接受者应当如实填写快递物流运单。快递物流服务提供者应当核对运单信息，对于运单填写不完整或者信息填写不实的，不予揽收。

思政课堂

习近平总书记指出:“全面依法治国最广泛、最深厚的基础是人民，必须坚持为了人民、依靠人民。”关于坚持以人民为中心进行社会主义法治建设，习近平总书记有很多精辟的论述。例如，“推进全面依法治国，根本目的是依法保障人民权益”“我国社会主义制度保证了人民当家作主的主体地位，也保证了人民在全面推进依法治国中的主体地位”“努力让人民群众在每一项法律制度、每一个执法决定、每一宗司法案件中都感受到公平正义”等等。习近平法治思想将人民立场作为根本政治立场，强调人民是依法治国的主体和力量源泉，只有在法治建设中坚持人民主体地位，积极回应人民群众新要求新期待，牢牢把握社会公平正义的法治价值追求，牢牢坚守人民性，才能保证社会主义法治建设永葆不竭。

2. 信息处理

快递物流服务提供者应当向社会公示服务承诺事项。服务承诺事项发生变更的，应当及时公示。

快递物流服务提供者进行作业时，应当加强服务信息化、网络化和标准化建设，规范数据处理和数据管理程序，保证作业信息准确且可追溯。

电子商务经营主体收集用户个人信息，应当遵循合法、正当、必要原则，事先向用户明示信息收集、处理和利用的规则，并征得用户的同意。

电子商务经营主体不得以拒绝为用户提供服务为由强迫用户同意其收集、处理、利用个人信息。

禁止采用非法交易、非法入侵、欺诈、胁迫或者其他未经用户授权的手段收集个人信息。

电子商务经营主体修改个人信息收集、处理、利用规则的，应当取得用户的同意。如果用户不同意的，电子商务经营主体应当提供相应的补救方法。

电子商务物流企业应提供与客户相关信息共享的办法，以便客户对其存储、运输物品状态的查询和跟踪。电子商务物流及快递企业应向用户提供自交寄之日起不少于一年的免费查询服务。

三、快递物流服务提供者、接收者的义务与责任

1. 快递物流服务提供者的义务与责任

快递物流服务提供者的义务与责任包括如下内容。

（1）寄件人可以根据物品的重要性，自主选择经营者网站上保价或不保价递送

服务的品种。

（2）快递物流服务提供者为电子商务提供快递物流服务，应当遵守法律、行政法规，并应当符合承诺的服务规范和时限。快递物流服务提供者在交付商品时，应当提示收货人当面查验；交由他人代收的，应当经收货人同意。

（3）快递物流服务提供者在服务过程中，电子商务交易物品发生延误、丢失、损毁或者短少的，应当依法赔偿。

（4）快递物流服务提供者应当按照规定使用环保包装材料，实现包装材料的减量化和再利用。快递物流服务提供者以加盟方式为电子商务提供服务的，在加盟地域和业务范围内均应当具备经营资质，并签订书面协议约定权利义务。

（5）电子商务交易中，网上发布商品或服务的信息与线下提供的商品或服务不相符合的情况时有发生，一个重要原因是在网上发布商品或服务信息的经营者与在线下实际向用户提供商品或服务的经营者不一致。法律上规定由两者共同承担连带责任，另有约定的除外。该规定有利于维护消费者权益。

（6）快递物流服务提供者的设立、变更和终止，以及为电子商务提供快递物流服务应当遵守有关法律、行政法规的规定。

（7）快递物流服务提供者应当向社会公示服务承诺事项。服务承诺事项发生变更的，应当及时公示。

（8）快递物流服务提供者进行作业时，应当加强服务信息化、网络化和标准化建设，规范数据处理和数据管理程序，保证作业信息准确且可追溯。

（9）快递物流服务提供者应当建立并严格实施作业技术规范，确保作业过程的安全性。

（10）快递物流服务提供者在揽收电子商务交易物品时应当履行查验义务，不得违法揽收国家规定禁止和限制寄递、运输的物品。

（11）快递物流服务提供者提供代收货款服务的，应当建立严格的现金管理、安全管理和风险管控制度。快递物流服务提供者应当与电子商务经营主体签订协议，对收费标准、服务方式、争议处理等作出约定。

（12）快递物流服务提供者在提供快递物流服务的同时，可以接受电子商务经营者的委托提供代收货款服务。代收货款是指快递物流服务提供者利用服务网络和资源，在提供快递物流服务的同时，为电子商务经营主体代收货款并结算的快递物流增值业务。

（13）电子商务经营主体向消费者专项收取的快递物流服务费用不得高于快递物流服务提供者公示的服务价格，不得利用自身经营优势限定消费者选择快递物流服务提供者的范围。

2. 快递物流服务接受者的义务与责任

快递物流服务接受者的义务与责任包括如下内容。

（1）快递物流服务接受者应当如实填写快递物流运单。快递物流服务提供者应当核对运单信息，对于运单填写不完整或者信息填写不实的，不予揽收。

（2）对于与快递物流服务接受者有特殊约定或者提供代收货款服务的，快递物流服务提供者应当与快递物流服务接受者在合同中明确电子商务交易物品交付验收的权利和义务。

【知识拓展】

货物运输法律法规及国际公约

1.陆路运输方式下适用的法律法规和国际公约

陆路运输对货物在大陆内的流通起着重要作用。陆路运输方式有铁路运输和公路运输，铁路运输和公路运输又都有自己的运行特点。公路运输方面适用的国内法律法规有《中华人民共和国公路法》《汽车货物运输规则》《集装箱汽车运输规则》《汽车危险货物运输规则》，国际公约有《国际公路货物运输合同公约》《国际公路车辆运输公约》。铁路运输方面适用的国内法规有《中华人民共和国铁路法》《铁路货物运输管理规则》，国际公约有《国际铁路货物联运协议》《铁路货物运输国际公约》等。

2.水路运输方式下适用的法律法规和国际公约

水路运输方式包括国际海上运输、沿海和内河运输，适用的国内法律法规和国际公约有《中华人民共和国海商法》《民法典》《中华人民共和国海运条例及实施细则》《危险货物运输规则》《国际货运代理业管理规则及实施细则》《统一提单的若干法律规定的国际公约》《修改的统一提单的若干法律规定的国际公约议定书》《联合国海上货物运输公约》《联合国国际货物多式联运公约》等。

3.航空运输方式下适用的法律法规和国际公约

航空货物运输方面适用的国内法律法规有《中华人民共和国航空法》《中国民用航空货物国际运输规则》。国际航空货物运输适用的国际公约有《统一国际航空运输某些规则的公约》(简称“华沙公约”)、《修改1929年10月12日在华沙签订的统一国际航空运输某些规则的公约的议定书》(简称《海牙议定书》)、《瓜达拉哈拉公约》等。

4.多式联运方式下适用的法律法规和国际公约

我国有关多式联运的法律法规有《中华人民共和国海商法》(其第四章海上货物运输合同对多式联运作出规定)和交通主管部门制定的《国际集装箱多式联运管理规则》。国际公约有《联合国国际货物多式联运公约》、国际商会制定的《联合运输单证统一规则》等。

(资料来源：https://mp.weixin.qq.com/s?__biz=MzI3OTAyMDcwOQ==&mid=2653579353&idx=3&sn=3dc4273353c1592ca3aac1d840b72e85&chksm=f090dd93c7e7548508d7781fe82e281aa855a22d04e152f355061851726de966b9ca1cf439eb&scene=27，有改动)

课后思考

1. 物流的一般模式有哪些？
2. 简述物流法律规范的调整对象。
3. 物流法律关系的主体是什么？
4. 简述电子商务产品的交付。
5. 快递物流服务接受者的义务与责任有哪些？

项目十一

电子商务的法律责任

【知识导航】

电子商务需要从业主体资质、交易文书、电子支付、快递物流等相关业务的支撑。因此，对于违反《电子商务法》相关规定的，同时涉及本法法律责任之规定与其他法律规定之责任后果相衔接，按照特别法优于普通法适用的原则，本法有规定的适用本法；对于本法未作规定的，按照其他法律、行政法规之规定承担相应法律责任。

【知识结构】

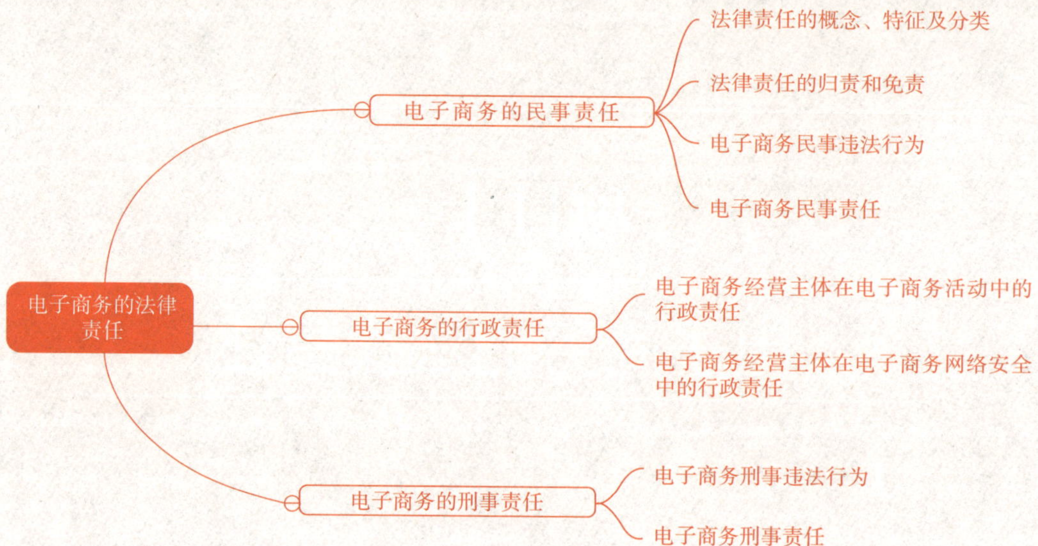

【学习目标】

◆ 知识目标

1. 了解法律责任的概念、特征及分类，掌握法律责任的归责和免责、电子商务民事违法行为和责任。

2. 掌握电子商务经营主体在电子商务活动中的行政责任，掌握电子商务经营主体在电子商务网络安全中的行政责任。

3. 了解电子商务刑事违法行为，掌握电子商务刑事责任。

◆ 能力目标

1. 能够区分不同类型的法律责任。

2. 能够识别电子商务中的违法行为。

◆ 素养目标

通过本项目的学习，了解电子商务法律责任的基本知识，尊法守法，在实际生活中维护公平正义，促进形成自由、平等、公正、法治的社会风尚。

单元一　电子商务的民事责任

在电子商务活动中，各行为主体基于自身利益考量的一些商务行为不符合相关法律规范的规定，需要承担相应法律责任。

一、法律责任的概念、特征及分类

1. 法律责任的概念

法律责任是由特定法律事实所引起的对损害予以补偿、强制履行或接受惩罚的特殊义务，即由于违反第一性义务而引起的第二性义务。

2. 法律责任的特征

（1）法律责任首先表示一种因违反法律上的义务（包括违约等）关系而形成的责任关系，它是以法律义务的存在为前提的。

（2）法律责任还表示为一种责任方式，即承担不利后果。

（3）法律责任具有内在逻辑性，即存在前因与后果的逻辑关系。

（4）法律责任的追究是由国家强制力实施或者潜在保证的。

3. 法律责任的分类

根据违法行为所违反的法律性质，一般可以把法律责任分为民事责任、刑事责任、行政责任、违宪责任和国家赔偿责任。

（1）民事责任

民事责任是对民事法律责任的简称，是指民事主体在民事活动中，因实施了民事违法行为，根据民法所承担的对其不利的民事法律后果或者基于法律特别规定而应承担的民事法律责任。

民事责任属于法律责任的一种，是保障民事权利和民事义务实现的重要措施，是民事主体因违反民事义务所应承担的民事法律后果。它主要是一种民事救济手段，旨在使受害人被侵犯的权益得以恢复。

《民法典》第十七条规定："十八周岁以上的自然人为成年人。不满十八周岁的自然人为未成年人。"

第十八条规定："成年人为完全民事行为能力人，可以独立实施民事法律行为。十六周岁以上的未成年人，以自己的劳动收入为主要生活来源的，视为完全民事行为能力人。"

第十九条规定："八周岁以上的未成年人为限制民事行为能力人，实施民事法律行为由其法定代理人代理或者经其法定代理人同意、追认；但是，可以独立实施纯获利益的民事法律行为或者与其年龄、智力相适应的民事法律行为。”

第二十条规定：“不满八周岁的未成年人为无民事行为能力人，由其法定代理人代理实施民事法律行为。”

《民法典》规定的承担民事责任的方式主要有以下几种：停止侵害，排除妨碍，消除危险，返还财产，恢复原状，修理、重做、更换，继续履行，赔偿损失，支付违约金，消除影响、恢复名誉，赔礼道歉等。上述承担民事责任的方式，可以单独适用，也可以合并适用。

（2）刑事责任

刑事责任是依据国家刑事法律规定，对犯罪分子依照刑事法律的规定追究的法律责任。根据我国《刑法》规定，故意犯罪，应当负刑事责任；过失犯罪，法律有规定的才负刑事责任。

刑事责任包括两类问题：一是犯罪，二是刑罚。

关于犯罪，《刑法》第十三条规定：“一切危害国家主权、领土完整和安全，分裂国家、颠覆人民民主专政的政权和推翻社会主义制度，破坏社会秩序和经济秩序，侵犯国有财产或者劳动群众集体所有的财产，侵犯公民私人所有的财产，侵犯公民的人身权利、民主权利和其他权利，以及其他危害社会的行为，依照法律应当受刑罚处罚的，都是犯罪，但是情节显著轻微危害不大的，不认为是犯罪。”

犯罪有四个构成要件，即犯罪的客体、犯罪的客观方面、犯罪的主体、犯罪的主观方面。

①犯罪的客体是指中国刑事法律所保护而为犯罪行为所侵犯的社会关系。任何犯罪都必然要侵犯某一客体，不侵犯客体的犯罪是不存在的。

②犯罪的客观方面是指《刑法》所规定的犯罪活动的客观事实特征，包括危害社会的行为、危害后果及其因果关系等。危害社会的行为包括作为和不作为。作为是指不当为而为的积极行为，即实施法律所禁止的行为，如杀人。不作为是指当为而不为的消极行为，是指行为人有条件、有义务实施某些行为而不实施，以致使《刑法》所保护的客体受到严重危害的行为，如玩忽职守。

③犯罪的主体是指实施犯罪行为依法应当承担刑事责任的自然人或者单位。第一，关于自然人，《刑法》规定只有达到一定年龄并且精神正常的人，才能成为犯罪的主体。第二，关于单位犯罪主体，是指为牟取单位的非法利益，由单位负责人或者经单位集体讨论决定，实施了《刑法》明文规定的单位犯罪的公司、企业、事业单位、机关团体，其中包括法人单位和非法人单位。《刑法》对单位犯罪基本上实行两罚制，既处罚单位（如判处罚金），又处罚直接负责的主管人员和其他直接责任人员。只有法律有明文规定的，才实行单罚制。

④犯罪的主观方面是指《刑法》规定的成立犯罪必须具备的犯罪主体对其实施的危害行为及其危害后果所持的心理态度，包括犯罪的故意、犯罪的过失、犯罪的目的和动机。犯罪的故意是指明知自己的行为会发生危害社会的结果，并且希望或者放任这种结果发生的心理态度，分为直接故意和间接故意。犯罪的过失是指应当预见自己的行为可能发生危害社会的结果，因为疏忽大意而没有预见，或者已经预

见而轻信能够避免，以致发生这种结果的心理态度，分为疏忽大意的过失和过于自信的过失。

刑罚是由国家最高立法机关在《刑法》中确定的，由人民法院对犯罪分子适用并由专门机构执行的最为严厉的国家强制措施。根据《刑法》的规定，刑罚分为主刑和附加刑。其中，主刑包括管制、拘役、有期徒刑、无期徒刑、死刑。主刑是对犯罪分子适用的主要刑罚方法，只能独立适用，不能附加适用，对犯罪分子只能判一种主刑。附加刑包括罚金、剥夺政治权利、没收财产、驱逐出境等。附加刑是既可以独立适用又可以附加适用的刑罚方法。也就是说，对同一犯罪行为既可以在主刑之后判处一个或两个以上的附加刑，也可以独立判处一个或两个以上的附加刑。对犯罪的外国人，也可以独立或者附加适用驱逐出境。

《刑法》规定的行为人对自己实施的犯罪行为负刑事责任的年龄，称为刑事责任年龄。根据《刑法》第十七条的规定：已满十六周岁的人犯罪，应当负刑事责任，称完全刑事责任年龄；已满十四周岁不满十六周岁的人，只有在犯故意杀人、故意伤害致人重伤或者死亡、强奸、抢劫、贩卖毒品、放火、爆炸、投放危险物质罪的，才应当负刑事责任，称不完全刑事责任年龄；不满十四周岁的人实施任何危害社会的行为，都不负刑事责任；已满十四周岁不满十八周岁的人犯罪，应当从轻或者减轻处罚。审判的时候已满七十五周岁的人故意犯罪，可以从轻或者减轻处罚；过失犯罪的，应当从轻或者减轻处罚。犯罪的时候不满十八周岁的人和审判的时候怀孕的妇女，不适用死刑。

（3）行政责任

行政责任是指因违反行政法规定或因行政法规定而应承担的法律责任。行政责任分为行政处分（内部制裁措施）和行政处罚两种。行政处分包括警告、记过、记大过、降级、撤职、开除。行政处罚包括警告、罚款、没收违法所得、没收非法财物、责令停产停业、暂扣或吊销许可证、暂扣或者吊销执照、行政拘留，以及法律、行政法规规定的其他行政处罚。

行政责任与刑事责任的不同之处：一是追究的违法行为不同。追究刑事责任的是犯罪行为，追究行政责任的是一般违法行为。二是追究责任的机关不同。追究刑事责任只能由司法机关依照《刑法》的规定决定，追究行政责任由国家特定的行政机关依照有关法律的规定决定。三是承担法律责任的后果不同。追究刑事责任是最严厉的制裁，可以判处死刑，比追究行政责任严厉得多。

（4）违宪责任

违宪责任是一种特殊的法律责任，它是指国家机关及其工作人员、各政党、社会团体、企事业单位和公民的言论或行为因违背宪法的原则、精神和具体内容而必须承担相应的法律责任。违宪通常是指有关国家机关制定的某种法律、法规和规章以及国家机关、社会组织或公民的某种行为与宪法的规定相抵触。违宪责任的特殊性主要表现在它是一种政治上的、领导上的责任。在我国，全国人民代表大会常务委员会负责监督宪法实施，认定违宪责任。

（5）国家赔偿责任

国家赔偿责任是指在国家机关行使公共权力时由于国家机关及其工作人员违法

行使职权所引起的由国家作为承担主体的赔偿责任。首先，产生国家赔偿责任的原因是国家机关及其工作人员在执行职务过程中的不法侵害行为；其次，国家赔偿责任的主体是国家；最后，国家赔偿责任的范围包括行政赔偿与刑事赔偿两部分。

人民法院在民事、行政诉讼过程中，违法采取对妨害诉讼的强制措施、保全措施或者对判决、裁定及其他生效法律文书执行错误，侵犯公民、法人和其他组织合法权益造成损害的，依法应由国家承担赔偿责任。

思政课堂

法律的生命力在于实施，法律的权威也在于实施。一些人不惧法，拿法律当儿戏，就在于一些法律在执行中成为“纸老虎”。法之不行，则无人可畏。但是，如果对那些干预司法活动、插手具体案件处理的人予以记录、通报和责任追究，对那些办关系案、人情案、金钱案的人坚决惩处绝不手软，那么这些人内心里就会惧法。如此，内心里敬畏法律日增，法律的威严也日盛。

二、法律责任的归责和免责

1. 法律责任的归责

法律责任的认定和归结简称“归责”。法律责任的归责是指对违法行为所引起的法律责任进行判断、确认、归结、缓减及免除的活动。

归责原则体现了立法者的价值取向，是责任立法的指导方针，也是指导法律适用的基本准则。法律责任的归责一般必须遵循四个法律原则。

（1）责任法定原则

①违法行为发生后应当按照法律事先规定的性质、范围、程度、期限、方式追究违法者的责任。

②作为一种否定性法律后果，它应当由法律规范预先规定。

③排除无法律依据的责任，即责任擅断和“非法责罚”。

④在一般情况下要排除对行为人有害的既往追溯。

（2）因果联系原则

在认定行为人违法责任之前，一要确认行为与危害或损害结果之间的因果联系，这是认定法律责任的重要事实依据；二要确认意志、思想等主观方面因素与外部行为之间的因果联系，有时这也是区分有责任与无责任的重要因素；三要区分这种因果联系是必然的还是偶然的，是直接的还是间接的。

（3）责任相称原则

①法律责任的性质与违法行为性质相适应。

②法律责任的轻重和种类不仅应当与违法行为的危害或者损害相适应，还应当

与行为人主观恶性程度相适应。

（4）责任自负原则

①责任自负的含义是违法行为人应当对自己的违法行为负责。

②不能让没有违法行为的人承担法律责任，即反对株连或变相株连。

③既要保证责任人受到法律追究，也要保证无责任者不受法律追究，做到不枉不纵。

2. 法律责任的免责

法律责任的免责是指行为人实施了违法行为，应当承担法律责任，但由于法律的特别规定，可以部分或全部免除其法律责任，即不实际承担法律责任。

从我国的法律规定和法律实践来看，主要存在以下几种免责形式。

（1）时效免责

时效免责是指法律责任经过一定的期限后而免除。

（2）不诉及协议免责

不诉及协议免责是指如果受害人或有关当事人不向法院起诉要求追究行为人的法律责任，行为人的法律责任就在实际上被免除，或者受害人与加害人在法律允许的范围内协商同意的免责。

（3）自首、立功免责

自首、立功免责是指对那些违法之后有立功表现的人，免除其部分和全部的法律责任。

（4）有效补救免责

有效补救免责是指对于那些实施违法行为，造成一定损害，但在国家机关归责之前采取及时补救措施的人，免除其部分或全部责任。

（5）协议免责或意定免责

协议免责或意定免责是指双方当事人在法律允许的范围内通过协商所达成的免责，即所谓“私了”。

（6）自助免责

自助免责是对自助行为所引起的法律责任的减轻或免除。所谓自助行为，是指权利人为保护自己的权利，在情势紧迫而又不能及时请求国家机关予以救助的情况下，对他人的财产或自由施加扣押、拘束或其他相应措施，而为法律或公共道德所认可的行为。

（7）人道主义免责

人道主义免责是指在权利相对人没有能力履行责任或全部责任的情况下，有关国家机关或权利主体可以出于人道主义考虑，免除或部分免除有责主体的法律责任。

三、电子商务民事违法行为

1. 民事违法行为的含义

民事违法行为是指违反民事法律规定，损害他人民事权利的行为。

民事违法行为的构成条件主要有两个：一是侵犯他人受到民事法律保护的权利和利益；二是行为具有违法性，即违反民事法律的规定。

民事违法行为分为违反合同行为和侵权行为两类。其中，违反合同行为是指合同当事人没有合法事由不履行或不完全履行合同义务的行为；侵权行为是指合同以外的，非法侵犯他人民事权利的行为。

2. 电子商务民事违法行为和民事侵权行为

（1）电子商务活动中违反合同的民事违法行为

在电子商务活动中，合同依法成立后，双方必须正确、全面地履行合同规定的义务。

在电子商务活动中买卖的标的主要有三个：一是商品交易，二是知识产权交易，三是提供约定的服务。其中，最常见、最主要的标的是商品交易。支付价款和交付货物是各自的主要责任，是合同履行的核心，任何一方不履行合同义务或者履行合同义务不符合约定的，均构成违约，应按照《民法典》的规定承担继续履行、采取补救措施、赔偿损失等违约责任，在这一点上电子商务合同与普通合同区别不大。

电子商务合同违约责任的归责原则以严格责任为归责原则。严格责任意味着只要有违约行为发生就得承担违约责任，而不以违约人是否存在过错，守约人是否因此受到损害为要件。如果电子商务合同中没有事先约定违约金，当事人如果没有实际损失，违约人也无须承担损失赔偿责任。在严格责任原则下，唯有存在免责事由的情况，违约人才可以免予承担违约责任。

电子商务合同违约的免责事由应包括不可抗力、法律的特殊规定、债权人的过错和约定的免责条款。所谓不可抗力，是指不能预见、不能避免并不能克服的客观情况。因不可抗力不能履行合同或造成他人损害的，不承担民事责任。

根据电子商务合同的特性，在电子商务合同履行过程中，下述情况应视为不可抗力。

①文件感染病毒。文件染毒的原因可能是遭到恶意攻击也可能是被意外感染。但不论是何种原因，如果许可方采取了合理与必要的措施防止文件遭受攻击，如给自己的网站安装了符合标准或业界认可的保护设备，有专人定期检查防火墙等安全设备，但是仍然不能避免被攻击，由此导致该文件不能使用或无法下载的违约行为，许可方不承担违约责任。换言之，许可方尽到了合理注意的义务后，不承担责任。但这并不排除许可方返还对方价款的义务。

②非自己原因的网络中断。网络传输中断，则无法访问或下载许可方的信息。网络传输中断可因传输线路的物理损害引起，也可由病毒或攻击造成。如果当事人对此无法预见和控制，则应属于不可抗力。

③非自己原因引起的电子错误。例如，消费者购物通过支付网关付款，由于支付网关的错误未能将价款打到商家的账户上，虽然消费者对此毫不知情，但商家由于未能收到价款而不履行，不应承担违约责任。

④因遭受攻击而不能履行合同的，也应免责。因不可抗力不能履行电子商务合同或者造成他人损害的，不承担民事责任。

（2）电子商务活动中的民事侵权行为

电子商务带给人们便利的同时，电子商务活动中的侵权行为也随之而来。顾名思义，电子商务活动中的侵权行为是指在电子商务活动过程中发生的侵权行为。该种侵权行为与传统侵权行为在本质上是相同的，即行为人由于过错侵害他人的财产和人身权利，依法应当承担民事责任的行为，以及依法律特别规定应当承担民事责任的其他致人损害行为。

小提示

例如，电子商务活动网页链接中的商标侵权和搜索引擎中的商标侵权。在互联网上，处于不同服务器上的文件可以通过超文本标记语言链接起来。只要上网浏览者在网页上点击超链接部分（又称“锚”），另一个网页或者网页的另一部分内容就呈现在用户的计算机屏幕上。合理设置的链接，在网络上都是允许的，因为链接技术是互联网存在的基础。但是，如果在自己网页上将他人注册商标或驰名商标设为链接，采用深度链接或加框链接技术，绕开被链接网站的主页，这种行为属于网页链接中的商标侵权行为。

四、电子商务民事责任

电子商务民事责任是电子商务活动中，保障电子商务活动主体民事权利和民事义务实现的重要措施，是电子商务活动中违反民事义务一方应承担的民事法律后果。电子商务民事责任主要是一种民事救济手段，旨在使受害人被侵犯的权益得以恢复。如上所述，网页链接中的商标侵权和搜索引擎中的商标侵权的民事法律责任，参照《民法典》应包括停止侵害行为、赔礼道歉、消除影响和赔偿损失。

1. 电子商务主体违反民事义务需要承担相应的民事法律责任

（1）电子商务主体违反电子商务合同约定的义务时，对守约方的违约救济措施主要有实际履行、停止使用、中止访问和损害赔偿等措施。

①实际履行。实际履行可以让许可方继续得到所需要的信息。有利于减少当事人尤其是接受方的利益损失。这种方式给守约方的选择空间较大。在守约方没有明确反对的前提下，法院和仲裁机构判定违约方实际履行，有其现实和积极的意义。

②停止使用。停止使用是指因被许可方的违约行为，许可方在撤销许可或解除合同时，请求对方停止使用并交回有关信息。停止使用对电子信息产品而言有着特殊的意义，因为电子商务合同终止后，交回的如果只是信息产品的载体，则没有实际意义，只有停止使用才能保护许可方的利益。但如果被许可的信息在许可过程中已发生改变或与其他信息混合，使之无法分离，则无须交回也无法交回。

③中止访问。中止访问是对信息许可访问合同的救济，当被许可方有严重违约行为时，许可方可以中止其获取信息。中止访问是许可方对被许可方的一种抗辩行为，是履行中的抗辩。传统的实际履行或者继续履行是法的强制，属于责任的范畴，不具有抗辩的性质。

④损害赔偿。损害赔偿是最基本和最重要的违约救济方式，一般指违约方以支付金钱的方式弥补受害方因违约行为所减少的财产或者所丧失的利益。这种基本方式与上述三种违约救济方式互补，一方违约后，除了要求其采取特定补救方式外，对于已造成的损害还应予以赔偿。根据我国法律规定，损害赔偿不得与违约金并用。

（2）根据《电子商务法》和《消费者权益保护法》的相关规定，相关电子商务主体违反相应民事义务需要承担相应的民事法律责任。

①商品生产者、销售者（电子商务平台经营者和平台内经营者）应当对其提供的商品质量负责，服务提供者应当对其提供的服务质量负责。消费者通过电子商务第三方平台购买商品或者接受服务，其合法权益受到损害的，可以向商品生产者、销售者或者服务提供者要求赔偿。

《电子商务法》第三十七条第二款规定："电子商务平台经营者对其标记为自营的业务依法承担商品销售者或者服务提供者的民事责任。"第三十八条规定："电子商务平台经营者知道或者应当知道平台内经营者销售的商品或者提供的服务不符合保障人身、财产安全的要求，或者有其他侵害消费者合法权益行为，未采取必要措施的，依法与该平台内经营者承担连带责任。对关系消费者生命健康的商品或者服务，电子商务平台经营者对平台内经营者的资质资格未尽到审核义务，或者对消费者未尽到安全保障义务，造成消费者损害的，依法承担相应的责任。"第七十四条规定："电子商务经营者销售商品或者提供服务，不履行合同义务或者履行合同义务不符合约定，或者造成他人损害的，依法承担民事责任。"

《消费者权益保护法》第四十四条规定："消费者通过网络交易平台购买商品或者接受服务，其合法权益受到损害的，可以向销售者或者服务者要求赔偿。网络交易平台提供者不能提供销售者或者服务者的真实名称、地址和有效联系方式的，消费者也可以向网络交易平台提供者要求赔偿；网络交易平台提供者作出更有利于消费者的承诺的，应当履行承诺。网络交易平台提供者赔偿后，有权向销售者或者服务者追偿。网络交易平台提供者明知或者应知销售者或者服务者利用其平台侵害消费者合法权益，未采取必要措施的，依法与该销售者或者服务者承担连带责任。"

②《电子商务法》第八十七条规定："依法负有电子商务监督管理职责的部门的工作人员，玩忽职守、滥用职权、徇私舞弊，或者泄露、出售或者非法向他人提供在履行职责中所知悉的个人信息、隐私和商业秘密的，依法追究法律责任。"上述人员给电子商务经营主体和消费者造成财产损害的，须承担相应民事赔偿责任。

③《电子商务法》加大了电子商务平台经营者的知识产权保护责任。《电子商务法》第四十一条规定："电子商务平台经营者应当建立知识产权保护规则，与知识产权权利人加强合作，依法保护知识产权。"

第四十二条规定："知识产权权利人认为其知识产权受到侵害的，有权通知电子商务平台经营者采取删除、屏蔽、断开链接、终止交易和服务等必要措施。通知应当包括构成侵权的初步证据。

电子商务平台经营者接到通知后，应当及时采取必要措施，并将该通知转送平台内经营者；未及时采取必要措施的，对损害的扩大部分与平台内经营者承担连带责任。

因通知错误造成平台内经营者损害的，依法承担民事责任。恶意发出错误通知，造成平台内经营者损失的，加倍承担赔偿责任。”

第四十五条规定：“电子商务平台经营者知道或者应当知道平台内经营者侵犯知识产权的，应当采取删除、屏蔽、断开链接、终止交易和服务等必要措施；未采取必要措施的，与侵权人承担连带责任。”

④电子支付服务提供者应承担的民事责任。《电子商务法》第五十七条规定：“用户应当妥善保管交易密码、电子签名数据等安全工具。用户发现安全工具遗失、被盗用或者未经授权的支付的，应当及时通知电子支付服务提供者。

未经授权的支付造成的损失，由电子支付服务提供者承担；电子支付服务提供者能够证明未经授权的支付是因用户的过错造成的，不承担责任。

电子支付服务提供者发现支付指令未经授权，或者收到用户支付指令未经授权的通知时，应当立即采取措施防止损失扩大。电子支付服务提供者未及时采取措施导致损失扩大的，对损失扩大部分承担责任。”

（3）《电子签名法》中有关电子商务主体违反民事义务需要承担民事法律责任。

①电子签名人的赔偿责任。电子签名人知悉电子签名制作数据已经失密或者可能已经失密，未及时告知有关各方并终止使用电子签名制作数据，未向电子认证服务提供者提供真实、完整和准确的信息，或者有其他过错，给电子签名依赖方、电子认证服务提供者造成损失的，承担赔偿责任。电子签名依赖方，是指基于对电子签名认证书或者电子签名的信赖从事有关活动的人。

②电子认证服务机构的赔偿责任。电子签名人或者电子签名依赖方因依据电子认证服务提供者提供的电子签名认证服务从事民事活动遭受损失，电子认证服务提供者不能证明自己无过错的，承担赔偿责任。我国法律对电子认证机构的法律责任实行的是过错推定原则。

③伪造、冒用、盗用他人电子签名的民事法律责任。《电子签名法》第三十二条规定：“伪造、冒用、盗用他人的电子签名，给他人造成损失的，依法承担民事责任。”

2. 违反《中华人民共和国网络安全法》等相关电子商务安全法的民事责任

电子商务法各类主体违反电子商务交易安全相关法律规范需要承担相应民事责任。

《全国人民代表大会常务委员会关于维护互联网安全的决定》第六条第二款规定：“利用互联网侵犯他人合法权益，构成民事侵权的，依法承担民事责任。”

《计算机信息系统安全保护条例》第二十五条规定：“任何组织或者个人违反本条例的规定，给国家、集体或者他人财产造成损失的，应当依法承担民事责任。”

违反电子商务安全法民事责任的责任承担方式如下。

（1）违反电子商务安全法的违约责任承担方式主要有继续履行、采取补救措施、损害赔偿、支付违约金、定金责任等。

（2）违反电子商务安全法的侵权责任承担方式主要有停止侵害、排除妨碍和消除危险、返还财产和恢复原状、赔偿损失、消除影响、恢复名誉和赔礼道歉等。

单元二　电子商务的行政责任

行政违法有狭义与广义之分，狭义的行政违法仅指行政主体的违法，广义的行政违法还包括行政相对人的违法。行政违法行为是指行政主体和行政相对人违反行政法律规范但尚未构成犯罪的行为。

电子商务经营主体在电子商务活动中的行政责任

一、电子商务经营主体在电子商务活动中的行政责任

电子商务经营主体在电子商务活动中的行政责任是指电子商务各类主体因违反《电子商务法》以及行政法律规范应承担的法律责任。

1. 依法负有电子商务监督管理职责部门的工作人员在电子商务数据信息保护中的行政责任可参考《电子商务法》相关规定

《电子商务法》第八十七条规定：“依法负有电子商务监督管理职责的部门的工作人员，玩忽职守、滥用职权、徇私舞弊，或者泄露、出售或者非法向他人提供在履行职责中所知悉的个人信息、隐私和商业秘密的，依法追究法律责任。”对于该规定中上述人员的上述行为尚不构成犯罪的依法承担相应行政责任。

2. 电子商务经营主体违反事项的规定处罚

根据《电子商务法》第十二条、第十三条、第二十五条、第四十六条、第七十五条、第八十三条、第八十五条的相关规定，电子商务经营主体违反以下事项的，应依照有关法律、行政法规的规定处罚。

（1）电子商务经营主体从事经营活动应当取得相关行政许可。

（2）电子商务经营主体不得销售或者提供法律、行政法规禁止交易的商品或者服务。

（3）电子商务平台经营者为经营者之间的电子商务活动提供服务须遵守法律、行政法规和国家有关规定，不得采取集中竞价等集中交易方式进行交易。

（4）电子商务平台经营者对平台内经营者侵害消费者合法权益行为须采取必要措施，或者对平台内经营者须尽到资质资格审核义务，或者对消费者尽到安全保障义务。

（5）对平台内经营者在平台内的交易、交易价格或者与其他经营者的交易不应进行不合理限制或者附加不合理条件，不应向平台内经营者收取不合理费用。

（6）电子商务经营者销售的商品或者提供的服务必须符合保障人身、财产安全的要求，不得实施虚假或者引人误解的商业宣传等不正当竞争行为，不得滥用市场支配地位，不得实施侵犯知识产权、侵害消费者权益等行为。

《电子商务法》第七十六条规定："电子商务经营者违反本法规定，有下列行为之一的，由市场监督管理部门责令限期改正，可以处一万元以下的罚款，对其中的电子商务平台经营者，依照本法第八十一条第一款的规定处罚：

（一）未在首页显著位置公示营业执照信息、行政许可信息、属于不需要办理市场主体登记情形等信息，或者上述信息的链接标识的；

（二）未在首页显著位置持续公示终止电子商务的有关信息的；

（三）未明示用户信息查询、更正、删除以及用户注销的方式、程序，或者对用户信息查询、更正、删除以及用户注销设置不合理条件的。

电子商务平台经营者对违反前款规定的平台内经营者未采取必要措施的，由市场监督管理部门责令限期改正，可以处二万元以上十万元以下的罚款。"

《电子商务法》第八十一条规定："电子商务平台经营者违反本法规定，有下列行为之一的，由市场监督管理部门责令限期改正，可以处二万元以上十万元以下的罚款；情节严重的，处十万元以上五十万元以下的罚款：

（一）未在首页显著位置持续公示平台服务协议、交易规则信息或者上述信息的链接标识的；

（二）修改交易规则未在首页显著位置公开征求意见，未按照规定的时间提前公示修改内容，或者阻止平台内经营者退出的；

（三）未以显著方式区分标记自营业务和平台内经营者开展的业务的；

（四）未为消费者提供对平台内销售的商品或者提供的服务进行评价的途径，或者擅自删除消费者的评价的。"

根据《电子商务法》第四十二条、第四十五条、第八十四条之规定，电子商务平台经营者应对平台内经营者实施侵犯知识产权行为依法采取必要措施，如采取删除、屏蔽、断开链接、终止交易和服务等。其对平台内经营者实施侵犯知识产权行为未依法采取必要措施的，由有关知识产权行政部门责令限期改正；逾期不改正的，处五万元以上五十万元以下的罚款；情节严重的，处五十万元以上二百万元以下的罚款。

小提示

各级人民政府有关部门及其工作人员、电子商务第三方平台、电子支付服务提供者、快递物流服务提供者等各类电子商务经营主体在电子商务活动中违反行政法律规范但尚未构成犯罪的各种行政违法行为都必须依法承担行政责任。

二、电子商务经营主体在电子商务网络安全中的行政责任

依据《电子商务法》第七十九条之规定，电子商务经营者违反法律、行政法规有关个人信息保护的规定，依照《中华人民共和国网络安全法》等法律、行政法规

的规定处罚。不履行以下网络安全保障义务的，依照《中华人民共和国网络安全法》中的法律、行政法规的规定处罚。

（1）电子商务平台经营者应当采取技术措施和其他必要措施保证其网络安全、稳定运行，防范网络违法犯罪活动，有效应对网络安全事件，保障电子商务交易安全。

（2）电子商务平台经营者应当制定网络安全事件应急预案，发生网络安全事件时，应当立即启动应急预案，采取相应的补救措施，并向有关主管部门报告。

单元三　电子商务的刑事责任

电子商务领域聚集了巨额社会财富，对社会生活的影响越来越大，而电子商务系统正处于规范化形成中，缺乏完备的技术、管理支持和健全的法律保护，电子商务领域的各种违法犯罪行为不断产生。

一、电子商务刑事违法行为

电子商务刑事违法行为主要有危害电子商务信息系统安全的违法行为和以电子商务运行模式为作案工具的违法行为。

1. 涉及电子商务安全的刑事违法行为

（1）侵入国家事务、国防建设、尖端科学技术领域的计算机信息系统。

（2）故意制作、传播计算机病毒等破坏性程序，攻击计算机系统及通信网络，致使计算机系统及通信网络遭受损害。

（3）违反国家规定，擅自中断计算机网络或者通信服务，造成计算机网络或者通信系统不能正常运行。

2. 涉及国家安全和社会稳定的刑事违法行为

（1）利用互联网造谣、诽谤或者发表、传播其他有害信息，煽动颠覆国家政权、推翻社会主义制度，或者煽动分裂国家、破坏国家统一。

（2）通过互联网窃取或泄露国家秘密、情报及军事秘密。

（3）利用互联网煽动民族仇恨、民族歧视，破坏民族团结。

（4）利用互联网组织邪教组织，联络邪教组织成员，破坏国家法律、行政法规实施。

3. 涉及市场经济秩序和社会管理秩序的刑事违法行为

（1）利用互联网销售伪劣产品或者对商品、服务虚假宣传。

（2）利用互联网损坏他人商业信誉和商品声誉。

（3）利用互联网侵犯他人知识产权。

（4）利用互联网编造并传播影响证券、期货交易或者其他扰乱金融秩序的虚假信息。

（5）在互联网上建立淫秽网站、网页，提供淫秽站点链接服务，或者传播淫秽书刊、影片、音像、图片。

4. 涉及人身和财产等合法权利的刑事违法行为

（1）利用互联网侮辱他人或者捏造事实诽谤他人。

（2）非法截获、篡改、删除他人电子邮件或者其他数据资料，侵犯公民通信自由和通信秘密。

（3）利用互联网进行盗窃、诈骗、敲诈勒索。

二、电子商务刑事责任

电子商务活动中，相应主体的上述刑事违法行为，构成犯罪的，依照《刑法》有关规定追究刑事责任。涉及的相应罪名包括非法侵入计算机信息系统罪，破坏计算机信息系统罪，制作、传播计算机病毒等破坏性程序罪，生产、销售伪劣商品罪，破坏金融管理秩序罪，扰乱市场秩序罪，等等。

1. 侵犯公民个人信息罪需要承担的刑事责任

《刑法》第二百五十三条之一规定："违反国家有关规定，向他人出售或者提供公民个人信息，情节严重的，处三年以下有期徒刑或者拘役，并处或者单处罚金；情节特别严重的，处三年以上七年以下有期徒刑，并处罚金。

违反国家有关规定，将在履行职责或者提供服务过程中获得的公民个人信息，出售或者提供给他人的，依照前款的规定从重处罚。

窃取或者以其他方法非法获取公民个人信息的，依照第一款的规定处罚。

单位犯前三款罪的，对单位判处罚金，并对其直接负责的主管人员和其他直接责任人员，依照各该款的规定处罚。"

2. 拒不履行信息网络安全管理义务罪需要承担的刑事责任

《刑法》第二百八十六条之一规定："网络服务提供者不履行法律、行政法规规定的信息网络安全管理义务，经监管部门责令采取改正措施而拒不改正，有下列情形之一的，处三年以下有期徒刑、拘役或者管制，并处或者单处罚金：

（一）致使违法信息大量传播的；

（二）致使用户信息泄露，造成严重后果的；

（三）致使刑事案件证据灭失，情节严重的；

（四）有其他严重情节的。

单位犯前款罪的，对单位判处罚金，并对其直接负责的主管人员和其他直接责任人员，依照前款的规定处罚。

有前两款行为，同时构成其他犯罪的，依照处罚较重的规定定罪处罚。"

3. 非法利用信息网络罪、帮助信息网络犯罪活动罪需要承担的刑事责任

（1）非法利用信息网络罪。

《刑法》第二百八十七条之一规定："利用信息网络实施下列行为之一，情节严重的，处三年以下有期徒刑或者拘役，并处或者单处罚金：

（一）设立用于实施诈骗、传授犯罪方法、制作或者销售违禁物品、管制物品等违法犯罪活动的网站、通讯群组的；

（二）发布有关制作或者销售毒品、枪支、淫秽物品等违禁物品、管制物品或者其他违法犯罪信息的；

（三）为实施诈骗等违法犯罪活动发布信息的。

单位犯前款罪的，对单位判处罚金，并对其直接负责的主管人员和其他直接责任人员，依照第一款的规定处罚。

有前两款行为，同时构成其他犯罪的，依照处罚较重的规定定罪处罚。"

（2）帮助信息网络犯罪活动罪

《刑法》第二百八十七条之二规定："明知他人利用信息网络实施犯罪，为其犯罪提供互联网接入、服务器托管、网络存储、通讯传输等技术支持，或者提供广告推广、支付结算等帮助，情节严重的，处三年以下有期徒刑或者拘役，并处或者单处罚金。

单位犯前款罪的，对单位判处罚金，并对其直接负责的主管人员和其他直接责任人员，依照第一款的规定处罚。

有前两款行为，同时构成其他犯罪的，依照处罚较重的规定定罪处罚。"

4. 编造、故意传播虚假信息罪需要承担的刑事责任

《刑法》第二百九十一条之一中第二款规定："编造虚假的险情、疫情、灾情、警情，在信息网络或者其他媒体上传播，或者明知是上述虚假信息，故意在信息网络或者其他媒体上传播，严重扰乱社会秩序的，处三年以下有期徒刑、拘役或者管制；造成严重后果的，处三年以上七年以下有期徒刑。"

5. 伪造公司、企业、事业单位、人民团体印章罪

《电子签名法》第三十二条规定："伪造、冒用、盗用他人的电子签名，构成犯罪的，依法追究刑事责任。"

伪造他人的电子签名是指未经电子签名合法持有人的授权而创制电子签名或者创制一个认证证书列明但实际并不存在用户的签名等。冒用他人的电子签名是指非电子签名持有人未经电子签名人的授权以电子签名人的名义实施电子签名的行为。盗用他人的电子签名是指秘密窃取并使用他人电子签名的行为。

根据《电子签名法》第三十二条的规定，构成该条的犯罪，必须具备以下条件：一是主观上是故意；二是客观上实施了伪造他人的电子签名的行为。伪造公司、企业、事业单位、人民团体的印章的，处三年以下有期徒刑、拘役、管制或者剥夺政治权利并处罚金。

思政课堂

习近平总书记在中国共产党第二十次全国代表大会上的报告中强调："公正司法是维护社会公平正义的最后一道防线。深化司法体制综合配套改革，全面准确落实司法责任制，加快建设公正高效权威的社会主义司法制度，努力让人民群众在每一个司法案件中感受到公平正义。规范司法权力运行，健全公安机关、检察机关、审判机关、司法行政机关各司其职、相互配合、相互制约的体制机制。强化对司法活动的制约监督，促进司法公正。"

（来源：二十大报告）

【知识拓展】

法律责任的构成

法律责任的构成要件是指构成法律责任必须具备的各种条件或必须符合的标准，是国家机关要求行为人承担法律责任时进行分析、判断的标准。根据违法行为的一般特点，可把法律责任的构成要件概括为主体、主观过错、违法行为或违约行为、损害事实和因果关系等五个方面。

1. 主体

法律责任主体是指违法主体或者承担法律责任的主体。责任主体不完全等同于违法主体。

2. 主观过错

主观过错是指承担法律责任的主观故意或者过失。

3. 违法行为或违约行为

违法行为是指违反法律所规定的义务、超越权利的界限行使权利及侵权行为的总称，通常认为违法行为包括犯罪行为和一般违法行为。

4. 损害事实

损害事实是指受到的损失和伤害的事实，包括对人身、对财产、对精神（或者三方面兼有）的损失和伤害。

5. 因果关系

因果关系是指行为与损害之间的因果关系。因果关系是存在于自然界和人类社会中的各种因果关系的特殊形式。

（来源：https://baike.baidu.com/item/%E6%B3%95%E5%BE%8B%E8%B4%A3%E4%BB%BB/416117?fr=aladdin）

课后思考

1. 什么是法律责任?
2. 简述法律责任的特征。
3. 简述法律责任的归责原则。
4. 电子商务经营主体在电子商务活动中的行政责任有哪些?
5. 侵犯公民个人信息罪需要承担的刑事责任有哪些?

参考文献

[1] 电子商务法起草组 . 中国电子商务法律法规政策汇编 [M]. 北京：中国法制出版社，2018.

[2] 姜吾梅 . 电子商务法律法规 [M]. 北京：电子工业出版社，2019.

[3] 吴旭华，褚霞 . 中华人民共和国电子商务法 [M]. 北京：法律出版社，2019.

[4] 王永钊 . 电子商务法律法规 [M]. 上海：华东师范大学出版社，2020.

[5] 杨立钒，万以娴 . 电子商务法与案例分析 [M]. 北京：人民邮电出版社，2020.

[6] 郭海霞 . 电子商务法 [M]. 北京：电子工业出版社，2021.

[7] 张荣刚 . 电子商务法律法规 [M]. 北京：人民邮电出版社，2021.

[8] 李爱君，徐林海 . 电子商务法律与实务 [M]. 北京：知识产权出版社，2021.

[9] 温希波，邢志良，薛梅 . 电子商务法 [M]. 北京：人民邮电出版社，2019.

[10] 李国旗 . 电子商务法实务研究 [M]. 杭州：浙江大学出版社，2015.